教育部哲学社会科学研究重大课题攻关项目——"城市化进程中的民族问题及其对策研究"
(项目批准号:06JZD0024)阶段成果之一

民族社会学概论

高永久等　编著

南开大学出版社
天　津

图书在版编目(CIP)数据

民族社会学概论/高永久等编著.—天津：南开大学出版社，2010.10(2019.8重印)
（南开民族学丛书）
ISBN 978-7-310-03577-9

Ⅰ.①民… Ⅱ.①高… Ⅲ.①民族社会学-高等学校-教材 Ⅳ.①C95

中国版本图书馆 CIP 数据核字(2010)第 188139 号

版权所有 侵权必究

南开大学出版社出版发行
出版人：刘运峰
地址：天津市南开区卫津路94号　邮政编码：300071
营销部电话：（022）23508339　23500755
营销部传真：（022）23508542　邮购部电话：（022）23502200

*

天津市蓟县宏图印务有限公司印刷
全国各地新华书店经销

*

2010年10月第1版　2019年 8月第2次印刷
787×960毫米　16开本　18.5印张　334千字
定价：48.00元

如遇图书印装质量问题，请与本社营销部联系调换，电话:(022)23507125

策划：高永久
本书主要撰稿人：邓　艾　朱　军　陈　纪
（按姓氏笔画排序）柳建文　高永久　高永辉
　　　　　　　　秦伟江　郭　鹏　戴　维

《民族社会学概论》

前　言

　　民族是一个具有强烈群体意识和独特文化特征的社会群体。民族是社会的重要组成部分和重要的社会行为主体，具有很强的社会属性。社会是民族生存与发展的基础。换句话说，民族个体和组织是民族社会最为重要的行为体，其行为和关系构成了民族社会的存在。从某种意义上讲，民族个体和组织可以被视为民族社会行为主体的实体部分。人类社会还存在许多"想象的共同体"，它们并不像单一的民族个体那样客观存在，也不像组织那样具有完备的机构，而是更多地依靠共同的意识与感情维持自身的存在。显而易见，民族是一个特殊的社会群体，它具有鲜明的文化特征，与其他社会群体有很大的差异。各种群体都有其鲜明的特征，民族正是其中比较有代表性的人们共同体之一。在主观上民族还具有强烈的群体意识，当涉及群体利益的社会问题发生时，往往能够激起较大的反应。民族社会学研究的目标之一是从方法论的研究视角对民族及其概念、民族社会学相关理论进行阐释，以便于深刻地观察现代化进程中复杂多变的民族社会现象和民族社会问题。

　　任何社会都是由各个部分组成的一个整体，社会的每个组成部分在社会整体结构中都发挥着一定的功能。多民族社会亦是如此。民族社会是一个丰富多彩的万花筒，存在着大量形态各异的民族社会现象，并且随着时空转换而表现出多样性。多民族社会结构由于民族作为主体出现，更显得纷繁复杂。例如，民族社区居住格局、民族社会分层和民族社会整合等现象正在引起人们的广泛关注。不过，与一般的社会不同，多民族社会往往会形成一种以民族为单位的社会关系结构，绝大部分的主权国家都存在不止一个民族，而且在可预见的将来，这种社会关系结构不会有所改变。同时，民族社会是一种特殊的社会关系结构，民族为社会行为主体是这种社会最本质的特点。可以说，民族社会已经成为最重要的社会关系结构之一。其中，最为典型的就是西方国家的民族分层现象，即沿着民族边界形成的一种社会结构。一般来讲，西方国家多民族社会所形成的以民族为单位的社会结构在一定条件下会对民族关系产生负面的影响，诸如民族矛盾、民族冲突和民族暴乱等消极事件，不利于民族社会稳定。民族社会问题不仅仅影响世界各国民族社会的安定团结，甚至会带来极大的生命和财产损失。民族社会整合的目的是维持民族社会结构的动态平衡、保障民族社会成员参与社会公共生活的机会，消除民族矛盾、遏制民族冲突和暴乱，维护民族社会的公正、公平和正义。民族社会学研究的目标之二是探讨现代化和城市化进程中维持民族社会结构动态平衡的条件、产生民族矛盾和民族冲突现象的原因，以有助于更好地进行民族社会整合和促进现代化进程中的民族社会发展。

社会学主要的研究对象是个人、群体和组织之间的交往或者说关系问题，民族社会学作为一门运用社会学的理论和方法研究民族社会现象的学科，需要重点关注民族交往、民族社会关系和少数民族的宗教信仰。民族交往、民族社会关系和少数民族宗教信仰一直都是多民族社会的焦点问题，至今也仍是世界各国的敏感问题之一。拥有共同宗教信仰、兴趣的社会成员经常通过结社的方法来维护和实现自身利益，这样就出现了各种各样的社会组织。在多民族社会中，这样的社会组织表现出很大的民族与宗教特点，形成了大量的民族与宗教的社会组织。这些民族与宗教的社会组织在社会行为中扮演着重要的角色，是很重要的民族社会行为主体。通常情况下，民族社会学研究不但对组织的宗教行为给予了较多关注，也重点关注了民族个体的宗教信仰实践。通过研究民族社会组织和民族成员的宗教行为，可以更为深刻地理解现代化和城市化进程中各种民族社会现象和社会问题产生的原因。能否建立良好的民族交往和民族社会关系、正确对待少数民族的宗教信仰，在很大程度上决定着多民族社会的稳定与否。可以说，民族社会学本身就是为了构建良好的民族社会关系而诞生的。民族社会学研究的目标之三是全方位地分析个体、群体和组织的民族社会行为，为解释现代化进程中的各种民族社会现象和解决民族社会问题做出有益贡献。

本书从整体上将民族社会学研究划分为五个部分，即民族社会学基础、民族社会学方法、民族社会结构、民族社会行为和民族社会发展，每一部分包含数章，基本上涵盖了民族社会学的主要研究对象，是对民族社会学研究的总结与概括。民族社会学是一个复杂的研究领域，因为其所包含的研究对象十分广泛，研究内容往往呈现出包罗万象的特征，本书将民族社会学研究划分为五个部分，是对民族社会学研究内容的逻辑整合。本书在坚持满足基本研究与教学需要的基础上，对民族社会学相关研究内容做了更深层次的探讨。

目前，民族社会问题依然是影响主权国家社会稳定的主要因素。这些因素不但没有消失或消退的迹象，在局部范围内似乎还呈现出日益加剧的态势。民族社会发展的现状给民族社会学研究带来了更大的挑战、提出了更为迫切的要求，但同时也为民族社会学的大发展提供了千载难逢的契机。希冀民族社会学研究者能够借此契机共同推动中国民族社会学研究的进一步发展。

《民族社会学概论》

目 录

前言
第一章　导论 …………………………………………………… 1
　第一节　什么是民族社会学 ………………………………… 2
　第二节　学科发展回顾 ……………………………………… 8
　第三节　研究框架和体系 ………………………………… 15
　第四节　研究任务及研究意义 …………………………… 19

第一部分　民族社会学基础

第二章　民族的概念 ………………………………………… 25
　第一节　西方国家民族概念的演变 ……………………… 25
　第二节　苏联及俄罗斯民族概念的演变 ………………… 32
　第三节　中国民族概念的演变 …………………………… 39
　第四节　"民族"概念的社会学视角 …………………… 47

第三章　民族社会学研究的相关理论 ……………………… 56
　第一节　民族同化 ………………………………………… 56
　第二节　多元文化主义 …………………………………… 67
　第三节　民族社会的结构与功能 ………………………… 75
　第四节　民族冲突 ………………………………………… 83

第二部分　民族社会学方法

第四章　民族社会学研究的方法论 ………………………… 93
　第一节　民族社会学研究的方法论概述 ………………… 93
　第二节　民族社会学研究中的主位研究与客位研究 …… 99
　第三节　民族社会学研究中的民族中心主义与文化相对论 ………… 103

第五章　民族社会学研究设计 ……………………………… 108
第一节　研究设计的基础 ………………………………………… 109
第二节　研究设计的具体内容 …………………………………… 115
第三节　研究设计的方案 ………………………………………… 121

第三部分　民族社会结构

第六章　民族社会分层 …………………………………… 127
第一节　民族社会分层的相关概念 ……………………………… 127
第二节　民族社会分层的理论视角 ……………………………… 136
第三节　民族分层的分析模型 …………………………………… 141

第七章　民族社区 ………………………………………… 146
第一节　民族社区的含义 ………………………………………… 146
第二节　民族社区研究的相关理论 ……………………………… 156
第三节　中国的民族社区结构 …………………………………… 167
第四节　中国民族社区的变迁与发展 …………………………… 177

第四部分　民族社会行为

第八章　民族交往 ………………………………………… 189
第一节　民族交往的含义 ………………………………………… 189
第二节　民族交往的基本形式 …………………………………… 194
第三节　民族交往的影响因素 …………………………………… 197
第四节　民族交往的主要功能 …………………………………… 201

第九章　宗教与民族社会 ………………………………… 204
第一节　宗教的含义 ……………………………………………… 204
第二节　宗教在民族社会中的功能 ……………………………… 210
第三节　民族社会中宗教问题的调解手段 ……………………… 213

第五部分　民族社会发展

第十章　民族社会整合 …………………………………… 219
第一节　民族社会整合的含义 …………………………………… 219
第二节　民族社会整合的类型 …………………………………… 225
第三节　民族社会整合的途径 …………………………………… 236

  第四节 民族社会整合中的"度"……………………………… 246
第十一章 民族社会发展……………………………………… 253
  第一节 民族社会发展的内涵、特征和内容……………… 253
  第二节 民族社会发展的相关理论……………………… 261
  第三节 中国的民族社会发展…………………………… 269
主要参考文献………………………………………………… 275
后记……………………………………………………………… 282

《民族社会学概论》

第一章 导 论

目前,全世界约90%以上的国家属于多民族国家或多民族社会①。早在20世纪初,杰出的美国黑人社会活动家杜波伊斯[Du Bois, W(illiam) E(dward) B(urghardt),1868—1963]就曾预言美国国内诸多的社会问题将根据种族分界线(the color line)来界定②。100多年后的今天,杜波伊斯的预言无论对于美国,还是世界其他多民族国家都仍然具有重要的现实意义③。进入新千年以后,美国、西欧和很多亚洲、非洲国家内部的民族或种族冲突、骚乱事件频繁发生,这些国家的就业、教育、居住、社会福利、区域发展等方面的社会问题以及与此相关的公众辩论和国家政策争议也愈来愈多地带有民族或种族倾向,这表明如何认识和应对民族社会问题,已经成为当今世界多民族国家共同面临的重大课题。民族社会学为人们观察、探讨、解决现实民族社会问题提供了有益的理论视角和分析工具。

随着社会的发展,多民族社会内部各个民族之间的接触日趋增多,经济、政治和文化联系日益紧密,同时各民族之间社会发展的不均衡性日益突出,利益冲突也逐渐凸显。什么是民族社会?运用哪些理论和方法来研究民族社会?如何从社区、分层、交往等角度分析民族社会现象?民族社会问题是怎样产生的?如何运用民族社会学的相关理论解释、处理民族社会问题?宗教与民族社会是什么关系?怎样实现民族社会的整合?……民族社会学的基本目的就是探寻此类问题的答案。民族社会学主要运用社会学的理论与方法来分析民族社会问题的性质和原因,以期合理解释某些民族社会现象。

本书在充分参考和借鉴国内外学术成果的基础上,结合现阶段世界各国尤其

---

① 如某有明确领土边界或行政边界的地域(国家、行政区域、城市等)内居住着2个或2个以上人口规模较大的民族,即可以称为多民族社会(multiethnic societies or plural societies)。
② Du Bois, W. E. B., *The Souls of Black Folk*. Greenwich, CT: Fawcett, 1903.
③ Lawrence Bobo, Race, Public Opinion, and the Social Sphere, *The Public Opinion Quarterly*, 1997, Vol. 61, No. 1, pp. 1-15.

是中国民族问题的发展态势,对民族社会学的基本原理和方法进行较为系统的阐述;同时,对相关领域的最新研究动态及学术成果进行介绍,旨在为相关专业的学生和研究人员提供关于民族社会学基础理论、基本方法和主要学术观点的总括性认识。

第一节 什么是民族社会学

民族社会学是社会学和民族学的交叉学科。研究民族的学科很多,如民族学、人类学、人口学、历史学、政治学、民俗学、经济学等都关涉到民族的研究①。与这些相关学科不同,民族社会学主要采用社会学的理论和方法研究现实民族问题。社会学是关注社会变迁、研究社会问题并具有很强应用性的社会科学,在美国和其他西方国家,民族和民族问题始终是社会学家,包括马克斯·韦伯(Weber,Max,1864—1920)、涂尔干(Durkheim,Émile,另译为"杜尔干",1858—1917)等著名西方社会学家关注的一个焦点。了解民族社会学的形成、发展、学科性质、研究内容,对于深入认识这一学科的特点具有基础性的意义。

一、民族社会学的由来

民族社会学的研究,最早可以追溯到19世纪的人类学家如英国的泰勒(Tylor,Sir Edward Burnett,1832—1917)和美国的摩尔根(Morgan,Lewis Henry,1818—1888)等对种族问题及原始部落的调查探索。摩尔根的《古代社会》(1877)一书被认为是民族社会学的早期著作②。泰勒是英国人类学的创始人,代表著作有:《人类早期历史和文明发展研究》(1865)、《原始文化:神话、哲学、宗教、语言、艺术和习俗发展之研究》(1871)和《人类学:人类和文明研究导论》(1881)等,他所提出的有关民族的理论和研究方法,对于民族社会学的发展具有奠基意义。

在西方文献中,同"民族社会学"(ethnosociology)相近的术语最早出现于法国社会学家 C. 勒图尔诺(Letourneau,Charles,1831—1902)1880 年出版的著作《民族志社会学》中,直译为"民族志的社会学"(Ethnographical Sociology),主要是指1860 年以来关于社会进化和文化进化的诸多理论研究③。1948 年,德国民族学家、社会学家 W. E. 米尔曼(Muhlmann. W. E.)在《人类学史》中亦使用"民族志社

---

① 马戎:《论中国的民族社会学研究》,《北京大学学报》(哲学社会科学版)2001 年第 5 期。
② 中国大百科全书总编辑委员会《社会学》编辑委员会、中国大百科全书出版社编辑部编:《中国大百科全书·社会学》,北京:中国大百科全书出版社 1992 年版,第 195 页。
③ 刘敏:《我国民族社会学的发展现状及趋势》,《西北民族研究》2002 年第 1 期。

会学"的概念,意在借民族志的实际材料对民族学和社会学做理论的探讨①。

19世纪末、20世纪初,北欧国家的研究者开始使用"民族社会学"(ethnosociology)的名称,特别是芬兰的韦斯特马克(Westermarck,Edward,1862—1939)学派②,多以"民族社会学"指称对原始社会和民间社会的研究。此后"ethnosociology"这一术语逐渐被德国、美国和其他西方国家的社会学界所接受。20世纪50年代以来,民族社会学在西方国家逐步发展为一门相对独立的社会科学,构建起了自身的理论体系和方法论体系,许多大学开设了民族社会学课程或专业,涌现了许多民族社会学的学术团体、专业学术论坛和民族社会学博物馆。在现今的西方国家,民族社会学已经成为许多社会学家关注的焦点,其中,不少具有世界影响的当代著名学者如皮埃尔·布尔迪厄(Bourdieu,Pierre,1930—2002)③、安东尼·吉登斯(Giddens,Anthony,1938—)④等都对民族社会学做过专门的研究。

二、民族社会学的发展背景

任何一门学科都有其产生和发展的现实需要。作为一门在20世纪中期形成的学科,民族社会学是在多民族社会的客观存在、民族社会问题的日益凸显、相关学科的发展等因素共同作用下形成的。

(一)多民族社会的客观存在

由单一民族所构成的社会曾经被认为是一种比较理想的社会结构,因为文化的同质性可以提供维持社会稳定的凝聚力。但是,全球化时代所带来的移民浪潮、大量跨国界民族的存在以及各个国家原有的少数民族群体使单一民族社会以及构建此种社会的设想成为了一种奢求。除了极其少有的几个单一民族社会之外,大部分国家都不得不正视其多民族社会的现实。不过,多民族社会并不是完全相同的,依据民族结构的不同可以区分为不同的类型。一般来讲,多民族社会可以划分为一元主导型、二元并立型、多元共存型等,其中,又以一元主导型居多。客观存

---

① 中国大百科全书总编辑委员会《社会学》编辑委员会、中国大百科全书出版社编辑部编:《中国大百科全书·社会学》,北京:中国大百科全书出版社1992年版,第195页。

② 韦斯特马克学派(Westermarck School)是19世纪末、20世纪初在北欧形成的,以研究人类婚姻问题的芬兰社会学家爱德华·韦斯特马克为代表的一个流派。

③ 皮埃尔·布尔迪厄:社会学家,其社会资本理论等学说对当代世界社会科学各领域产生了巨大影响。他对民族社会学的概念和研究方法做过很多论述,see Tassadit Yacine, Pierre Bourdieu in Algeria at War, *Ethnography*, 2004, Vol. 5, No. 4, pp. 487-509.

④ 安东尼·吉登斯:英国社会理论家和社会学家,伦敦经济学院前院长(1997~2003),剑桥大学教授。吉登斯与伊曼努尔·沃勒斯坦、哈贝马斯、布尔迪厄等被认为是当代欧洲社会思想界的大师级学者。安东尼·吉登斯以吉登斯结构化理论(theory of structuration)和对当代社会的本体论(holistic view)而闻名。"Ethnosociology"概念及其相关论述是安东尼·吉登斯理论的重要组成部分。

的多民族社会是民族社会学产生和发展的根基所在。正是由于多民族社会的存在才会产生以之为研究对象的学科，如果仅仅存在单一民族社会，那么，对各种社会现象和社会问题的研究由社会学来承担就已经足够，民族社会学将失去其存在的意义。

（二）民族社会问题的日益凸显

民族社会问题是民族社会学产生和发展的动力所在。现代化、城市化所造成的利益多元化滋生了大量的社会问题，影响着社会稳定和团结。简言之，在多民族社会，当各种社会问题与民族相联系的时候，就产生了民族社会问题。民族社会问题所包含的民族因素使得此类问题与一般的社会问题相比对社会所造成的影响更为严重，需要给予更多的关注。因为民族并不仅仅是一个追逐共同利益的群体，而且还带有很强的感情色彩，是一个其成员均具有强烈归属感的群体。正是由于民族所具有的这种特性，在一定的条件下会导致民族社会问题表现为较为强烈的形式，例如，民族对抗、民族暴力、民族冲突等，并且它所造成的结果对社会而言往往是根本性的消极影响。在民族社会问题日益凸显的当代社会，如何认识民族社会问题以及如何使其得到缓解成为了人们关注的焦点，成为了民族学、社会学等相关学科应该给予回应的现实需要。正是在这一背景下，民族社会学应运而生，尝试以一种综合性的视角对人们的关注做出回答。

（三）相关学科奠定的基础

民族社会学是社会学的一个特定研究领域，其基本的学科基础是社会学、民族学和社会人类学。"民族社会学没有独立的、统一的理论和方法，它的理论随着社会学、民族学、社会人类学研究的深入而不断发展。19世纪摩尔根等人的进化论，20世纪初德国和奥地利文化圈派的理论、英国传播学派的理论和美国历史学派的理论，20世纪30～60年代的结构功能主义的理论和心理分析学派、民族心理学派、多线进化论等流派的理论中，都有关于民族社会学方面的理论阐述。"[①]20世纪50年代以来，随着种族与民族问题在西方国家国内社会政治生活中的重要性日益凸现，众多社会学研究者开始专门从事民族社会学的理论研究和经验实证研究，并综合社会学、民族学、社会人类学等学科的理论和方法，构建起了民族社会学本身的理论和方法论体系，在此基础上涉及民族社会学方面的研究逐步从其他学科中独立出来，形成了一个相对独立的学科。

---

① 中国大百科全书总编辑委员会《社会学》编辑委员会、中国大百科全书出版社编辑部编：《中国大百科全书·社会学》，北京：中国大百科全书出版社1992年版，第195页。

三、民族社会学的不同解释

关于如何界定民族社会学的基本内涵,国内外学术界尚存在诸多争议,各国研究者给出了不同的解释。总体来看,研究者们从不同的角度对民族社会学的含义进行探讨,其中比较有代表性的观点可以归纳为以下几种(参见表1-1)。需要注意的是,这些观点并非截然对立,它们产生于不同的历史背景之中,在某些领域也存在交集。

表 1-1 关于"什么是民族社会学"的主要观点

学科名称界定	研究对象	研究重点	主要学者或流派
民族社会学 (Ethnosociology)	民族社会的 习俗和惯例	民族社会的婚姻关系 民族社会的乡村冲突	以芬兰学者 Edward Westermarck、 K. Rob. V. Wikman 为代表的韦斯特马克学派
种族与族群社会学 (Sociology of Race and Ethnicity)、 族群社会学	当代的族群现象 当代的族群关系	族群矛盾 族群认同 族群动员 族群冲突 族群同化	美国学者 Nathan Glazer、 Daniel P. Moynihan 和 Milton M. Gordon 等, 中国学者马戎
民族社会学	民族社会活动的 一切基本形式	民族社会结构 民族社会文化 民族社会过程	原苏联学者阿鲁秋尼扬等
民族社会学	少数民族地区	社会调查 社会经济 社会问题	中国学者费孝通等
民族社会学	民族与社会的关系	民族社会过程 族际社会关系 民族社区 民族政策 民族发展	原苏联学者达维久克, 中国学者郑杭生

第一种观点受到进化论的影响,认为民族社会学主要研究民族社会内部的习俗与惯例,尤其重视它与现代社会变迁的关系。韦斯特马克是这一学派的奠基人。他的学生罗伯特·维克曼(Wikman, Karl Robert Villehad)在其1937年提交的博士论文《论配偶的选择》(*Die Einleitung der Ehe*, 1937)中研究了斯堪的纳维亚半岛乡村中未婚女性选择配偶的问题。他指出,乡村习俗限制了婚前性行为,村落中的成年男性负责监督未婚女性的行为,尽管存在一些婚前性行为现象,但那毋宁说

是婚姻的前奏①。1958年,埃莉娜·哈维—曼尼拉(Elina Haavio-Mannila)在一篇论文中提出,青年男子为保卫村落而与其他村落发生冲突其实是一种习俗,尽管随着村落的解体,这种习俗正在消失②。韦斯特马克学派的影响不仅局限于芬兰国内,而且波及瑞典、英国和德国,已经成为欧洲社会学研究领域的一个重要流派。

第二种观点形成于20世纪60年代的美国。当时,为了了解美国族际关系的现状,分析种族矛盾激化的原因,找到改善种族、民族关系的基本途径并制定相应的政策法规,约翰逊政府专门组织了一大批社会学家、人类学家及人口学家对美国的种族、民族关系进行深入调查,提出改善种族关系的具体措施③。种族与民族社会学(Sociology of Race and Ethnicity)由此逐渐发展成为一个专门的研究领域。这一领域的研究者认为,族群(ethnicity 或 ethnic group)是理解现代社会的中心范畴之一④,其主要研究族群矛盾、族群认同、族群动员、族群冲突、族群同化等一系列涉及族群关系的问题,因此,又被称为族群研究,其主要代表人物有内森·格莱泽(Glazer,Nathan)、丹尼尔·莫尼汉(Moynihan,Daniel Patrick,1927—2003)、米尔顿·戈登(Gordon,Milton M.,1919—)等。中国学者马戎在研究当代中国的族群现象和族群关系时,借鉴了美国族群研究的理论和方法,强调调查中国族群关系的现状和存在的问题,分析进一步改善族群关系的途径和措施⑤。

第三种观点形成于20世纪60年代的苏联。当时一些学者认为,在苏联这样的多民族国家里,如果不考虑民族特点,就不可能完成把经济计划和社会规划紧密结合的任务⑥。这种观点认为,民族社会学研究人们社会活动的一切基本形式,首先关注各民族社会结构的参数、不同民族文化中具有社会意义的现象参数⑦。

第四种观点产生于中国多民族社会的背景之中。它基本上将民族社会限定于少数民族地区。例如,费孝通(1910—2005)认为:"民族学在中国主要是搞少数民

---

① Svend Rimer, (Review) Die Einleitung der Ehe: Eine Vergleichend Ethno-soziologische Untersuchung über die Vorstufe der Ehe in den Sitten des Schwedischen Volkstums, by K. Robert V. Wikman, Abo: Abo Akademi, 1937, *The American Journal of Sociology*, 1941, Vol. 47, No. 2, pp. 262-263.

② Anna Larsson and Kirsti Suolinna, K. Rob. V. Wikman: A Mediator between Ethnosociology and Modern Sociology in Finland and Sweden, *Ideas in History*, 2009, Vol. 4, No. 1, pp. 76-77.

③ 马戎编:《西方民族社会学的理论与方法·导言》,天津:天津人民出版社1997年版,第2~3页。

④ Nathan Glazer and Daniel P. Moynihan (eds.) *Ethnicity: Theory and Experience*, Cambridge, MA: Harvard University Press, 1975, p. 18.

⑤ 马戎编著:《民族社会学:社会学的族群关系研究》,北京:北京大学出版社2004年版,第7~9页。

⑥ (苏联)Ю. B. 阿鲁秋尼扬等著:《民族社会学:目的、方法和某些研究成果》,马尚鳌译,北京:中央民族学院出版社1992年版,第1页。

⑦ (苏联)Ю. B. 阿鲁秋尼扬等著:《民族社会学:目的、方法和某些研究成果》,马尚鳌译,北京:中央民族学院出版社1992年版,第3页。

族地区的社会调查,所以,在中国,社会学和民族学从学术分科上说可以合而为一。因此,我们也不妨称少数民族地区的社会调查研究作民族社会学"①。贾春增也提出,民族社会学特别是对"民族地区当前社会经济和社会问题进行综合考察和比较研究的一门学科"②。

第五种观点认为,民族社会学主要研究社会与民族的关系。例如,苏联学者达维久克(Давидюк,Георгий Петрович,1923—)提出:"民族社会学是研究民族社会过程的科学,也即研究社会现象和民族现象的有机统一和相互作用"③。中国学者郑杭生也持类似的观点,在他看来,"民族社会学是研究多民族社会良性运行和民族与社会协调发展机制的社会科学"④。

四、民族社会学的定义和研究对象

在西方学术界,根据皮埃尔·布尔迪厄、安东尼·吉登斯和其他一些学者的观点,民族社会学(ethnosociology)是关于单个民族群体或多个民族群体随时间变化而形成的社会动态的研究(the study of social dynamics over time),包括:对民族群体的文化及其意义的研究,对族群内部和外部的社会网络及借此传输的文化含义、行为和资源的研究,对民族文化和社会网络、对社会群体、社会制度和社会变迁影响的研究,以及对民族文化模式、民族文化变迁、族际冲突机制的研究等⑤。马里奥特(Marriott,McKim)等学者则基于对南亚国家族群社会等级问题的研究提出,民族社会学应当是对各个国家不同的本土族群(indigenous categories)的文化、社会等级等问题的研究⑥。

研究视角不同导致对民族社会学的理解存在差异。本书将以综合的视角,从学科、研究对象、研究目的等方面出发认识民族社会学。我们认为,民族社会学主要是指运用民族学和社会学的理论与方法研究多民族社会中各个民族之间及其内部的各种社会现象和社会问题的一门交叉学科,旨在为维护民族社会稳定和增强民族社会凝聚力提供建议和参考。

在民族社会学形成和发展的过程中,其研究对象和研究范围不断扩展。不过

---

① 费孝通:《民族社会学调查的尝试》,《中央民族学院学报》(哲学社会科学版)1982年第4期。
② 贾春增主编:《民族社会学概论》,北京:中央民族大学出版社1996年版,第27页。
③ (苏联)达维久克:《民族社会学》,摘自(苏联)达维久克主编:《应用社会学词典》,毕裕华译,《国外社会科学文摘》1987年第12期。
④ 参见郑杭生主编:《民族社会学概论》,北京:中国人民大学出版社2005年版,第1页。
⑤ 参见因特维基百科(InterSciWiki):http://intersci.ss.uci.edu/wiki/index.php/Ethnosociology。
⑥ McKim Marriott, Constructing an Indian Ethnosociology, in McKim Marriott, *India through Hindu Categories*, New Delhi: Sage Publications, 1990. pp. 1-39.

从整体来看,它的研究对象并未超出民族学和社会学的范围。正如有的研究者所言:"民族学是以民族为研究对象的,社会学是以社会问题为研究对象的,民族社会学则是以社会、民族为研究对象的"①。本书认为,民族社会学主要包括五个方面的内容:民族社会学基础、民族社会学方法、民族社会结构、民族社会行为和民族社会发展。具体研究内容将在本章第三节详加阐述。

第二节 学科发展回顾

目前,民族社会学已经在世界范围内有了较快的发展,无论是在理论基础、研究方法、研究对象,还是在学科教育等方面都已步入了良性发展轨道。对民族社会学的学科发展情况进行回顾有利于更准确地把握该学科的发展脉络,并且有助于总结历史经验更好地推进民族社会学的发展。本节将主要从国外民族社会学发展回顾和中国民族社会学发展回顾两个方面简要介绍民族社会学在国内外的发展情况。

一、西方民族社会学发展回顾

与许多学科一样,民族社会学也发端于西方。这具有一定的必然性,因为民族学和社会学都是由西方研究者创立的学科,民族社会学由他们创立和发展自然合乎情理。虽然民族社会学正式具备学科地位是20世纪中后期的事情,但它的开端却可以追溯到19世纪民族学和社会学开创之际。因此,以这一时间为上限,可以将民族社会学的发展划分为四个阶段,分别是萌芽阶段、产生阶段、形成阶段与发展阶段。

(一)萌芽阶段

这一阶段的起始时期约为19世纪中后期至20世纪初。可以说,在民族学和社会学开始形成的19世纪中后期,民族社会学就已经出现萌芽。只不过当时并没有引起人们的注意,研究者们的注意力主要集中于创立民族学和社会学的工作。当对这一时期的研究进行回顾时,会明显地发现其实当时的研究中已经包含了民族社会学的因素,只不过并没有被明确提及。

从民族学角度来看,最早涉足民族社会学研究的是民族学的开创者泰勒和摩尔根。泰勒是英国文化人类学的创始人,其代表作《原始文化:神话、哲学、宗教、语言、艺术和习俗发展之研究》主要论述了对人类文明的划分以及人类文明的进化过

---

① 吕青:《民族社会学若干问题探讨》,《西北民族学院学报》(哲学社会科学版)1992年第2期。

程。如果说泰勒的研究中民族社会学的痕迹还不是特别明显的话,那么,摩尔根的研究则在此方面令人印象深刻。摩尔根是美国著名的民族学家,他的著作《古代社会》受到了马克思和恩格斯的高度评价,为历史唯物主义提供了重要的佐证。他深入印第安人部落进行长时期的研究,取得了很多影响力巨大的成果。其实,他所采用的正是民族学和社会学相结合的研究方法。他的研究对象是部落,但并不限于研究这些部落的文化特征,其重点观察和研究的是这些部落内部的社会结构和社会关系。"后来人们在研究中,才逐步地认识到摩尔根所从事的实际上是民族社会学的工作,因为他是从社会关系及其结构入手,而不是从文化特征和文化特征的集合体入手。"①从当前的学科界定来看,可以说摩尔根所从事的正是民族社会学研究。

从社会学的角度来看,早期的许多社会学经典作家在其论述中也涉及了民族社会学的研究内容。"虽然对于四位社会学的奠基人即马克思、涂尔干、齐美尔和韦伯来说,民族关系并不是他们的分析中最为关注的,但是,他们在各自的理论体系内一致地、共同地、清晰地论述了关于民族的理论。"②例如,法国著名社会学家、社会学的创始人之一涂尔干,他对民族学和社会学相结合的研究做出了重大贡献。这一点集中体现在他的《宗教生活的基本形式》(1912)一书中。在这本书中,与摩尔根相似,涂尔干也对原始部落进行了研究,所采用的也是社会学和民族学相结合的研究视角。

(二)产生阶段

"民族社会学"概念是在20世纪早期由欧洲的研究者最先提出并在局部范围内使用的。不过需要注意的是,在这之前已经有相关的概念出现,就是在法国和德国出现的"民族志社会学"。前文说过,从现有的材料看,最早提出和使用"民族志社会学"(Ethnographical Sociology)这个概念的是C. 勒图尔诺和W. 米尔曼两位学者③。米尔曼的"民族志社会学"这一概念主要用于指称对社会进化和社会文化的研究,在研究的过程中使用了民族志的资料。虽然体现出了民族学和社会学在一定程度上的结合,但由于仅仅关注于民族志,因此,从严格意义上来讲仍然不能称之为民族社会学。但是他们使用的这一概念对"民族社会学"概念的产生具有非常大的影响。

---

① 唐奇甜:《对民族社会学的一些想法》,《中南民族学院学报》1982年第4期。
② Siniša Malešević, *The Sociology of Ethnicity*, Thousand Oaks: SAGE Publications Inc., 2004, p. 13.
③ 贾春增主编:《民族社会学概论》,北京:中央民族大学出版社1996年版,第20页。

究竟什么时候、由谁明确提出了"民族社会学"的概念,学术界至今尚无定论。不过一般认为芬兰的韦斯特马克学派最早使用了"民族社会学"这一概念①。20世纪早期,韦斯特马克学派是一个在欧洲有很大影响力的学派,他们以研究原始社会和民间社会而著称,在研究中使用了"民族社会学"一词。当时,"民族社会学"一词主要是在北欧国家使用,如瑞典、挪威等国,而在芬兰使用得最为广泛。之后,这一词汇传入了美国,对美国的文化人类学产生了比较大的影响。

由上述可以看出,这一时期仅仅是提出了"民族社会学"的名称,并没有出现实质意义上的民族社会学研究领域。不过,学科的名称对于一个新学科的产生起着关键的作用,它能有效地促进相关研究工作从自在向自觉的转变。

(三)形成阶段

准确地说,民族社会学形成于20世纪五六十年代。对于这一点,学术界的认识比较统一。"民族社会学是本世纪(20世纪)五十年代末六十年代初出现的一门新兴学科。"②在国外,"民族社会学作为社会学的一个研究领域,在欧洲和美国的许多大学里已经有相当长的历史。最初是作为一门课程开设,在20世纪50年代和60年代逐步发展成为欧美各大学社会学系的一个专业方向,形成了从社会学视角和方法来研究种族和民族问题的特殊领域"③。

民族社会学形成于这一时期并不是偶然的,是由多方面原因造成的必然结果。首先就是前文所说的前期的学科准备,包括最初阶段无意识的民族学和社会学相结合的研究、民族社会学概念的提出等。其次,时代背景促成了民族社会学的形成。20世纪五六十年代是各种社会运动风起云涌的时代,女权运动、学生运动、人权运动等深刻地影响着当时的社会。其中又以民族运动较为激烈,例如,"美国出现的移民问题和种族冲突。与贫穷、性别等问题一样,种族关系作为一个急迫的社会问题出现了"④。面对民族问题日益突出的局面,以社会问题为主要研究对象的社会学工作者不得不转变旧的研究观念,把民族社会问题作为重要的关注点。"20世纪60年代和1965年后种族性的移民人口的增加所造成的新的社会运动改变了学术研究,引导新的社会科学学科的出现。"⑤在这样的时代背景下,民族社会学应

---

① 参见贾春增主编:《民族社会学概论》,北京:中央民族大学出版社1996年版,第22页。
② 唐奇甜:《对民族社会学的一些想法》,《中南民族学院学报》1982年第4期。
③ 马戎:《论中国的民族社会学研究》,《北京大学学报》(哲学社会科学版)2001年第5期。
④ Yen Le Espiritu, Disciplines Unbound: Notes on Sociology and Ethnic Studies, Contemporary Sociology, 1999, Vol. 28, No. 5 p.511.
⑤ Yen Le Espiritu, Disciplines Unbound: Notes on Sociology and Ethnic Studies, Contemporary Sociology, 1999, Vol. 28, No. 5 p.510.

运而生。最后,民族社会学的产生与一批研究者的贡献是分不开的。例如,美国社会学芝加哥学派的代表人物帕克(Park, Robert Ezra,1864—1944)、伯吉斯(Burgess, Ernest Watson,1886—1966)以及马萨诸塞大学的社会学家戈登,他们都为民族社会学的形成做出了重要贡献。

不过,形成时期的民族社会学存在许多局限性,最主要的一点就是研究领域过于狭窄。当时很多研究民族问题的社会学研究者把关注的焦点集中在民族同化领域,他们认为,多民族社会之所以出现民族社会问题,关键在于原有的民族同化方式不合理,希望通过改善民族同化的方式解决民族社会问题。最为典型的就是戈登,他在《美国人生活中的同化:种族、宗教和民族起源的角色》(Assimilation in American Life: The Role of Race, Religion, and National Origin,1964)一书中提出了民族同化的七个阶段或变量[1]。

(四)发展阶段

民族社会学形成之后经历了较快的发展,主要体现在学科地位不断巩固、在高等教育中日益普及以及新的研究课题的出现等几个方面。

首先,民族社会学发展成为社会学专业的一个重要分支,越来越受到各个国家的重视。例如,"美国全国性的社会学会里设有十几个专业委员会,其中一个是'种族与少数民族研究'委员会。在每年的美国社会学年会中,至少都有一个分会场来讨论'种族与少数民族研究'的专题"[2]。并且,民族社会学迅速向其他国家传播,许多国家都在社会学之下设立了民族学研究方向,使民族社会学研究体现出国际性的特点。

其次,很多大学开设了民族社会学课程,传授该领域的知识并培养该领域的研究人才。判断一个学科是否具备生命力的条件之一就是其能否在高等教育中普及,只有在大学中普及民族社会学教育,才能扩大这一学科的影响力、推动其发展。同时,通过大学教育,尤其是高学历层面的教育,才能吸引更多的优秀人才加入民族社会学的研究队伍。国外的民族社会学已经在这方面取得了很大的成绩。"在美国社会学会1990年编辑印刷的'Teaching Race and Ethnic Relations: Syllabi and Instructional Materials'(Second Edition)中,介绍了全美国37所大学有关民族和种族研究的课程大纲,但这仅是各校开设民族社会学课程的一小部分。"[3]

---

[1] Milton M. Gordon, *Assimilation in American Life: The Role of Race, Religion, and National Origins*, New York: Oxford University Press, 1964, pp.60-83.

[2] 马戎:《论中国的民族社会学研究》,《北京大学学报》(哲学社会科学版)2001年第5期。

[3] 马戎:《论中国的民族社会学研究》,《北京大学学报》(哲学社会科学版)2001年第5期。

最后,一些新的研究课题的出现。与形成时期仅仅关注民族同化以及民族冲突不同,在这一时期,民族社会学的研究领域不断拓展,出现了许多新的研究课题。例如,格莱泽(Glazer, Nathan)和莫尼汉(Moynihan, Daniel)有关民族性问题的研究,罗伯特·布劳纳(Blauner, Robert, 1929—)、米歇尔·赫克特(Hechter, Michael)关于内部殖民主义的研究,埃德娜·博纳西奇(Bonacich, Edna)关于劳动力市场分割的研究,唐纳德·诺埃尔(Noel, Donald L.)、辛普森(Simpson, George Eaton)、英格尔(Yinger, Milton J.)等有关民族分层的研究等。这些研究表明,民族社会学已经步入了快速发展的阶段。

二、苏联及俄罗斯民族社会学发展回顾

苏联是多民族国家,具有开展民族社会学研究的客观需要。并且像其他学科一样,苏联的民族社会学研究对中国产生了比较大的影响。在此,简要介绍苏联民族社会学研究的发展历程以及苏联解体后俄罗斯该学科的发展概况。

苏联的民族社会学产生于20世纪60年代后期,"民族社会学也像社会学的其他分支一样,在我国形成于60~70年代后半期"[①],"苏联开始进行(第一批)民族社会学的研究是在1964~1965年"[②]。在这一点上之所以能达成广泛的共识,是因为苏联民族社会学的形成具有鲜明的特征。20世纪60年代中期,时任苏联科学院民族学研究所所长的勃罗姆列伊(Бромлей, Юлиан Владимирович, 1921—1990)认识到了开展民族学和社会学相结合研究的必要性,就邀请了一批著名社会学、社会心理学研究者进入民族研究所,其中包括阿鲁秋尼扬(Арутюнян, Юрий Вартанович, 1929—)、什卡拉坦(Шкаратан, Овсей Ирмович, 1931—)等。这些学者到来之后,迅速开展了大量的民族学和社会学相结合的研究,奠定了苏联民族社会学学科的基础。

苏联民族社会学在20世纪七八十年代获得了很大的发展,产出了一批重要的研究成果。1967年至1969年,苏联科学院民族学研究所对鞑靼苏维埃社会主义自治共和国进行了为期三年的社会调查研究,重点研究了各个阶级和城市居民的社会群体,并于1973年出版了《社会和民族》一书,总结了苏联民族社会学研究的经验[③]。此外,这一时期最有影响力的民族社会学研究成果是阿鲁秋尼扬等人

---

① (苏联)Ю. В.阿鲁秋尼扬等著:《民族社会学:目的、方法和某些研究成果》,马尚鳌译,北京:中央民族学院出版社1992年版,第1页。

② (苏联)达维久克:《民族社会学》,摘自(苏联)达维久克主编:《应用社会学词典》,毕裕华译,《国外社会科学文摘》1987年第12期。

③ 参见(苏联)达维久克:《民族社会学》,摘自(苏联)达维久克主编:《应用社会学词典》,毕裕华译,《国外社会科学文摘》1987年第12期。

1984年出版的著作《民族社会学:目的、方法和某些研究成果》(1984),该书主要论述了民族社会学的研究对象、研究设计、研究方法等内容,是苏联第一部直接以"民族社会学"命名的著作,具有很大的影响。该书在20世纪90年初被译成中文介绍到了中国,对中国的民族社会学研究产生了比较大的影响。

苏联解体之后,俄罗斯民族社会学研究者在原有的基础上进一步发展了该学科。其中最为重要的一点就是出版了民族社会学专业的大学教材,扩大了该学科的影响力。例如,1995年在新西伯利亚出版了《民族社会学》一书,1999年又在莫斯科出版了阿鲁秋尼扬等编写的大学教材《民族社会学》。这表明俄罗斯的民族社会学学科建设在继承原有研究成果的基础上有了新的发展。

三、中国民族社会学发展回顾

中国是一个多民族国家,开展民族社会学研究具有一定的现实需要。在20世纪早期,中国就已经出现了民族社会学研究的萌芽,之后经历了一个曲折的发展历程。根据时间跨度和不同时期的特点,可以将中国民族社会学的发展划分为新中国成立前和新中国成立后两个主要的阶段。

(一)新中国成立前阶段

民族学和社会学的存在是民族社会学形成的前提条件。受时代条件所限,中国这两门学科起步较晚。社会学传入中国是在19世纪末至20世纪初,中国一些学者开始将国外的社会学著作翻译引入中国,如严复(1854—1921)所翻译的斯宾塞(Spencer,Herbert,1820—1903)的著作《群学肄言》(1903);民族学传入中国较社会学为晚,1926年,蔡元培(1868—1940)发表《说民族学》(1926)一文,对中国民族学知识的普及和学科建立具有奠基意义。① 这两门学科的传入为民族社会学的出现奠定了基础,一些研究者已经开始注意到民族学和社会学之间的联系。1930年,蔡元培在中国社会学社成立大会上所作的演讲,提出了民族学和社会学之间的联系,"社会学与民族学是有密切关系的两门学科,这两门学科在其发展过程中有不少方面是相互联系的"②。蔡元培不仅提出了这一问题,而且将其付诸实践。在他担任中央研究院院长期间,派出了数批研究者到少数民族地区开展社会调查,取得了许多研究成果。可以说,这些研究工作是中国最早进行的民族社会学实践,不过,这一时期并未提出民族社会学的概念。

20世纪40年代,吴文藻(1901—1985)提出了"民族社会学"一词。在他主编的《社会学丛刊》(甲集)征稿启事中,最早使用了"民族社会学"这一用语,"除普通

---

① 郝时远:《序》,参见高永久等编著:《民族学概论》,天津:南开大学出版社2009年版,第1页。
② 转引自刘敏:《我国民族社会学的发展现状及趋势》,《西北民族研究》2002年第1期。

社会学外,亦兼及特殊社会学……关于团体的制度者,如家族社会学、阶级社会学、专业社会学、民族社会学,或国家社会学"①。可以看出,吴文藻把"民族社会学"作为社会学的一个分支学科,即特殊社会学之一种。这样的理解基本阐述了民族社会学的性质,是中国民族社会学发展中的重大进步。

尽管这一时期并没有开展相关的民族社会学学科建设工作,不过,中国的民族社会学实践工作已经展开并初获发展。在这一时期,早期的社会学者和民族学者开展了大量的少数民族社会调查。比较有代表性的就是费孝通与王同惠(1912—1935)在广西象县对瑶族社会进行的民族社会调查工作,后来出版了《花篮瑶社会组织》(1937)一书,该书是一部典型的具有民族社会学特点的著作。此外,林耀华(1910—2000)的《凉山彝家》(1947)和田汝康(1916—2006)的《芒市边民的摆》(1946)也是这一时期较有影响的少数民族社会调查研究著作。

(二)新中国成立后阶段

从新中国成立到20世纪80年代,中国民族社会学的发展处于非常困难的境地。20世纪50年代初,中国取消了许多社会科学学科,其中就包括社会学。社会学被取消,直接影响了民族社会学的发展,使得民族社会学失去了学科支撑。这一时期民族社会学的学科建设工作基本处于停滞状态。不过,虽然学科建设处于停滞状态,但是有关民族社会的实践工作却在特殊历史条件下取得了巨大成绩。由于党和国家对民族问题的重视,在这一时期开展了大量的民族社会调查工作,获得了大量的民族社会第一手资料。例如,20世纪50年代初,在党和政府的推动下,开展了少数民族识别工作;1956~1964年,又开展了少数民族社会历史调查工作。这一时期的调查工作具有典型的民族社会学特征,积累了大量的民族社会资料,对改革开放后民族社会学研究工作的开展具有重大意义。因此,这一时期的民族社会学发展主要体现在实践方面,为20世纪90年代初中国民族社会学的正式形成奠定了良好的基础。

尽管存在着一些争议,多数人还是认为,中国的民族社会学正式形成于20世纪90年代初。"民族社会学这个专业在西方各国兴起于60年代前后,在当时的条件下也没有能够被及时地介绍到中国来,所以,这个专业直至80年代后期还没有在我国真正形成。"②在20世纪80年代社会学学科恢复之后,作为民族学和社会学分支的民族社会学才开始逐步发展起来。一些研究者以民族社会学为论题发表文章,探讨民族社会学的学科问题,明确提出了民族社会学的研究对象、研究方法

---

① 转引自李绍明:《论我国的民族社会学研究》,《云南社会科学》1982年第4期。
② 马戎:《论中国的民族社会学研究》,《北京大学学报》(哲学社会科学版)2001年第5期。

等学科内容,例如,唐奇甜、李绍明(1933—2009)等人的文章。"我国真正探索民族社会学的研究是从 80 年代开始的,1981 年以后陆续发表了许多有关民族社会学的文章。1989 年《民族学》第二期发表了《云南省社会学会首次民族社会学专题研究会纪要》的消息,这是到目前为止,我国学术界召开的第一次有关民族社会学的专题研究会。"[①]此外,湖北省也成立了民族社会学研究会。学科名称的明确提出、研究对象和研究方法的确定以及各级专业研究会的成立,标志着中国民族社会学的形成。

20 世纪 90 年代中期以后,中国的民族社会学学科建设进入了快速发展时期,主要体现在专业教材的出现和大学课程的开设两个方面。在专业教材方面,1996 年中央民族大学出版社出版的由贾春增主编的《民族社会学概论》(1996)一书是国内最早编写的民族社会学专业用书;1997 年马戎编写了《西方民族社会学的理论与方法》(1997)一书,介绍了西方民族社会学研究中比较重要的理论与方法,对我们了解和借鉴西方的民族社会学研究成果具有极大的帮助;2004 年马戎出版了《民族社会学——社会学的族群关系研究》(2004),其后又出版了简编本的《民族社会学导论》(2005);2005 年中国人民大学出版社出版了郑杭生主编的《民族社会学概论》(2005)。这些专业教材的出现,为民族社会学的学科建设奠定了坚实的基础。在高校的教学中,一些学校开始开设民族社会学课程,招收民族社会学方向的硕士研究生和博士研究生。例如,马戎首先在北京大学开设民族社会学课程,招收该研究方向的硕士生和博士生,并在 1995 年成立了"中国社会学会民族社会学研究会",创办会刊《民族社会学研究通讯》;兰州大学在 2001 年也把民族社会学列为硕士和博士的研究方向,开始招收该方向的博士研究生。在高校开设民族社会学课程扩大了这一学科的影响力,更重要的是培养了大批的民族社会学的专业人才,对该学科的进一步发展极为有利。

虽然中国的民族社会学已经有了一定的发展,但我们应该清醒地认识到这一学科现在仍处在起步阶段。这一阶段最为重要的任务就是完善学科体系建设,逐步扩大影响力,培养更多的专业性人才,夯实学科基础。

第三节 研究框架和体系

民族社会学的研究内容包罗万象,既有宏观层面的内容,又有微观层面的内

[①] 吕青:《民族社会学若干问题探讨》,《西北民族学院学报》(哲学社会科学版)1992 年第 2 期。

容；既有静态结构方面的内容，又有动态行为方面的内容；既需要立足于现在，又需要着眼于未来。面对如此复杂的研究体系，需要根据相关研究内容的性质、特点划分具体的类别。为了更为清晰地阐述民族社会学，本书在整体上划分为五个部分，即"民族社会学基础"、"民族社会学方法"、"民族社会结构"、"民族社会行为"和"民族社会发展"。下面简要介绍本书的研究框架和体系。

一、民族社会学基础

本书第一部分"民族社会学基础"主要包括第二章"民族的概念"和第三章"民族社会学研究的相关理论"两个部分。民族是民族社会学的主要研究对象，这一点是民族社会学区别于其他学科之所在。因此，对民族概念的了解是学习民族社会学的基本前提。民族是一个非常复杂的概念，包含着许多客观和主观的因素，对它的认识至今仍是见仁见智、未有定论。本书将从民族概念的起源入手，详细梳理它的演变过程。通过词源追溯可以明确，民族概念最早出现于西方，在近代民族国家构建过程中具备了现代意义上的内涵。近代后期，民族概念开始传入世界其他地区，包括苏联、中国等国家。在现代社会，民族的概念又有了新的发展。尤其是民族社会学的兴起，赋予了民族概念在这一学科中新的内涵。本书将在介绍民族概念在西方、苏联及俄罗斯、中国演变过程的基础上，提出民族社会学视角下的民族概念。

任何一门学科都离不开理论的支撑，民族社会学也不例外。民族社会学在吸收、借鉴民族学和社会学理论的基础上形成了许多理论，建立了自身的理论体系。总体来看，民族社会学的理论主要分为两个研究体系，即民族同化和多元文化主义、民族冲突和民族社会结构。民族同化和多元文化主义两个不同的理论方向，民族冲突和民族社会结构也是两个不同的理论视角。在这两对不同的理论体系内，各自包含着一系列的理论。例如，民族同化理论包括种族关系循环理论、民族同化阶段理论、分割同化理论等；民族冲突理论包括民族社会冲突功能理论、劳动力市场分割理论、内部殖民主义理论等。这些理论对于理解复杂的民族社会现象和解决民族社会问题提供了重要的帮助，不过，这些理论大多是在西方的社会背景和学术背景下提出的，如何克服其中的特殊性而使其具有一定的普遍意义是一个亟待解决的问题。

二、民族社会学方法

本书第二部分"民族社会学方法"包括第四章"民族社会学研究的方法论"和第五章"民族社会学研究设计"。研究方法对于民族社会学来说具有非常重要的意义，本书将专辟一章来介绍民族社会学研究的方法论。个中原因在于民族社会学是社会学和民族学的一个分支,而社会学和民族学一贯以强调研究方法著称。在民族社会学所汲取的社会学和民族学养分中,很重要的一部分就是对社会学和民族学研究方法的借鉴。民族社会学研究的方法论主要包括民族社会学研究中所应遵循的价值理念和思想原则,其实质就是要求研究者在研究过程中始终保持客观的立场以保证研究结果的准确性。概括来讲,民族社会学研究的方法论主要包括马克思主义的指导方法以及主位研究和客位研究、民族中心主义和文化相对论等研究的判断标准和尺度。

民族社会学研究应该制定完整、详细的研究方案,这一过程就是民族社会学的研究设计。在民族社会学研究过程中,需要面对在文化特征上具有很大差异性的民族,它们在社会关系、社会结构、风俗习惯、宗教信仰等方面表现出不同的特点。这就要求民族社会学研究者必须具体问题具体分析,针对不同的研究对象制定不同的研究方案。本书将详细介绍几种民族社会学研究设计的类型以供研究者参考。民族社会学研究方案设计是一个非常复杂的过程,需要遵循一定的程序、步骤。一般来说,一个完整的研究方案设计应遵循以下步骤:确定研究目的、提出理论假设、明确研究方法、确定研究内容、培训研究人员、制定研究时间表等。本书将简要介绍这些步骤以及制定过程中需要注意的问题。

三、民族社会结构

本书第三部分"民族社会结构"包括第六章"民族社会分层"和第七章"民族社区"。民族社会结构是民族社会学重要的研究对象,主要是指各个社会群体在社会中形成的一种关系状况,是一种重要的社会现象。民族社会分层是西方民族社会结构中最为重要的现象,简言之,它是指由于社会分配体系的不公正而形成的一种纵向上的民族划分。作为一种不公平状态下的层次划分,民族社会分层会加剧民族之间的矛盾,从而引发各种各样的民族社会问题。目前,民族社会分层是西方民族社会学研究中的热点问题,产生了许多理论成果。

自从"社区"概念提出之后,社区一直是社会学研究的重点。民族社区是社区的一种特殊形态,它是民族社会的基本单位,在民族社会中发挥着重要的功能,是民族得以存在并维护自身文化的重要空间。民族社区主要是指由一个或多个民族共同构成的一种时空坐落空间,民族属性是民族社区区别于其他一般社区的关键。民族社区研究已经引起了国内外研究者的广泛关注,形成了许多理论,对于研究民族社区具有重要的指导意义,例如,人类生态学理论、社区权力理论等。民族社区具有自身独特的结构,可以划分为静态结构和动态结构两个部分。静态结构主要包括社区内的民族结构、组织结构、文化结构等内容,动态结构则主要指民族社区的变迁和发展过程。

四、民族社会行为

本书第四部分"民族社会行为"包括第八章"民族交往"和第九章"宗教与民族社会"。民族之间的关系通过行为才能得以体现,通过对社会行为的观察可以了解民族关系的基本状况。因此,民族社会学的一项重要研究内容就是民族社会行为。民族交往主要是指民族行为主体之间进行的有目的的互动性实践,这些行为主体可以是个人,也可以是家庭或民族组织。社会交往对于民族具有重要意义。民族通过相互交往才能实现发展,任何一个固步自封的民族都将被时代抛弃;民族应该通过相互交往,促进彼此间的文化交流以保持民族文化的生命力。民族交往主要包含经济交往、社会交往和文化交往等。当然,许多因素会对现实中的民族交往产生影响,制约民族交往的程度,例如,民族政策、民族差别以及地理空间格局等。

民族是宗教的载体,大部分民族都具有自身的宗教信仰。因此,宗教行为是民族社会行为的重要组成部分。宗教通过其教义对民族成员或组织的行为产生重大影响,对其行为有重要的塑造作用,例如,伊斯兰教规定穆斯林结婚必须念"尼卡哈"[①]体现出宗教对民族婚姻行为的影响。宗教作为一种特殊的社会现象,对民族社会行为具有重要的影响,在民族社会学中重点研究宗教行为与民族社会之间的关系是十分必要的。

五、民族社会发展

本书第五部分"民族社会发展"包括第十章"民族社会整合"以及第十一章"民族社会发展"。无论是民族学、社会学研究,还是民族社会学研究,最终目的都是为了促进社会稳定与健康发展。民族社会整合对于多民族社会具有非常重要的现实意义。多民族社会存在的民族社会问题会影响社会的稳定和团结,需要通过民族社会整合来缓和乃至消除民族社会问题。民族社会整合的基本功能就是调整和协调多民族社会中不同因素的矛盾、冲突,保持社会的秩序化和规范化。民族社会整合有多种途径,主要包括公民教育、大众传媒、宗教、社会团体、社区整合等。同时,民族社会整合也是一把双刃剑,在发挥它的功能的同时,也需要注意把握"度",具体而言包括保持适度的民族意识、运用合理的整合手段、掌握合理的动员尺度等。

民族社会发展是民族社会学研究的落脚点。民族社会发展主要是指具有进步性质、有利于民族社会结构适应性功能提高的社会变迁,它具有方向性、合理性、整体性、多样性等特点。民族社会发展是一个系统的过程,包括政治、经济、文化、观念等方面的共同发展。在国外,社会发展已经成为重要的研究领域,形成了许多理

[①] "尼卡哈":阿拉伯文 Nikāh 的音译,意为"结合",伊斯兰教指采用宗教仪式举办的婚礼。参见任继愈主编:《宗教大辞典》,上海:上海辞书出版社1998年版,第570页。

论,如现代化理论、阶段发展理论、二元发展理论、世界体系理论等,这些理论对于民族社会发展研究具有较大的借鉴意义。对中国而言,民族社会发展具有较大的特殊性且面临着许多制约因素,需要探索一条具有中国特色的民族社会发展道路。

第四节 研究任务及研究意义

尽管民族社会学研究已经得到了长足的发展,但其所经历的发展时期还不是很长,无论是在学科建设方面,还是在研究内容方面都还有大量的工作要做。明确民族社会学的研究任务对于其今后的发展具有十分重大的意义。同时,也需要认清民族社会学的研究意义,为该学科的发展提供支持。本节将简要介绍民族社会学的研究任务和研究意义。

一、研究任务

作为一门新兴学科,民族社会学仍需进一步发展和完善。概括来说,主要包括开展广泛的民族社会调查、进一步完善学科建设、加强国际学术交流、积极发挥民族社会学的应用功能等学科发展任务。

(一)开展广泛的民族社会调查

民族社会调查是民族社会学最基本的研究活动,也是推动民族社会学发展的基础性工作。可以说,民族社会学是建立在民族社会调查之上的,离开了民族社会调查,民族社会学就成了无源之水,学科建设更无从谈起。正如费孝通所言,民族社会学就是进行少数民族地区的社会调查。费氏的说法或失于偏颇,却也说明了民族社会调查的重要性。20世纪五六十年代,在政府和研究机构的推动下,中国开展了少数民族识别和少数民族社会历史调查工作,取得了十分丰硕的成果。"迄至1980年,全国已整理和内部出版了各民族的社会调查资料二百余种,一千五百余万字。此外,还拍摄了十几部各民族社会形态的科研纪录片,收集了反映社会形态的大量文物。"[1]在新的时代背景下,民族社会学的主要任务仍然是进行民族社会调查,费孝通认为:"我们必须从旧的好的基础上再进一步,不要脱离我们原来好的东西,就是要下乡,要接触少数民族,要实地调查"[2]。因此,无论在什么情况下,开展广泛的民族社会调查都是民族社会学的首要任务,或曰民族社会学的"永恒主题"。

(二)进一步完善学科建设

---

[1] 李绍明:《论我国的民族社会学研究》,《云南社会科学》1982年第4期。
[2] 费孝通:《民族社会学调查的尝试》,《中央民族大学学报》(哲学社会科学版)1982年第2期。

进一步加强民族社会学学科建设是当前的一项重要任务。虽然民族社会学的学科地位已经较为稳固,但仍有许多基础性的工作需要去做。其一,应进一步在高校中增设民族社会学课程。尽管目前一些高校已经开设了民族社会学课程,但数量不多,还有待于进一步普及。尤其是在各类民族院校和综合性大学,可以考虑在硕士、博士层面增设民族社会学的研究方向,培养更多的专业人才。其二,应建设一支高水平的民族社会学教师队伍。拥有一支高水平的教师队伍对民族社会学的学科建设具有重要的意义。目前,民族社会学专业教师相当缺乏,是制约学科发展的瓶颈问题。因此,应进一步扩大民族社会学硕士、博士的培养,为教师队伍输送更多的优秀人才。其三,应进一步提升民族社会学的研究水平,出版更多的民族社会学专业教材和专著,为学科建设奠定良好的基础。同时,还应建立更多的专业研究机构,创办专门的学术杂志,为民族社会学研究提供更多的交流平台。

(三)加强国际学术交流

民族社会学已经成为一门国际性学科,虽然各国的民族社会学侧重于不同的研究内容,但在学科基础方面具有很大的共性。加强国际间的学术交流,学习和借鉴其他国家和地区的研究成果,对于促进民族社会学的发展具有重要作用。各国民族社会学的产生和发展并不是同步的,有些国家的民族社会学研究出现的较早,如美国、德国等国家,且其在民族学和社会学等研究领域具有较大的优势。对于民族社会学研究起步较晚的国家来说,需积极参与国际交流,向其他国家学习。当然,由于每个国家面临的民族社会问题和社会现象不同,吸收和借鉴并不是要全盘接受,而是要有所取、有所弃。一般来说,基本的理论和研究方法具有一定的共通性,应该成为吸收和借鉴的重点内容。目前,对于民族社会学而言,国际交流机制仍待健全,相互间的交流与合作也有待加强。增进国际间的学术交流是民族社会学的一项重要任务。

(四)积极发挥民族社会学的应用功能

正如前文所述,民族社会学是一门应用性很强的学科,它在民族社会中发挥着多项功能,其中最主要的就是有助于民族社会的稳定与发展。而现实是,许多情况下民族社会学的功能并没有得到有效发挥,和实践结合得也不是十分紧密。民族社会学是一门新兴学科,自身仍然存在许多亟待完善的地方,且其在学科发展初期更偏重于学科基础的建设。对于许多应承担的任务,民族社会学尚无暇顾及。民族社会学现阶段面临的一个重要任务就是加强与现实之间的联系,对民族社会的热点问题进行研究,尽可能地发挥自身的功能,扩大自身的影响力。

二、研究意义

作为适应时代发展而出现的一门学科,民族社会学具有较强的研究意义。概括来说,它可以帮助人们更好地认识多民族社会、为解决民族社会问题提供理论支持、为国家制定民族政策提供信息等。

(一)有助于更好地认识多民族社会

20世纪中后期以来,民族一直是一个令许多人困惑的社会群体,有关民族的问题成为人们关注的热点问题。而由多个民族组成的多民族社会自然也受到了人们的普遍关注。多民族社会具有复杂性的特征,其间既有与民族相关的各种现象,又有一般社会所具有的复杂现象。因此,如何准确地认识复杂的多民族社会成为人们面临的一个难题,而不能准确地对民族社会问题做出判断往往是引发民族社会问题的一个重要因素。毫无疑问,民族社会学能够帮助人们更好地认识多民族社会,它所具有的交叉学科性质能够从民族和社会两个方面对各种复杂的民族社会现象提供专业的解答。例如,西方国家的民族分层现象,如果仅仅从传统的社会学角度来看待,就可能会忽略其中的民族因素,对这一现象的严重性估计不足,无法对相关民族社会问题的发生加以预防和控制。民族社会学能够对多民族社会做出有效的分析、解释,是认识多民族社会的有效工具。

(二)能够为维护民族社会稳定及促进其发展提供指导

对于多民族社会而言,最大的问题就是如何维护社会稳定与促进社会发展,这同时也是最关键的问题之一。民族社会学研究对缓解各种民族社会问题具有重要的指导意义。一方面,民族社会学能够为实现民族社会稳定与发展提供理论支持。欲得多民族社会稳定与发展问题之有效解决,理论的指导作用是不可或缺的。民族社会学的相关理论有助于把关于民族社会的感性认识上升为抽象层面的理论认识,从而能够更准确地把握各种民族社会现象。另外,运用民族社会学理论还能对民族社会的发展趋势做出一定的预测,有助于把握民族社会发展的规律,更好地指导实践工作。另一方面,民族社会学研究有助于民族社会问题的解决。实现多民族社会稳定与发展的关键在于有效解决各种民族社会问题,而民族社会学最主要的研究对象就是民族社会问题。可以讲,民族社会学发展得越充分,就越能有效解决各种民族社会问题,从而实现民族社会的稳定与发展。从这两个方面可以看出,民族社会学与民族社会稳定、发展之间具有紧密的联系,开展民族社会学研究对维护民族社会稳定和促进民族社会发展具有重要的现实意义。

(三)能够为国家制定民族政策提供信息

民族政策是对多民族社会进行调节的主要工具,一般多民族国家都会制定相关的民族政策协调不同民族之间的关系。民族政策并不是凭空产生的,制定民族政策需要以事实为依据,以客观的民族社会状况为基础。也就是说,制定民族政策需要掌握相对完备的信息。民族社会学所进行的民族社会调查正可为之提供相关信息。民族社会调查是民族社会学的一项重要研究内容,它能够在实地调查的基础上获取大量的信息和资料,这些信息和资料能够客观反映民族社会的真实状况,可为民族政策制定提供重要依据。例如,中国在20世纪五六十年代进行的少数民族识别和少数民族社会历史调查工作,对中国民族政策的制定起到了关键性的作用,中国的民族区域自治制度即是以这两次民族社会调查所取得的信息和资料为制定依据的。即使在政府部门日常的决策中也离不开相关的信息,需要在对民族社会进行调研之后做出决策。可见,民族社会学在民族政策制定过程中扮演着重要的角色,发挥着重要的作用。

《民族社会学概论》

第一部分 民族社会学基础

第二章 民族的概念 第三章 民族社会学研究的相关理论

第一部分　民族社会学基础

第二章　民族的概念

"什么是民族"是人们在认识民族现象时遇到的首要问题。古今中外的政治家、社会活动家和研究者们从各自生活的历史背景出发,出于政策应用、学术研究等不同的目的,给民族下了各种各样的定义。因此,考察民族概念在国内外社会实践和学术研究活动中的演变,理清民族概念的发展脉络,对于我们认识民族现象具有重要的意义。民族概念的发展演变主要有三个支流——西方国家的民族概念、苏联及俄罗斯的民族概念与中国的民族概念。本章在对民族概念演变的三个历史源流分别进行梳理的基础之上,从民族的社会属性出发,在民族社会学视野中来界定民族概念。

第一节　西方国家民族概念的演变

西方文献中"民族"一词出现较早,可以追溯到古希腊、古罗马时期的"ethnos"、"natio"等词语。近代以来,资本主义生产方式的确立,推动了欧洲国家民族现象的发展变化,也提高了人们认识民族现象的能力。随着经济社会领域内的巨大变革,"ethnos"、"natio"等词语的内涵和外延逐渐发生了重大变化,并且先后演变出了"nation"、"ethnic"、"ethnic group"、"ethnicity"等词语,构成了西方国家"民族"概念演变的源流。

一、古希腊、古罗马的民族概念

古希腊人用来表示民族概念的名词主要有三个——"ethnos"、"genos"和

"phylon",其中,"ethnos"是现代西方民族学语境特别是英文语境中"ethnic"、"ethnicity"、"ethnology"等词的词源。在古希腊文献中,"ethnos"的含义和使用范围十分广泛,它既可以用来指称古希腊人自己,也可以用来指称那些非古希腊的外族人群。这些外族人群不管规模大小,都可以用"ethnos"来指称。

"ethnos"在不同的语境中具有不同的含义,古希腊人往往根据具体的语境来赋予"ethnos"不同的含义。"ethnos"大致兼有现代语言中的"民族"、"部族"、"部落"和"国民"等意义,分别指称不同规模和不同性质的人群。因此,我们在辨别"ethnos"一词的确切含义时,要结合具体的语境来进行。"ethnos"具有广泛的含义与其初始含义有关。"ethnos""最初是一个用来指同一类人或动物群体的简单的集合名词,意即'群体'、'群'"①。古希腊人认识到民族作为一个拥有一定规模的人口群体,具有多样的属性,因此,往往从民族的某一属性出发,以不同的名词来指称特定的民族群体。就古希腊人表示民族概念的三个名词而言,"genos"和"phylon"侧重于群体的血缘属性,"ethnos"侧重于群体的文化属性。虽然这些名词之间存在着差异,但是它们所反映出的判断民族的标准,例如,血缘、语言、宗教、生活方式等,却具有相对的稳定性。"ethnos"、"genos"和"phylon"的含义各有侧重,它们分别在特定的语境中表示民族或者民族的某一特定属性。

古罗马人用来表示民族概念的名词是"natio",该拉丁语词汇是现代西方民族学语境特别是英文语境中"nation"、"nationality"等词的词源。在中世纪的一些大学中,"natio"用来指称那些来自同一个地区的学生和教师,或者是大学中的同乡社团。到后来,由"natio"演化而来的"nation"一词被用来指称籍贯相同的学生或学生团体,这时的"nation"仅仅是一种身份区分。

"natio"原意是指种族、种、出身或血缘纽带等,是指那些具有同一出生地的居民团体。这些居民团体在地理学和生物学上具有联系,具有共同的祖先、血统、地域、历史、语言、宗教和生活方式。"natio"在演变中逐渐带上了浓厚的政治色彩。在古罗马,"natio"被用来指称那些具有相同籍贯的外国人群,在一定程度上含有贬义②。中世纪初期,"natio villae"被用来指称村里的亲属集团。1258年,牛津的贵族们用"natio regni angliae"指称英格兰王国的亲属集团,以反对亨利三世的外国追随者。大约1400年前后,"natio"具有了"领土"的含义。从1500年到法国大革命期间,"natio"开始以"nation"("nacion"、"nazione")的形式出现,并且具有了

---

① 徐晓旭:《古希腊人的"民族"概念》,《世界民族》2004年第2期。
② 潘蛟:《"族群"及其相关概念在西方的流变》,《广西民族学院学报》(哲学社会科学版)2003年第5期。

政治的含义。在 16 世纪和 17 世纪,"nation"一词开始被用于指称一个国家之内的人民而不管其种族特征如何。在波兰第二次被瓜分和法国大革命时期,有"nation"开始成为"country"(国家)的同义语,并且开始具有与"人民"("people"或"peuple")相对立的意义①。这时,"nation"演变成为一个与国家密切相关的名词。

二、"nation"概念

"nation"概念的演变集中反映了它与国家及政治的密切关系,这也奠定了后来政治活动家和研究者们理解"nation"的基础。在西方民族和民族主义研究领域,"nation"一词无疑是争议最大的一个术语②。

(一)"nation"演变的历史背景

"nation"一词在西方国家的演变有其特定的历史背景,这就是近代新兴资产阶级反对封建君主专制制度,建立民族国家的历史进程。封建君主专制制度的封闭性与落后性限制并阻碍了资本主义生产方式的建立和发展,因此,资产阶级迫切要求建立一种全新的国家形式。在资产阶级反对封建割据、建立民族国家的过程中,民族、民族主义、民族自决、民主等思想随之发展起来。伴随着资本主义的成长,"民族"与民主和公民权结合在一起,演化为一个与政治高度相关的词汇。

目前,"nation"已经成为一个具有强烈政治色彩的概念,用来表示一个国家内的全体公民。"nation"实际上是指生活在同一个国家、接受同一个政府管辖的社会群体,共同的政治生活使得人们凝聚成为一个稳定的社会群体。"nation"在很多语境中都明确地被用于表示"国家"。例如,"联合国"及其前身("国际联盟")中的"国",在英文中就是用"nation"一词来表示。

(二)"nation"的含义

对于什么是"nation",目前学术界尚未达成共识。马克斯·韦伯(Weber, Max,1864—1920)认为,"nation""是一个自我宣称具有国家情感的共同体,同样,它也倾向于建立属于自己的国家共同体"③。本尼迪克特·安德森(Anderson, Benedict R. O'Gorman,1936—)认为,"民族属性(nation-ness)是我们这个时代的政治生活中最具普遍合法性的价值"④,nation 是"一种想象的政治共同体——并

---

① 该段内容主要参见王联:《关于民族和民族主义的理论》,《世界民族》1999 年第 1 期。
② (英)安东尼·史密斯著:《民族主义:理论,意识形态,历史》,叶江译,上海:上海人民出版社 2005 年版,第 11 页。
③ Hans Gerth and C. Wright Mills (eds.), *From Max Weber: Essays in Sociology*, New York: Oxford University Press, 1958, p.172.
④ (美)本尼迪克特·安德森著:《想象的共同体:民族主义的起源与散布》,吴叡人译,上海:上海人民出版社 2005 年版,第 2 页。

且,它是被想象为本质上有限的(limited),同时也享有主权的共同体"[①]。安东尼·D.史密斯(Smith,Anthony D.,1939—)认为,"nation"是"具有名称,占有领土的人类共同体,拥有共同的神话、共享的历史和普通的公共文化,所有成员生活在单一经济之中并且有着同样的权利和义务"[②]。虽然"nation"概念看起来简单明了,但是对于"'nation'是什么"的回答,则"至今尚无一致通论或标准规则"[③]。

从对构成要素的强调来看,目前关于"nation"的诸多定义可以归并为客观派和主观派。客观派认为"nation"是历史自然演化的产物,强调"nation"形成中的客观因素,如血缘、地域、语言、宗教、习惯、领土和制度等因素。主观派认为行为、情感、精神以及成员的归属感在"nation"形成过程中发挥了重要作用。虽然客观派与主观派在对"nation"构成要素的强调上存在差异,但是二者都认为"nation"是一个具有政治属性的人们群体。"nation"作为一种重要的社会群体形式,具有共同的政治、经济、历史、文化和心理等一系列特征。其中,共同的政治是"nation"最为重要的特征。

从对判断取向的选择来看,众多的"nation"定义可以分成现代取向与历史取向两类。现代取向派注重考察"nation"的现代性和政治属性,认为"nation"是现代社会的产物。现代取向派对"nation"概念的阐释具有以下几个特点:(1)强调"nation"的现代性,认为"nation"自18世纪末法国大革命(至多是从美国革命)开始产生。(2)强调"nation"的政治性,认为"nation"与国家之间存在着密切联系。(3)强调"nation"的公民性,认为"nation"成员具有平等的法律权利,并且"nation"对其全体成员具有强大的动员能力。(4)强调"nation"的扩展性,认为"nation"这种现代人类群体形式起源于西欧,并且随着西欧国家的对外扩张而逐渐传播到世界各地。历史取向派注重考察"nation"的历史性和文化属性,认为"nation"是历史的产物。历史取向派对"nation"概念的阐释具有以下几个特点。(1)强调"nation"的历史性,认为"nation"根植于悠久的历史传统之中。(2)强调"nation"的文化特征,认为"nation"起源于神话、共同记忆、共同命运等文化因素,通过蕴藏在各种神话传说、共同记忆、价值观之中的文化亲和力来凝聚成员。(3)强调"nation"的持久生命力,悠久的历史文化使得"nation"具有重要的历史地位和持久的影响力。(4)强调

[①] (美)本尼迪克特·安德森著:《想象的共同体:民族主义的起源与散布》,吴叡人译,上海:上海人民出版社2005年版,第6页。

[②] (英)安东尼·史密斯著:《民族主义:理论,意识形态,历史》,叶江译,上海:上海人民出版社2005年版,第14页。

[③] (英)埃里克·霍布斯鲍姆著:《民族与民族主义》,李金梅译,上海:上海人民出版社2006年版,第4页。

"nation"的"ethnic"基础。历史上的各"ethnic"群体在横向和纵向上发生互动,形成了固定的领土,并且使群体成员具有了共同的公民权利和集体情感,从而推动了"nation"的形成①。

三、"ethnic"及其派生概念

"ethnic"是古希腊语"ethnos"拉丁化后产生的形容词形式,表示"族"或"族的"。20 世纪 20 年代,"ethnic"一词被引入西方民族学和社会学研究领域,其含义中的种族遗传等生物因素得到了保留,并且其历史和文化因素开始逐渐得到强调。在演变过程中,"ethnic"先后派生出"ethnic group"、"ethnicity"等术语。

(一)"ethnic group"

"ethnic"在英文中没有名词形式,与"group"连用后形成了复合名词"ethnic group"。从 20 世纪 30 年代开始,"ethnic group"一词在西方国家民族学和社会学研究中日益得到广泛使用。根据有关研究,"ethnic group"这一复合形式最早出现在 1935 年的英文文献中,并且其含义的演变也开始同欧美人视野中世界政治形势的变化更加紧密地联系在了一起②。在早期,"ethnic group"特指那些因种族根源或文化特征而凝聚在一起的人口集团,并且这样的人口集团往往在社会中居于少数地位。

第二次世界大战以后,"ethnic group"一词在西方国家民族学和社会学研究领域流行起来,并逐渐取代西方国家长期使用的"tribe"(部族)、"race"(种族)等术语。随着欧美国家视野中的世界政治形势的变化以及西方社会科学界对"西方中心主义"的反思,如何称呼那些具有突出体质特征和文化特征的人们群体成为西方社会科学界面临的一个重要问题。在这种情况下,"ethnic group"成为西方学术界的新选择。"ethnic group"虽然仍含有种族遗传等体质因素,但是其已经开始更多地包含历史、文化、语言等非体质因素。在这一时期的文献中,"ethnic group"主要用来指称因宗教信仰、文化传统方面的差异而形成的人们群体,其含义十分广泛,包括种族、文化、宗教等多种因素。

进入 20 世纪 50 年代后,随着种族、民族关系的演化和民权运动的高涨,美国等西方国家的民族学研究有了进一步发展。"ethnic group"研究与种族关系研究紧密联系在一起,该词也逐渐演化为一个中性的词汇。"ethnic group"有自己特殊的指称对象,主要被用于表示那些在宗教、语言、习俗等方面有别于主流社会的人们群体。从 20 世纪 60 年代开始,"ethnic group"含义中的种族色彩不断被淡化,

---

① Anthony D. Smith, *The Ethnic Origins of Nations*, Oxford: Blackwell Inc., 1986, p. 149.
② 郝时远:《"Ethnos"(民族)和"ethnic group"(族群)的早期含义与应用》,《民族研究》2002 年第 4 期。

文化特征和身份认同不断得到突出和强调,并且开始更多地指称少数群体。20世纪60年代中期以后,"ethnic group"一词在欧美社会学、人类学和政治学等学科中被广泛使用,用来分析这些国家基于种族、语言、宗教、文化、习俗等要素基础上的认同群体。1964年出版的《社会科学词典》(*Dictionary of Social Science*)将"ethnic group"作为一个专业术语进行了收录。1969年出版的《现代社会学词典》(*A Modern Dictionary of Sociology*)中也收录了"ethnic group"一词,将其定义为"一种带有某种共同文化传统和身份感的群体,这种群体作为大社会中的亚群体而存在"①。随着"ethnic group"在学术研究中的逐渐流行,其指称范围也在逐渐拓宽。

20世纪80年代以后,"ethnic group"这一术语在世界范围内得到广泛流行。在"ethnic group"一词流行和演化的过程中,其含义趋于抽象和泛化,并且突出了成员主观认同和得到他人承认的意思。"ethnic group"仍是一个指称人们群体的范畴,这一群体可以是种族、民族的,也可以是部落的,目前该词也可以用来指称某一族类群体的一部分。安东尼·史密斯认为,"ethnic group"是指"具有共同祖先神话和历史记忆、具有共享文化成分、与历史版图有一定联系、具有一定团结的(至少在精英层是这样的)、有名称的人口单元"②。

目前,欧美国家的研究者基本上认为"ethnic group"是一个中性概念。基于对"ethnic group"本质的不同回答,在欧美国家学术传统中形成了对"ethnic group"的不同认识。(1)客观特征论坚持认为"ethnic group"的本质在于其具有客观的文化特征。"ethnic group"是社会文化的承载单位和区分单位,可以通过语言、文化、社会组织等来认识。在20世纪70年代以前,客观特征论在"ethnic group"研究中占据主导地位。客观特征论倾向于认为"ethnic group"之间的差异主要在于体质、语言、生活习惯等文化特征,认为"ethnic group"之间的关系是一种文化关系。1964年,R. 纳鲁尔(Naroll, Raoul)撰文指出,"ethnic group"单位可由客观特征如语言、文化、社会组织等来定义③。客观特征论受到的批评主要来自于其对主观认同因素的忽略。(2)主观认同论认为"ethnic group"差异与客观文化差异之间并无必然联系,群体成员的认同更为重要。"ethnic group"划分以群体成员认同为基础,成员认同则建立在共同的历史记忆、语言文字、风俗习惯和宗教信仰等基础之

---

① (美)N. 格莱泽、D. P. 莫尼汉:《民族与民族研究》,丁麒钢译,载马戎编:《西方民族社会学的理论与方法》,天津:天津人民出版社1997年版,第4页。

② (英)安东尼·史密斯著:《全球化时代的民族与民族主义》,龚维斌、良警宇译,北京:中央编译出版社2002年版,第65页。

③ Raoul Naroll, On Ethnic Unit Classification, *Current Anthropology*, 1964, Vol. 5, No. 4, pp. 283-312.

上。1969年,弗雷德里克·巴斯(Barth,Fredrik,1928—)在其主编的 *Ethnic Group and Boundaries* 一书的导言中指出,"ethnic group"是一种社会组织形式,其关键要素是自我归属和由他人归类的特征[①]。巴斯提出,"ethnic group"研究应关注"ethnic group"的"社会边界",而非其文化内涵和地理边界。相比之下,"ethnic group"的社会边界更重要,其作用在于组织、沟通、结构和规范人们之间的互动。巴斯的边界论把观察"ethnic group"的视角从客观标准转向了主观认同,从关注作为"ethnic group"核心内涵的文化要素转向关注"ethnic group"边界的形成与维持,揭示出不同群体在社会互动中通过自我认同和他人确认来维持"ethnic group"边界的现象。任何一个"ethnic group"不仅有其生活居住的自然地理边界,同时也有其社会文化边界。"ethnic group"的自然地理边界由于迁移等原因而处于不断变化之中,但是其社会文化边界却保持着相对的稳定性。

需要注意的是,"ethnic group"在美国和欧洲国家所指称的对象之间存在着差异。在美国,"ethnic group"更多地用来指称相对于主流社会的少数族裔群体或者移民群体,前者如美国黑人、印第安人等,后者如美籍华人、美籍印度人、美籍意大利人等以及其他较小的移民群体。由于这些群体的属性容易引起争议,所以美国社会科学界和政府采用"ethnic group"这个在法律中具有非歧视性意义的用语来指称它们。"ethnic group"在美国获广泛使用与美国20世纪60年代民权运动的兴起有很大的关系,其含义中的非歧视性意义也反映出民权运动以来美国社会思想的变化。在欧洲特别是在西欧国家,"ethnic group"曾广泛被用于指称那些在现代民族(nation)形成之前就已经存在的人们共同体。但是,第二次世界大战以后,西欧国家原殖民地人口大量涌入这些国家,带来了复杂的移民和种族关系问题。在这样的形势下,"ethnic group"在西欧国家的指称范围开始扩展到种族和移民群体。

(二)"ethnicity"

"ethnicity"也是由"ethnic"派生出来的重要概念。直到20世纪60年代,"ethnicity"才开始在英文词典中出现[②]。"ethnicity"自出现以来就具有多种含义,并且其含义仍在不断变化之中。通常情况下,"ethnicity"被用来描述"ethnic"特性或者"ethnic"群体。概括地讲,欧美研究者对于"ethnicity"含义的认识主要可以分为三

---

① Fredrik Barth (ed.), *Ethnic Groups and Boundaries*, Boston: Little, Brown and Company, 1969, pp. 9-38.

② Martin N. Marger, *Race and Ethnic Relations: American and Global Perspectives*, (Sixth Edition), Belmont, CA: Wadsworth/Thomson Learning, 2003, p. 10.

种:(1)"ethnicity"是一种社会实体。在此意义上,"ethnicity"等同于"ethnic group"。J. M. 英格尔(Yinger, J. Milton, 1916—)认为,"ethnicity"是指一个较大社会中的一部分,其成员自己相信同时也被别人相信具有共同的起源和共同的文化,并且会采取共同的行动①。(2)"ethnicity"是指一种社会意识。"ethnicity"是指人们对群体差异和不同群体之间的社会边界的感知,是对"我们"与"他们"之间差异的确认②。(3)"ethnicity"既是一种社会实体,也是一种社会意识。1973年版的《美国传统词典》对"ethnicity"的释义为:属于某一特别民族群体的状况;民族自尊心③。在这里,"ethnicity"既表示一种客观状况,又表示一种主观心态。

第二节 苏联及俄罗斯民族概念的演变

苏联及俄罗斯的"民族"概念直接源于马克思主义经典作家对民族的论述。在苏联的学术传统中,用来表示"民族"概念的术语主要有"нация"、"этнос"等。苏联解体后,俄罗斯继承了苏联民族研究的遗产,并且开始更多地与西方国家交流,逐渐引入了西方国家的民族概念。

一、马克思主义经典作家对民族的论述

马克思在《摩尔根〈古代社会〉一书摘要》(1881~1882)中指出,"民族"与"部落"并不等同,只有当各个部落在一个共同的公共权力的管理之下融合成为一个统一的整体,民族才会产生。关于民族的起源问题,恩格斯提出了"从部落发展成了民族和国家"的观点,认为民族的形成与部落联盟、国家的形成有着千丝万缕的联系。恩格斯在《劳动在从猿到人转变过程中的作用》(1876)一文中对这一观点进行了阐述。"除打猎和畜牧外,又有了农业,农业之后又有了纺纱、织布、冶金、制陶器和航行。伴随着商业和手工业,最后出现了艺术和科学;从部落发展成了民族和国家。法和政治发展起来了,而且和它们一起,人间事物在人的头脑中的虚幻的反映——宗教,也发展起来了。"④恩格斯指出,人类社会在从原始社会发展到阶级社会以后,产生了文明、国家、政治、法律和宗教等,从而使人类社会"从部落发展成了

---

① J. M. Yinger, Ethnicity in Complex Societies, L. A. Coser, O. N. Larsen (eds.), *In the Uses of Controversy in Sociology*, New York:Free, 1976, p. 200.
② Sandra Wallman, Ethnicity Research in Britain, *Current Anthropology*, 1977, Vol. 18, No. 3, pp. 531-532.
③ (美)N.格莱泽、D.P.莫尼汉:《民族与民族研究》,丁麒钢译,载马戎编:《西方民族社会学的理论与方法》,天津:天津人民出版社1997年版,第1页。
④ 《马克思恩格斯选集》第4卷,北京:人民出版社1995年第2版,第381页。

民族和国家",民族脱胎于具有政治组织和人们共同体双重功能的部落。

马克思和恩格斯论述了关于民族形成的具体条件:(1)语言是形成民族的重要因素。恩格斯在《论封建制度的瓦解和民族国家的产生》(1884)一文中指出,中世纪早期的各族人民在融合过程中,被划分为各种语族,这些语族就构成了从一种民族(Nationalitaten)到另一种民族(Nation)发展的基础。(2)地域条件是人类群体形式发展和进化的基础。在原始社会向阶级社会过渡的过程中,"分开的各个部落领土融合为一个民族[Volk,德语]的整个领土,也成为必要的了"①。在这个过程中,国家开始出现,与国家共生的民族也逐步被国家塑造出来。地域界限成为推动民族共同生活形成的重要基础。(3)生产力发展水平特别是民族分工的发展程度是推动民族关系发展的根本动力。马克思主义认为:"各民族之间的相互关系取决于每一个民族的生产力、分工和内部交往的发展程度。这个原理是公认的。然而不仅一个民族与其他民族的关系,而且这个民族本身的整个内部结构也取决于自己的生产以及自己内部和外部的交往的发展程度"②。(4)各民族的精神文化产生于物质交往活动。"思想、观念、意识的生产最初是直接与人们的物质活动,与人们的物质交往,与现实生活的语言交织在一起的。人们的想象、思维、精神交往在这里还是人们物质行动的直接产物。表现在某一民族的政治、法律、道德、宗教、形而上学等的语言中的精神生产也是这样。"③

根据马克思和恩格斯对资本主义发展趋势的论述,列宁指出资本主义时期的民族问题具有两种历史的发展趋势:"民族生活和民族运动的觉醒,反对一切民族压迫的斗争,民族国家的建立,这是其一。各民族彼此间各种交往的发展和日益频繁,民族隔阂的消除,资本、一般经济生活、政治、科学等等的国际统一的形成,这是其二。"④

马克思、恩格斯对民族和民族国家的论述构成了斯大林民族定义的理论基础,也决定了斯大林民族定义中的民族必须是被限定在民族国家范畴内的民族(нация/nation)。

---

① 《马克思恩格斯选集》第4卷,北京:人民出版社1995年第2版,第164页。
② 《马克思恩格斯选集》第1卷,北京:人民出版社1995年第2版,第68页。
③ 《马克思恩格斯选集》第1卷,北京:人民出版社1995年第2版,第72页。
④ 《列宁选集》第2卷,北京:人民出版社1995年第3版,第340页。

二、斯大林民族定义

斯大林民族定义是马克思主义经典作家关于"民族"概念最系统的阐述，其影响也最为广泛。1913年，斯大林在《马克思主义和民族问题》一文中首次明确提出了其民族定义之后，他在《民族问题和列宁主义》(1929)一文中又重申了其对民族的定义。在《马克思主义和民族问题》一文中，斯大林开宗明义地指出："民族首先是一个共同体，是由人们组成的确定的共同体"[①]。在斯大林的阐述中，民族是指构成"民族国家"的民族，其成员可以来自不同种族(расы)和不同部落群体(племена)。民族国家(nation-state)模式是法国大革命以后西欧、北欧国家体系变革的产物，在民族国家模式下，民族指一个国家的全体居民。斯大林在界定民族概念时，将民族赖以生存的社会经济生活、民族间交往程度等因素结合在一起，认为民族是社会发展到一定历史阶段的产物。共同语言、共同地域、共同经济生活和共同心理素质是民族的四个基本要素，同时也是民族的四个基本特征。

共同的语言是民族的第一个基本特征。斯大林在谈到民族的共同体与国家的共同体之间的区别时指出，"其中一个区别是民族的共同体非有共同的语言不可，国家却不一定要有共同的语言"[②]。事实上，有无共同的语言是区分民族国家与其他国家类型的关键。共同语言是构成民族的基本要素之一。在资本主义确立过程中，居民民族成分和语言的尽可能统一，对于资产阶级完全占领国内市场和保证经济流通的完全自由具有重要意义。

共同的地域是民族的第二个基本特征。具有共同语言的人们并不必然就是一个民族。例如，英吉利人和美利坚人虽然操同一语言，但他们并不属于同一个民族(nation)，这是因为他们并不生活在共同的地域。地域条件是人类群体形式发展和演化的基础，也是推动民族共同生活形成的重要基础。因此，斯大林指出，民族必须在共同的地域范围内经过长期交往和世代延续的共同生活才能形成。

共同的经济生活、经济上的联系是民族的第三个基本特征。斯大林指出，人们共同体最基本的共同生活是经济生活，在共同地域中，内部的经济联系把一个民族的各个部分结合为一个整体。生产力发展水平的提高，包括产品数量的增加、生产规模的扩大和社会分工的细化，推动着国家形态和民族形态的发展和演变。资本主义生产方式的出现推动了大规模商品生产和全国统一市场的形成，加速了国家和民族形态的演化进程。资产阶级通过生产资料、财产和人口的集中而实现了政治的集中，这种政治上的集中形成了统一的政府、统一的法律、统一的民族阶级利

---

① 《斯大林选集》上卷，北京：人民出版社1979年版，第61页。
② 《斯大林选集》上卷，北京：人民出版社1979年版，第61页。

益和统一关税,形成了统一的民族国家体制。民族国家对民众进行塑造和整合活动,其中最重要的是建立共同经济生活中的"民族联系"。

表现在共同文化上的共同心理素质是民族的第四个基本特征。共同的语言、共同的生活地域、共同的经济生活和经济联系,必然会导致共同的意识。在民族的构成要素中,共同的意识是一个重要组成部分,是"结合成一个民族的人们在精神面貌上的特点",而且表现在一个民族的共同文化特点方面[1]。斯大林将一个民族的心理素质称为"民族性格",认为民族性格并非不可捉摸,而是反映在共同文化的特点上。

斯大林总结指出,共同语言、共同地域、共同经济生活以及表现在共同文化上的共同心理素质是"民族的一切特征",并且"只有一切特征都具备时才算是一个民族"[2]。民族必须同时具备这四个基本要素,并且也只有所有这些要素结合在一起时才会形成民族。因此,斯大林给民族下的定义为:"民族是人们在历史上形成的一个有共同语言、共同地域、共同经济生活以及表现在共同文化上的共同心理素质的稳定的共同体"[3]。斯大林进而指出:"民族不是普遍的历史范畴,而是一定时代即资本主义上升时代的历史范畴"[4],是所谓现代民族或者是资产阶级民族。

斯大林提炼出来的民族的四大基本特征或者说四大基本要素对于认识民族国家层面的民族(nation)具有重要的参考价值。霍布斯鲍姆(Hobsbawm, Eric J., 1917—)就将斯大林总结的民族四大基本特征看成是"判断民族国家的一套标准"[5]。斯大林民族定义中的"民族"有其特定对象,是指民族国家时代的民族(нация/nation),不同于传统帝国治下的人们集团。这也提示我们,斯大林民族定义建立在民族国家的意义上,有其特定的对象。

三、苏联民族学研究中"этнос"概念的演变

苏联民族学界关于"этнос"的研究肇始于史禄国[С. М. 希罗科戈罗夫(Широкогоров, Сергей Михайлович, 1887—1939)]关于"ethnos"的研究。但是,苏联成立以后,史禄国关于"ethnos"的研究并未被苏联民族学界延续下去,主要原因在于斯大林民族理论特别是其民族定义在苏联政界和学界长期居于支配地位。直到20世纪四五十年代,苏联民族学界才开始有人重提"этнос"这个概念。20世纪

---

[1] 《斯大林选集》上卷,北京:人民出版社1979年版,第63页。
[2] 《斯大林选集》上卷,北京:人民出版社1979年版,第64页。
[3] 《斯大林选集》上卷,北京:人民出版社1979年版,第64页。
[4] 《斯大林选集》上卷,北京:人民出版社1979年版,第69页。
[5] (英)埃里克·霍布斯鲍姆著:《民族与民族主义》,李金梅译,上海:上海人民出版社2006年版,第5页。

60年代中期,苏联民族学界完成《世界民族》编撰工作以后,"этнос"及其派生术语才开始在民族研究领域流行开来。

(一)史禄国关于"этнос"的研究

根据考证,史禄国及其在20世纪二三十年代所从事的工作,对于将"ethnos"一词引入民族学领域并进行定义和应用研究,做出了突出贡献①。事实上,1908年出版的《俄国人类学协会年鉴》第三卷已经将"ethnos"的俄文形式"этнос"作为一个区别民族学研究对象的概念。

早在1921~1922年,史禄国就已经开始使用"этнос"来对"民族"进行分类②。其于1923年出版的《民族、民族志现象和民族现象的基本原则》(1923)一书可能是世界上第一部专门研究"ethnos"的著作。在书中,史禄国在分析"этнос"("ethnos")时强调了两点内容:一是将"этнос"看成是一个一般的、普遍的民族概念,没有对它作时间和空间上的任何限定;二是认为构成"этнос"的要素既包括文化因素(语言、习俗等),也包括社会政治和经济要素。对于何谓"этнос",史禄国给出了一个简要的描述,即"этнос"是"以起源、习俗和语言的统一而联结起来的人们集团"③。在理解"ethnos"时,史禄国认识到了其"种族"含义,这也与"ethnos"在西方国家的应用基本一致④。关于史禄国为什么采用"ethnos"而不采用"nation",费孝通指出这是因为"nation"的含义与国家有着密切联系,为了把民族与主权国家脱钩,史禄国才使用拉丁文"ethnos"⑤。

史禄国在研究"ethnos"时提出了"ethnic unit"(民族单位)的概念,并对其进行了定义。在史禄国的研究中,"ethnos"和"ethnic unit"属于两个层次。20世纪30年代,史禄国对"этнос"做出了进一步的定义,他认为,"этнос"(民族)"是那些讲一种语言、承认自己的统一起源、具有一整套习俗与生活方式、以传统来保持和被人尊崇并以传统而同其他同类者区别开来的集团"⑥。而"ethnic unit"(民族单位)"是人们组成群体的单位,其成员具有相似的文化,说相同的语言,相信是出于同一

---

① 郝时远:《前苏联—俄罗斯民族学理论中的"民族"(этнос)》(上),《西北民族研究》2004年第1期。
② 参见(苏联)Ю.B.勃罗姆列伊著:《民族与民族学》,李振锡,刘宇端译,呼和浩特:内蒙古人民出版社1985年版,第19页。
③ 贺国安:《勃罗姆列伊的探索:关于"民族体"与"民族社会机体"》,《民族研究》1991年第1期。
④ 参见郝时远:《前苏联—俄罗斯民族学理论中的"民族"(этнос)》(上),《西北民族研究》2004年第1期。
⑤ 参见费孝通著:《师承·补课·治学》,北京:生活·读书·新知三联书店2002年版,第81~82页。
⑥ (苏联)Ю.B.勃罗姆列伊著:《民族与民族学》,李振锡,刘宇端译,呼和浩特:内蒙古人民出版社1985年版,第26页。

祖先,在心理上有同属一个群体的意识,而且实行内婚"①。

(二)苏联的"族类共同体"分类体系

苏联成立后,马克思列宁主义民族理论成为苏联制定民族政策的理论依据,同时也成为苏联民族学研究的指导思想。但事实上,主导苏联民族政策制定和民族学研究的主要是斯大林的民族理论特别是其民族定义。

在斯大林民族理论指导下,苏联形成了一套以"部落—部族—民族"为基本公式的"族类共同体"分类体系。斯大林民族定义中的"民族"是指资本主义上升时期所形成的现代民族,相当于英文中的"nation"。根据斯大林的民族定义,只有那些具备建立共和国或自治共和国的族类群体才能被称为"民族"(нация),而那些不具备建立共和国或自治共和国条件的族类群体则被分别称为"部落"(племя)、"部族"(народность)和"族体"(национальность)等。这套分类体系强调各民族的社会历史发展阶段,"部落"(племя)表示原始公社阶段的族类共同体,"部族"(народность)表示奴隶制和封建制时代的族类共同体,"民族"(нация)表示资本主义和社会主义时期的族类共同体。"部落—部族—民族"的"族类共同体"分类体系不仅具有学术上的分类意义,而且具有政治上的权利意义。这套分类体系建立在各"族类共同体"社会发展程度差异的基础上,同时也成了确定苏联各"族类共同体"在国家政治生活中的权利和地位的依据。

(三)勃罗姆列伊关于"этнос"的研究

Ю. В. 勃罗姆列伊(Бромлей, Юлиан Владимирович, 1921—1990)是苏联"этнос"研究的代表性人物,他继承和发展了史禄国关于"этнос"的研究。

Ю. В. 勃罗姆列伊对于"этнос"的研究与"этнос"研究在苏联的重新兴起密切相关。这主要有以下三个方面的原因:一是对斯大林民族定义的反思。斯大林所论述的民族是资本主义上升时期的产物,它依托于民族国家。但是就苏联的民族情况来说,"民族"(нация)却并非指依托于苏联这个民族国家的人们共同体,而是指那些具备建立共和国或自治共和国的"族类共同体",这与斯大林民族定义中的"民族"相矛盾。二是对苏联民族研究学术传统的继承。"对于民族学家来说,占首要地位的应当是'ethnos'(民族)这个概念。"②早期民族学关于"ethnos"研究的学术传统,无疑要追溯到史禄国对"этнос"(ethnos)的研究。三是实践工作的需要。20世纪60年代,苏联民族学界准备编撰十六卷本的《世界民族》,面对多样性的"族类

---

① 费孝通:《简述我的民族研究经历和思考》,《北京大学学报》(哲学社会科学版)1997年第2期。
② (苏联)Ю. В. 勃罗姆列伊著:《民族与民族学》,李振锡,刘宇端译,呼和浩特:内蒙古人民出版社1985年版,第233页。

共同体",如何定义"民族",依据什么样的标准来划分民族成为苏联民族学家面临的一个基本问题。在这种形势下,含义广泛的"этнос"术语和理论成为苏联民族学界的选择。

Ю. В. 勃罗姆列伊主张从文化的角度来认识民族,认为"этнос""是历史上形成的特殊的社会群体类型,是人们集体存在的特殊形式。这个共同体按照一定的自然历史途径形成和发展,它不以加入共同体的个别人的意志为转移,能够依靠自我再生产而稳定地长期地生存"①。Ю. В. 勃罗姆列伊认为,民族是一个系统,既表现为民族本身的形式,也表现为民族社会形式。民族本身的形式即"民族体"(этносикос),是指历史上形成的、具有共同的相对稳定的文化(其中包括语言)特点和心理特点,并意识到自己的统一和与其他这类构成体的区别的人们共同体。凡是符合这一定义的人们共同体,不论分布在何处,都属于同一族籍的人,也就是俄文"национальность"(民族性)一词所表示的群体。民族社会形式即"民族社会体"(этносоциальные организмы),是指由于民族和社会机体相互渗透而产生的特殊构成体,在具有文化共同性的同时,还具有地域、经济、社会和政治方面的共同性。民族社会机体的基本成分包括两方面的内容:一方面是民族因素,另一方面是社会经济因素②。

四、俄罗斯研究者关于"民族"概念的研究

俄罗斯研究者关于"民族"概念的研究主要集中在"理论—方法"和"概念—术语"两个方面③。多数俄罗斯学者相信,任何一种理论在解释不断变化的民族现象时都会存在局限性。因此,民族概念研究不能追求普适的概念,要敢于继承、批判,要兼收并蓄。

在理论方面,俄罗斯民族学界对斯大林民族定义进行了反思。斯大林的经典民族定义存在着两个难题和两个缺陷④。两个难题分别是:如何划分民族和民族形成之前就已经存在的部族、种族;对民族精神文化的解释存在着局限性,提到了心理素质却忽视了思想意识和由思想意识决定的共同利益。两个缺陷与这两个难题密切相关,它们分别是:斯大林的民族定义排除了政治特征,无法适应俄罗斯国内民族问题的现实;片面理解民族的精神文化特征,忽视了民族归属和认同等因素。此外,俄罗斯民族学继承和坚持了由史禄国发端、Ю. В. 勃罗姆列伊等进行完

---

① 转引自张宏莉:《俄罗斯 этнос(民族)理论中的几个术语》,《民族研究》2006 年第 1 期。
② 参见贺国安:《勃罗姆列伊的探索:关于"民族体"与"民族社会机体"》,《民族研究》1991 年第 1 期。
③ (俄)И. Ю. 扎里诺夫著:《论"民族"》(上),高永久、徐亚清译,《世界民族》2003 年第 5 期。
④ 解建群编写:《俄罗斯学者关于民族概念的争论》,《国外理论动态》2000 年第 9 期。

善的"этнос"(ethnos)理论,并以此作为民族概念研究的指导理论和方法。将"этнос"理论与西方国家的"ethnic group"理论结合起来应用于本土研究也是俄罗斯民族概念研究的一项重要内容。

俄罗斯民族概念研究中比较常用的概念—术语包括"нация"、"этнос"、"этничность"和"этническая группа"等。这些术语在起源上与西方国家的"nation"、"ethnos"、"ethnic group"和"ethnicity"等术语大致相同,且后者也是俄罗斯民族概念研究中的重要术语。因为完备而科学的概念—术语体系在民族研究中发挥着重要作用,所以,部分俄罗斯民族研究者指出,概念—术语体系不能依赖于从西方国家引进和解释,而应该立足于俄罗斯的社会历史背景。

第三节　中国民族概念的演变

在中国古代典籍中,"民"与"族"二字连用具有悠久的历史,但是直到近代,汉语中"民"与"族"的结合才日益紧密,"民族"才开始作为一个固定词汇来使用。新中国成立以后,"民族"作为一个具有独立意义的中文词汇完全确定下来。中国的民族研究者积极引进欧美、苏联及俄罗斯等国家的民族概念理论,并且主动将其与中国实际相结合,尝试提出具有中国特色的民族概念。

一、古代汉语中的"民族"概念

"民族"一词究竟何时在汉语文献中出现,其含义如何,这是一个民族学界广泛关注的问题。关于汉语中"民族"一词的来源,存在着"舶来说"与"本土说"两种不同的认识。"舶来说"认为中国古代汉语中并不存在"民族"一词,或者说是不存在现代意义上的"民族"一词。"民族"一词是舶来品,在近代"西学东渐"的潮流中,"民族"概念才传入中国。"本土说"认为"民族"一词古已有之,是中国土生土长的概念。有研究者指出,"民族"一词最早出现在《南齐书》中,在该书卷五十四《高逸传·顾欢传》中有"今诸华士女,民族弗革"的语句,这里的"民族"与现代汉语语境中的"民族"在含义上比较接近[①]。"本土说"认为即使古代汉语中的"民族"一词与现代汉语中的"民族"一词在含义上存在着差别,但是"民族"一词并非舶来品,而是"确属中国古代汉语中的词语"[②]。"舶来说"与"本土说"的争论还会继续下去,但不可否认的是,"民族"确实是汉语中的一个固有词汇。

"民"和"族"是古代汉语中"民族"一词的两个构成要素,这两个要素各自具有

---

① 邸永君:《"民族"一词见于〈南齐书〉》,《民族研究》2004年第3期。
② 郝时远:《中文"民族"一词源流考辨》,《民族研究》2004年第6期。

特定的含义。"民"的含义比较广泛,可以指称百姓、宗族和人等。在中国传统文化中,"民"具有浓重的尊卑等级意义,侧重于表示处于被统治地位的底层社会民众,泛指普通百姓。"族"最初的含义是指家族或军事组织,后来逐渐拓展到社会和国家层面。在中国古代,族"应该是以家族氏族为本位的军事组织"[①]。在发展演变过程中,"族"的军事含义逐渐淡化,其"标众"的含义逐渐突出[②]。在具体使用上,"族"既可以表示人们的社会政治地位,例如"王族"、"望族"、"公族"与"庶族"、"贱族"等;也可以表示血缘亲属关系,例如"亲族"、"宗族"、"家族"、"九族"等;还可以指聚集和居住在一起的任何人群,例如"氏族"、"部族"等。

"民"与"族"连用而产生的组合词汇"民族"在古代汉语文献中早已出现,但是"民"与"族"的结合比较松散,其含义也不固定,需要结合具体语境才能确定其确切含义。有时,"民族"是指宗族,例如,《太白阴经》序言中有"倾宗社,灭民族"的语句[③]。有时,"民族"指黎民百姓,例如,《忧赋》中有"上自太古,粤有民族"的语句[④]。有时,民族在"华夷之辨"的意义上使用,例如,《南齐书》中有"今诸华士女,民族弗革"的语句。可见,古代汉语中"民族"一词主要用来表示社会大众、黎民百姓或者某一社会群体,比较侧重于社会等级划分。

二、"民族"概念的近代演变

"民族"演变为一个固定词汇并具有固定含义是近代的事情。汉语中"民族"概念的近代演变过程受到欧美、日本及苏联民族概念的影响,并且与近代中国民主革命和主权独立进程紧密结合在一起。

19世纪末到20世纪初是汉语中"民族"概念近代演化的第一个历史时期。以康有为(1858—1927)、梁启超(1873—1929)等为代表的维新派知识分子群体力主救亡图存,提出要"爱国保种",主张中华帝国版图内的所有人要"合群"。在"民族"概念的近代演化过程中,梁启超发挥了重要作用。梁启超从日语中借用了"民族"一词,并在其一系列作品中使用了"民族"一词。梁启超曾一度将"民族"和"种族"混淆使用,后来,他意识到"民族"与"种族"的区别,并在其1922年发表的《中国历史上民族之研究》中作了区分。在这一历史时期,除了介绍国外的民族概念,部分中国人已经开始尝试对"民族"进行定义[⑤]。

---

① 周策纵:《原族》,《读书》2003年第2期。
② 郝时远:《先秦文献中的"族"与"族类"观》,《民族研究》2004年第2期。
③ 参见茹莹:《汉语"民族"一词在我国的最早出现》,《世界民族》2001年第6期。
④ 参见郝时远:《中文"民族"一词源流考辨》,《民族研究》2004年第6期。
⑤ 参见金炳镐:《"民族"新证》,《西南民族大学学报》(人文社科版)2007年第1期。

20世纪初到20世纪二三十年代是汉语中"民族"概念近代演化的第二个历史时期。以章炳麟(1869—1936)、孙中山(1866—1925)等为代表的革命派知识分子群体进一步推动了中国民族概念的发展。章炳麟等人奉行排他的种族主义,积极主张排满。他们认为中国传统的华夷之间的差异并非建立在文化差异基础上,而是建立在种族差异基础之上。辛亥革命时期,孙中山认为,民族由五种自然力构成。其中,最大的力是血统,第二个力是生活,第三个力是语言,第四个力是宗教,第五个力是风俗习惯①。当时,孙中山设想构建"中华民族"的概念。在中国国民党第一次全国代表大会宣言中,孙中山指出民族主义包括两个方面的含义:一是要实现中华民族自身的解放;二是要实现中国境内各民族平等。

20世纪30年代到中华人民共和国成立是汉语中"民族"概念近代演化的第三个历史时期。这一阶段汉语中"民族"概念的演变集中表现为国共两党对待中国境内少数民族同胞的态度的差异上。中国国民党继续坚持孙中山等人所提出的国族概念,强调同化和交流,认为中国境内各族人民应该组成强有力的国族。中国共产党对"民族"的认识受到马克思列宁主义民族理论的深刻影响——马克思和恩格斯关于民族的经典论述、列宁关于"两个民族"和民族问题发展趋势的理论、斯大林民族定义等构成了中国共产党认识"民族"的基础。在这一历史时期的中国共产党文献中,"民族"、"少数民族"、"弱小民族"、"小民族"、"中华民族"等概念得到了大量使用,但是中国共产党并未对"民族"概念做出明确界定。中国共产党曾经强调民族自决权,主张实行联邦制,"承认中国境内各少数民族之平等权及其自决权,以组成各民族自由联合的中华民国"②。中国共产党虽然承认民族自决,但是也对民族自决与民族分裂进行了区别。随着国内外局势的变化以及对国情认识的深入,中国共产党创造性地提出了"民族平等"、"民族团结"、"民族区域自治"等概念,并在党的一系列文献中进行了明确表述③。在中华人民共和国成立之前,中国共产党的"民族"主张一直服务于对外反抗侵略和对内开展革命的需要,坚决主张中国境内的各族人民共同组成了中华民族。

三、对斯大林民族定义的坚持与反思

斯大林民族定义被介绍到中国后,得到中国大陆民族学界的基本认同。新中国成立后,中国民族学界在定义和使用"民族"概念时长期坚持以斯大林民族定义为理论基础。在斯大林民族定义的指导下,中国政府制定了一系列民族政策并且

---

① 孙中山著:《三民主义》,长沙:岳麓书社2000年版,第4～5页。
② 中共中央统战部编:《民族问题文献汇编》,北京:中央党校出版社1991年版,第467页。
③ 具体介绍可参见高永久等编著:《民族学概论》,天津:南开大学出版社2009年版,第70～79页。

进行了民族地区社会大调查和民族识别工作,并出版了少数民族五种丛书①。

20世纪50年代中期,中国学术界展开了关于汉民族形成问题的大讨论,经过这次大讨论后,斯大林民族定义被中国学术界广泛接受。1953年,苏联历史学家格·叶菲莫夫(Ефимов. Геронтий Валентинович,1906—1953)在《历史问题》上发表《论中国民族的形成》一文;1954年,中国历史学家范文澜(1893—1969)在《历史研究》上发表《试论中国自秦汉时成为统一国家的原因》的文章,从而引发了学术界关于汉民族形成问题的讨论②。在这次讨论中,中国和苏联研究者都坚持以斯大林民族定义中的四个基本特征为依据来研究中国汉民族的形成。

20世纪70年代末、80年代初,中国学术界开始对斯大林民族定义进行反思、补充和完善,但是多数研究者仍然坚持认为,斯大林民族定义基本上是一个科学的定义③。围绕斯大林民族定义,中国学术界展开了讨论,并且形成了多种认识。

第一种观点完全赞成斯大林的民族定义,认为斯大林民族定义中的四个基本特征具有普遍的适用性。"不论在哪一个历史发展阶段,要形成为一个民族,必须具备斯大林讲的那四个条件(也叫四个特征),缺少任何一个条件,是不可能形成为一个民族的"④。持这种观点的研究者大多引证经典著作的条文,他们认为,斯大林民族定义适用于一切发展阶段的民族。

第二种观点承认斯大林民族定义是一个科学的定义,但认为其适用范围需要进行严格限定。斯大林定义的民族是指资本主义上升时期,伴随着资产阶级革命,依托于主权国家而形成的民族,是在民族国家(nation-state)这种新型国家形态中形成的民族,"是人类共同体依托于民族国家而形成的现代形式"⑤。斯大林的民族定义有其特定的指称对象,不能用来指称处于一切历史发展阶段的民族。

第三种观点认为斯大林民族定义对中国民族学研究具有重要的指导意义,但是对其要进行适当修正才能适合于中国国情。研究者们对于斯大林民族定义的修订,主要集中在对斯大林所定义的民族的要素进行丰富和拓展。20世纪50年代中国政府组织实施的民族识别工作就既坚持但又不拘泥于斯大林的民族定义。在

---

① 这五种丛书分别为《中国少数民族简史》《中国少数民族简志》《中国少数民族语言简志丛书》《中国少数民族自治地方概况》和《中国少数民族社会历史调查资料丛刊》。具体介绍可参见高永久等编著:《民族学概论》,天津:南开大学出版社2009年版,第354~360页。
② 吕桃:《汉民族形成于何时——介绍关于汉民族形成问题的讨论》,《史学月刊》1957年第8期。
③ 林耀华主编:《民族学通论》(修订本),北京:中央民族大学出版社1997年版,第106页。
④ 牙含章:《论民族》,《民族研究》1982年第5期。
⑤ 郝时远:《重读斯大林民族定义——读书笔记之一:斯大林民族定义及其理论来源》,《世界民族》2003年第4期。

对中国境内各民族群体进行族别身份认定时,民族学研究者坚持以客观民族特征和主观民族意愿相结合来进行识别工作。"民族特征是一个稳定的人们共同体在长期历史发展中形成的,但又不是一成不变的社会现象。因此,对民族特征的研究,不仅要考察其现实的民族特征,还要回顾历史,了解其民族特征在不同历史发展时期中的形成、发展变化的规律。"[①]斯大林民族定义中的四个基本特征应该是一个有机整体,而非各自孤立存在的机械组合。对民族四个基本特征应该进行全面、综合的考察,具体问题具体分析。主观情感和意愿也应该是识别民族身份的重要依据,也应该是民族构成的重要因素。此外,部分学者认为斯大林民族定义中还应该增加"民族的共同名称"、"在历史上形成"、"稳定性"等要素[②]。林耀华在总结民族识别的经验时谈到,对民族概念的掌握,必须注意运用马克思主义关于民族问题的理论,尤其是斯大林关于民族四个特征的著名论断,但也要考虑到中国的国情与各民族的实际,采取具体问题具体分析的方法[③]。

第四种观点对斯大林民族定义的适用性提出了质疑和反思。有研究者指出,斯大林民族定义的核心是,依据历史唯物主义的社会发展阶段论来定义处于各个历史阶段的民族。这实际上是用社会制度来推演民族的含义与性质,忽视了民族作为一种社会现象的相对独立性、稳定性与复杂性。还有研究者指出,斯大林的民族定义不仅是一种学理,而且也是一种技术,一种有关民族自决和无产阶级革命的权力技术[④]。

四、当代中国学者对"民族"概念的认识

在提出中国特色"民族"概念的过程中,中国民族学界立足于国情,十分注意引进和吸收国外民族概念。马克思主义特别是斯大林民族定义长期影响着中国研究者对"民族"概念的认识,此外,改革开放以来,"nation"及其派生概念、"ethnic"及其派生概念、"этнос"及其派生概念的大规模引进也极大地开阔了中国研究者的视野。经过30年的努力,中国民族学研究已初步自立门户,在学术上形成了自己的本土化特点,一个中国民族学派——以马克思主义为指导的历史功能学派已经初现端倪[⑤]。在中国民族学派的形成中,对"民族"概念的理解是一项非常重要的

---

① 宋蜀华、满都尔图主编:《中国民族学五十年》,北京:人民出版社2004年版,第57页。
② 杨堃:《关于民族和民族问题的几点意见》,《民族研究》1986年第4期;宁骚著:《民族与国家——民族关系与民族政策的国际比较》,北京:北京大学出版社1995年版,第16~20页。
③ 林耀华:《中国西南地区的民族识别》,《云南社会科学》1984年第2期。
④ 潘蛟:《"族群"及其相关概念在西方的流变》,《广西民族学院学报》(哲学社会科学版)2003年第5期。
⑤ 杨圣敏:《中国民族学:国际学界的重要力量》,《中国民族报》2009年7月24日。

内容。

（一）关于"民族"概念的六次大讨论

在提出中国特色"民族"概念体系的过程中，中国学术界先后掀起了六次大的讨论活动。(1)第一次讨论活动发生在20世纪50年代中期，主要围绕着汉民族形成问题展开。(2)第二次讨论活动发生在20世纪60年代前期，主要围绕着"民族"概念的译法展开。(3)第三次讨论活动发生在20世纪70年代，主要是就"民族"概念的含义进行商榷。(4)第四次讨论活动发生在20世纪80年代中期，由《民族研究》编辑部发起，主要讨论"民族"概念问题，并且对中国和苏联民族研究实践进行回顾与反思。(5)第五次讨论活动发生在1998年底，由中国社会科学院民族研究所等发起，讨论的主题仍然是"民族"概念及在中国的应用问题。(6)第六次讨论活动则开始于21世纪初，讨论的主题为"族群"概念及其与"民族"概念的关系。虽然中国学术界几乎每十年都要进行一次讨论来探讨民族概念问题，但是到目前为止，关于民族概念问题仍然未形成统一认识。每一次讨论都打上了当时社会历史背景的烙印，反映出当时经济、政治、文化等各方面发展的情况，并且受到参与者主观意愿的限制。在对民族概念进行讨论的过程中，学术界讨论的出发点和理论基础发生了显著的变化，从早期的引经据典、囿于经典著作条文和译著文本，发展到开始注重中国各民族发展和民族关系演变的历史与现实。

（二）对中国特色的"民族"概念的建构

中国学者在界定民族时一直赋予其较为宽泛的含义。我们所用的"民族"一词历来不仅适用于发展水平不同的民族共同体，而且适用于历史上不同时期的民族共同体。这是一个含义广泛的名词。这一点与欧洲各国的传统并不相同①。林耀华在《民族学通论》（修订本，1997）一书中指出："我们必须强调，在我国通用的'民族'一词，指的是所有历史时期的民族共同体。这个民族或民族共同体正是民族学研究的对象"②。亦即中文语境中的"民族"一词指的是所有历史时期的民族共同体。林耀华指出，鉴于马克思主义创始人使用不同名词以代表不同社会发展阶段的民族，建议使用"原始民族"（如德文的"Volk"）表示处于原始时代的民族共同体，"古代民族"表示处于奴隶制与封建时代的民族共同体，"现代民族"表示处于资本主义与社会主义时代的民族共同体（如 nation）。部分中国学者提出了广义民族、狭义民族及次广义民族等不同视角的民族概念。广义民族是指氏族、部落、部

---

① 费孝通：《关于我国民族的识别问题——一九七八年在全国政协全国委员会民族组会议上的发言》，《中国社会科学》1980年第1期。

② 林耀华主编：《民族学通论》（修订本），北京：中央民族大学出版社1997年版，第106页。

族、民族(具体包括资本主义和社会主义两大现代民族在内的所有民族共同体);狭义民族是指现代民族;次广义民族是指人类社会进入阶级社会以来各个历史时期形成和发展起来的民族,包括原始社会向阶级社会过渡阶段形成的民族,奴隶社会、封建社会当中形成和发展起来的古代民族,现代的资本主义民族和社会主义民族[①]。

在尝试构建中国特色民族概念的过程中,"中华民族的多元一体格局"理论无疑是最为突出的一项成就。中华民族是汉族与少数民族在几千年的历史发展过程中逐步形成的结果,并呈现出"多元一体"的格局,即中国境内的各个民族单位是多元,中华民族是一体。这里的"民族"概念包含了三个层次的含义[②]。第一层是中华民族的"民族",中国历史的发展决定了确实存在一个中华民族;第二层是组成中华民族整体的各个具体民族;第三层是指中华民族里各个民族内部的各种"人",如广西金秀瑶山里的五种瑶人。

汉语中"民族"概念的含义具有显著的层次性。具体来说,中文语境中的"民族"术语具有四重含义。第一重含义是指作为人们群体形式的民族,例如"中国境内的56个民族"。部分学者主张用"族群"(ethnic group)来代替此种意义上的"民族"。第二重含义是指少数民族,即多民族国家内部的少数民族群体。例如,"中国境内除汉族外的其他55个民族群体"、"民族教育"、"民族地区"、"民族工作"等术语中的"民族"都是在这个含义上使用。在这里,"民族"可以被译为"minority"、"minority nationality"、"minority ethnic group"等。第三重含义是指主权国家境内的全体居民。在这里,民族与国家之间存在着密切联系,那些生活在同一主权国家内、接受同一政府管辖的人们群体可以被称为一个"民族"。例如,"中国境内的各个民族群体共同组成了中华民族"。第四重含义是指人类历史上的一切民族形式。汉语中民族含义的层次性要求我们在分析具体民族现象时,根据需要来选取适当的含义。

(三)对"ethnic group"概念的认识

对"族群"(ethnic group)概念的认识,是当代中国"民族"概念理论建设的重要组成部分。20世纪70年代末,中国大陆民族学界开始引进"ethnic group"这一术语,并将其译为"民族群体"、"民族"、"民族集团"、"种族"、"族裔群体"等。后逐步

[①] 杨堃著:《民族与民族学》,呼和浩特:内蒙古人民出版社1985年版;亦可参见何叔涛:《民族概念的含义与民族研究》,《民族研究》1988年第5期。

[②] 费孝通著:《学术自述与反思:费孝通学术文集》,北京:生活·读书·新知三联书店1996年版,第25页。

采用了台湾、香港学界的译法，大陆（内地）学者将"ethnic group"译为"族群"[①]。目前，"族群"已经成为中国学术界对"ethnic group"最为流行的译法。

20世纪90年代以后，中国学术界对"族群"概念的认识更加深化，在介绍和借鉴欧美族群理论的基础上，部分研究者尝试对"族群"概念做出具有中国特色的解释。国内研究者关于"族群"概念比较有代表性的解释主要有以下几种：（1）族群是指人们在互动接触过程中形成的，具有自我认同和被他人确认，并且具有某些共同文化特征的群体。"族群并不是孤立存在的，作为一个相对概念，族群是比较的产物，它存在于与其他族群的互动关系中，没有'他族'，也就没有'本族'，没有'他们'就没有'我们'"[②]。（2）族群主要是指人们由于在宗教信仰、语言、习惯等文化上的差别而形成的人类集团。族群既具有人种因素，也具有语言文化因素[③]。（3）族群是指一个具有共同的文化认同和历史记忆，并且具有不断流动的社会边界的人群共同体。族群"是指在一个较大的文化和社会体系中具有自身文化特质的一种群体；其中最显著的特质就是这一群体的宗教的、语言的特征，以及其成员或祖先所具有的体质的、民族的、地理的起源"[④]。可见，国内研究者基本上倾向于从客观文化特征和主观心理认同两个方面来解释族群。一般来说，族群是指在较大的社会文化体系中，由于在客观上具有共同的历史传统和文化渊源，而在主观上具有自我认同并被他人所承认的人口群体。

（四）"民族"概念的中外文互译

对"民族"译名问题的讨论伴随着中国学术界对于"民族"概念的讨论，但是亦尚未取得共识。对"民族"概念的中外文互译的讨论主要有两个源流：一个是汉语中"民族"一词与马克思主义经典民族理论文献、苏联及俄罗斯文献中的民族类词汇之间的互译；另外一个是与欧美文献（主要是英文文献）中民族类词汇之间的互译。

20世纪50年代中期，围绕着汉民族形成问题展开的讨论引发了中国学术界对于"民族"译名问题的关注。在这次讨论中，"民族"与"部族"之争在很大程度上就是因为中国在翻译俄文文献中的术语时用词不当[⑤]。1963年，林耀华在《历史研

[①] 郝时远：《Ethnos（民族）和 Ethnic group（族群）的早期含义与应用》，《民族研究》2002年第4期。
[②] 周大鸣：《动荡中的客家族群与族群意识——粤东地区潮客村落的比较研究》，转引自徐杰舜主编：《族群与族群文化》，哈尔滨：黑龙江人民出版社2006年版，第243页。
[③] 庞中英：《族群、种族和民族》，《欧洲》1996年第6期。
[④] 祁进玉：《一个华夏边缘的历史人类学研究》，《读书》2004年第6期。
[⑤] 牙含章：《建国以来民族理论战线的一场论战——从汉民族形成问题谈起》，《民族研究》1979年第2期。

究》上发表《关于"民族"一词的使用和译名的问题》一文,详细地讨论了马克思、恩格斯、列宁、斯大林原著中所使用的民族类词汇,并把这些词汇归纳为四类,分别用"民族¹"、"民族²"、"民族³"和"民族⁴"来表示①。"民族¹"指的是最一般、最广义的人们共同体意义,它包括从原始时代一直到社会主义时代的共同体;"民族²"指的是较广泛的人们共同体的意义,它包括阶级社会产生以后的各个时代的共同体;"民族³"指的是现代民族,也就是资本主义上升时期具有四个特征的稳定的人们共同体;"民族⁴"是在"нация"确定专指现代民族之后,逐渐被用来指称奴隶制和封建制时代的人们共同体,但是在苏联也指称那些在十月革命时没有来得及经过资本主义而直接过渡到社会主义的共同体。20世纪90年代之前,关于汉语中"民族"一词与马克思主义经典著作中有关"民族"词汇之间的互译,一直是中国学术界讨论的基本问题。

20世纪90年代以后,随着外交事务和学术交流的发展,特别是与欧美国家的外交活动和学术交流,使得如何将汉语中的"民族"与英文文献中相关词汇进行互译成为讨论的热点问题。汉语中的"民族"对应的英文词汇有"ethnos"、"ethnic group"、"ethnicity"、"nation"、"nationality"、"minorities"、"people"等。面对"民族"译名中的难题,中国学术界组织了一次热烈的讨论活动,对"民族"的中外文互译情况进行了讨论②。由于汉语"民族"概念在英语以及任何一种外语中,都很难找到一个确切的对等概念,有国外研究者向中国学术界建议,应该用汉语拼音"minzu"来表述中国的"民族"概念③。无论是汉语中的"民族"还是英文中的"nation"、"ethnic group"等词汇都具有丰富的含义,而对其含义的正确把握都必须立足于特定的语境。因此,我们在翻译时应该根据具体的语境来选择合适的词汇,只有这样才有可能在互译时避免发生误解④。

第四节 "民族"概念的社会学视角

随着生产方式的变革,民族和民族关系对多民族社会各领域的影响日益显著,与此同时,人们理解民族现象的能力也在不断提高,分析民族现象的工具也在逐渐

---

① 林耀华:《关于"民族"一词的使用和译名的问题》,收录于林耀华著:《民族学研究》,北京:中国社会科学出版社1985年版,第67页。
② 周旭芳:《"1998年'民族'概念暨相关理论问题专题讨论会"综述》,《世界民族》1999年第1期。
③ (美)郝瑞:《论一些人类学专门术语的历史和翻译》,杨志明译,《世界民族》2001年第4期。
④ 翟胜德:《"民族"译谈》,《世界民族》1999年第2期。

多样化。实践和认识的发展推动着人们运用社会学的理论和方法来分析民族现象,并形成了特定的民族社会学研究领域。在民族社会学研究领域中,"民族"概念问题是重要的组成部分。

一、对"民族"概念演变源流的认识

"民族"概念演变的三个基本源流共同构成了"民族"概念发展的历史进程,深刻反映了民族现象的变化和人们认识能力的提高。无论是西方国家的"nation"和"ethnic"等概念、苏联及俄罗斯的"нация"和"этнос"等概念,还是中国的传统"族类"思想和现代"民族"概念,都以独特的理论与方法对"民族"概念的丰富和完善做出了自己的贡献。因此,在对"民族"概念三个基本源流进行评价时应当注意以下四点:

第一,要将每一种"民族"概念放置到其赖以产生和发展的社会历史背景中去进行考察。只有通过回顾和梳理每一种"民族"概念提出的社会历史背景,我们才有可能形成对其更为清晰、全面、严谨的认识和理解。也只有这样,我们才能了解每一种"民族"概念理论的现实立场与历史背景之间的差异。

第二,要将每一种"民族"概念放置到其特定的学术语境中去进行理解。每一种"民族"概念都产生于特定的学术话语和理论体系中,这也是我们在理解和评价"民族"概念发展源流时所要注意的地方。西方国家、苏联及俄罗斯、中国的"民族"概念的产生都有其特定的社会背景和理论渊源,代表着各自独立的话语体系。只有在特定社会形势和学术语境中,我们才能理解"民族"概念真实的内涵。

第三,要把握"民族"概念学术演变与政治演绎之间的关系。"民族"概念可以是单纯的学术理论问题。在比较纯粹的学术演变过程中,民族学、政治学、社会学、经济学、历史学等学科都可以运用本学科的理论与方法来对"民族"概念进行阐释。"民族"概念也可以是一个重要的政治问题。关于"民族"概念的思想、观点、理论等往往与国家政权紧密结合在一起,表现为一种政治论断、政策选择或者意识形态等。在一定程度上,"民族"概念承担了表达国家权力的功能,而"民族"概念如何与国家结合在一起又成为了"民族"概念学术研究的重要任务。

第四,不同"民族"概念之间的碰撞应该是双向交流的关系。这一点对于当代中国"民族"概念研究尤为重要。当代中国的"民族"概念理论曾经长期受到苏联民族理论特别是斯大林民族定义的影响,但是中国的"民族"概念理论不是对斯大林民族定义的一味照搬及简单解释。中国传统的"族类"思想、西方国家的"nation"和"ethnic"等概念也都对当代中国的"民族"概念产生过重要影响。当代中国的"民族"概念演变与现代化进程息息相关,初步形成了自己的特色。无论是在学术层面、民间层面,还是在政治层面,"民族"都已经是一个约定俗成的概念,在每一个层面都有清晰和明确的含义。在这样的形势下,中国的"民族"概念理论建设不仅要"引进来",还要"走出去",主动、积极地与世界进行学术对话,敢于、善于发出自己的声音,让世界了解中国特色的"民族"概念。

二、"民族"概念之社会学研究缘由

作为人类群体生活的一种稳定形式,民族具有多种多样的属性。其一,民族具有政治属性。国家产生以后,人类社会进入政治社会,在与国家这个特殊公共权力的各种联系中,民族被赋予了政治属性。民族政治生活就是在民族社会中特定的政治角色围绕着国家公共权力而形成的各种政治关系和政治过程。其二,民族具有经济属性。民族的生存与发展离不开特定的经济活动,这就使得民族要素与经济要素在实践中相互交叉、相互融合。民族与经济活动的密切关系使其获得了经济属性,并且产生了一种新的、独立存在的客观经济现象,即民族经济。稳定的经济生活是民族存在和发展的基础,稳定的人们群体是经济活动的行为主体,经济要素与民族要素互相依存。共同的经济生活是民族产生的决定性条件,是将民族成员联结为一个统一群体的客观物质力量。其三,民族具有社会属性。人类为了生存和发展而结成一定的群体,随着生产力的发展,人们在共同的社会生活中结合为一种稳定的社会群体形式——民族。民族属性的多样性为人们运用多种理论和方法来考察民族现象提供了可能性,因此,当我们从不同属性出发来考察民族时,就会形成对民族的不同认识。

社会学家在研究各种具体的社会现象时认识到,人类社会是一个多种族、多民族的社会,要想全面而深入地理解各种社会现象就必须要考虑到其民族特点。民族作为一种重要的人类群体形式,其发展演化总是与人类社会历史阶段及经济社会形态密切相关。随着经济社会形态的历史演进,民族自身的属性也在不断得到展示和丰富。多样化的人文社会科学理论与方法为人们更好地探索和研究民族属性的发展变化过程提供了认识工具。其中,社会学理论与方法是人们认识民族现象的重要视角。

运用社会学视角来考察民族现象,源于种族、民族关系问题对人类社会的影响日益深刻。社会学是一门系统而客观地研究社会结构、社会互动和社会变迁的学科,具有极强的应用性。随着种族、民族问题日益成为人类社会发展所面临的重要问题,具有强烈现实关怀的社会学逐渐重视对种族和民族关系问题的研究,这种研究也很快成长为社会学研究的一个重要领域。事实上,在社会学学科尚未形成之前,许多社会学研究的开创者就开始关注人类社会的种族、民族问题。到了20世纪五六十年代,欧美国家形成了一个专门以社会学的视角和方法来观察、研究种族和族群问题的研究领域,相关研究成果也为这些国家分析和协调本国种族、民族关

系问题提供了决策依据。

三、民族社会学研究中的"民族"概念

在民族社会学研究视野中,民族是一种具有显著文化特征及自我认同的相对稳定的社会群体。(1)民族是一种社会群体。作为一种重要的社会结构形式,民族是社会体系的有机组成部分,受社会环境制约与限制,但又有自己的相对独立性。社会学的基本假设是"人类行为由社会和社会环境所塑造"[①]。人是社会性的动物,其行为由社会环境来决定,而作为人们群体重要形式的民族对个体行为的影响举足轻重。民族虽然具有相对的独立性,但是其结构和特征受到社会环境(例如家庭、组织、社区和时代背景等)的制约与限制,随着社会变迁而不断发生变化。(2)民族是一种具有显著文化特征的社会群体。联结民族各成员的纽带包括血缘、地缘、业缘、文化、认同等多种要素。文化是民族的核心特征,民族是文化的重要载体,文化差异是区别各民族的重要依据。文化是民族的核心要素,不同的文化模式塑造了不同的民族群体。不同民族在实践活动中创造出不同的文化,并且通常以民族文化的形式表现出来。民族文化作为民族社会的一种存在形态,具有特定的结构与功能。民族文化是一个整体,既包括历史传统文化,也包括现代文化,涵括了民族创造的任何文化要素,如知识、信仰、艺术、道德、法律、风俗、习惯等。文化对于各民族认识世界的活动具有重要影响,每个民族都通过自己在实践活动中所创造出来的文化符号系统来认识世界,并在这个过程中体现自己的特质。在民族群体的存在和发展中,文化特征可以维持民族社会的连续性,凝聚民族成员人心,规范教化民族成员,为成员提供审美娱乐等功能。(3)民族是一种具有民族认同的社会群体。在一个不断变动的社会体系中,民族群体之得以保持相对的稳定,除了具备显著的文化特征等因素外,自我认同也是一个重要的因素。自我认同与文化特征一样,也是区分民族的核心标准之一。

民族社会学视野中的"民族"概念研究的核心内容之一,就是民族这种特殊的社会群体形式在社会结构中的位置。在民族社会学视角下,根据对社会权力和资源占有的不同,处于同一社会制度下的不同民族群体可以区分为多数民族群体与少数民族群体。那些拥有较多权力和较多资源的民族群体无疑在社会生活中居于主导地位,其政治、经济、文化利益能够得到较好的表达和满足。相对而言,那些在社会权力和资源配置中处于不利地位或处于从属地位的民族群体则属于少数民族群体。一般来说,少数民族群体往往受到歧视,与多数民族群体处于不平等的关系之中。但不可否认的是,除了在社会权力和资源配置方面的差异,某些社会文化和

---

① (美)戴维·波普诺著:《社会学》(第十版),李强等译,北京:中国人民大学出版社1999年版,第7页。

体质特征也是区分多数民族群体与少数民族群体的重要标准。民族特性和种族特性亦为区分不同民族群体的标准之一。语言文字、宗教信仰、服饰、饮食、肤色等都能够被各民族成员区别和认识,但是隐藏在这些特征背后的仍然是社会权力和资源配置的差异。

处于同一社会制度下的不同民族群体,有多数民族群体与少数民族群体之分是一个无法避免的社会事实。因此,如何对待少数民族群体及如何处理多数民族群体与少数民族群体的关系,是任何一个多民族社会必须重视的问题。多数民族群体的态度和价值取向在调整其与少数民族群体之间关系的过程中发挥着决定性作用。当然,少数民族群体对自身社会地位的认知及其为改善社会地位而采取的行动在处理其与多数民族群体的关系中也扮演着重要角色。需要指出的是,在中国的特定语境中,少数民族概念仅仅在人口数量多寡的意义上使用,本身并不带有歧视少数民族或民族不平等的含义。由于汉族占中国人口的绝大多数,其他民族的人口所占比例较小,所以,我国习惯上就把汉族以外的各民族统称为少数民族。中国的少数民族概念作为汉族以外其他各民族的统称,自1926年开始在中国共产党相关文件中使用[①]。

四、"民族"与"种族"的关系

在欧美社会科学研究中,"种族与民族"已经成为一个相对成熟的研究领域,并且具有自己独特的理论和方法体系。例如,美国社会学会(ASA)下设有一个专门的"种族与少数族群研究"委员会,每年的社会学年会都要至少安排一个分会场来讨论"种族与少数族群研究"这一专题[②]。此外,国际上还有专门刊发种族、族群问题研究的杂志,最为著名的就是英国出版的学术期刊《民族和种族研究》(*Ethnic and Racial Studies*),而且美国与社会学相关的4种主要杂志每年都要发表相当数量与种族、族群相关的文章[③]。事实上,"种族"与"民族"两词在民族社会学研究中经常联合使用。在这样的情况下,"种族"概念的生物遗传特征虽然得到保留,但是这些体质特征的社会文化意义则正在上升为"种族"概念的主要方面,"种族"正在逐渐演变成一个表示社会结构的概念。

体质形态上的差异导致了世界上不同种族的形成。种族是指那些具有特定生

[①] 金炳镐:《我国"少数民族"概念的历史考察》,《中国民族报》2002年1月1日。
[②] 马戎编著:《民族社会学——社会学的族群关系研究》,北京:北京大学出版社2004年版,第5页。
[③] 马戎编著:《民族社会学——社会学的族群关系研究》,北京:北京大学出版社2004年版,第5页。

物遗传特征的人群,在某种意义上,种族是对人们的身体特征进行区分的一些标准①。生物学家和人类学家尝试以肤色、头型等体质特征将人类划分为若干种族。例如,人类可以被划分为亚洲的黄色人种、欧洲的白色人种、非洲的黑色人种、美洲的红色人种,或者高加索人种、蒙古人种、马来亚人种、埃塞俄比亚人种和阿美利加人种,或者尼格罗人种、澳大利亚人种、蒙古人种和高加索人种等。比较常见的分类方法是将世界各民族划分为三个基本种族,即蒙古人、欧罗巴人和尼格罗—澳大利亚人,其下有若干分支,分支下又有一些类型。然而随着对世界各民族认识的增加和研究手段的进步,人们发现有些民族很难被归入某一种族,将种族作为一种生物现象进行类型划分具有一定的局限性。

种族仍然是对人们进行相互区别的重要归类方式,种族属性是人们的重要属性。但事实上,种族在现代社会中不仅是一个生物现象,而且还是一个重要的社会文化现象,具有重要的社会意义。各种族类型所反映出的体质特征差异远不如社会文化差异明显,也远不如社会文化因素意义重大。在不同的社会制度下,种族类型所反映的体质特征差异具有不同的社会文化意义。例如,在美国,体质特征通常会成为社会区分的重要标准;而在拉丁美洲,体质特征就没有社会经济地位重要。

种族与民族存在着显著的差异,"前者主要考虑生物学因素而不考虑文化因素,后者则主要考虑文化因素而不考虑生物学因素"②。根据体质特征,人类被划分为不同的种族类型,并且这种体质特征差异可以通过遗传机制在代际之间传递。根据社会文化特征,人类被划分为不同的民族群体,成员之间通过历史渊源、生活地域、经济联系、语言文字、风俗习惯和心理认同等凝聚起来,形成稳定的社会群体。

种族与民族之间存在着复杂的联系,两者经常交叉重叠。一个民族群体可包含一个以上的种族类型,一个种族类型也可以包含一个以上的民族群体。现实中,某些人口群体既是特点鲜明的种族群体,也是差异显著的民族群体,例如美国的非洲裔美国人和亚裔美国人。有一些人口群体在种族类型上属于某一群体,但是在民族类型上则不属于这一群体,例如那些祖先已在欧美国家生活了两三代且对中国传统文化不熟悉的华人。另外,那些因通婚而改变体质特征的人群虽然在民族类型上属于某一民族,但是从种族类型上看却不属于这一群体。种族与民族关系的复杂性集中体现在,基于种族类型的体质特征差异是否与个人的智力、情感等之

---

① Martin N. Marger, *Race and Ethnic Relations: American and Global Perspectives* (Sixth Edition), Belmont, CA: Wadsworth/Thomson Learning, 2003, p.17.

② 林耀华主编:《民族学通论》(修订本),北京:中央民族大学出版社1997年版,第55页。

间存在着必然联系。围绕着对这种关系的争论,人们形成了不同的认识。一种观点认为,人们的智力、情感与个人的种族类型之间存在着重大联系,身体特征的差异深刻影响着个人的社会成就。另一种观点则认为,人们的智力、情感与其种族类型之间并无关联,相对于人们成长过程中的家庭背景、教育程度等,体质特征的差异与个人社会成就之间并无必然联系。

五、"民族"与"族群"的关系

由于学术语境的差异,欧美社会学家在研究民族现象时,往往用"族群"(ethnic group)来表示生活在具体社会制度下的民族群体。20世纪90年代以来,"族群"概念开始在中国民族研究领域流行,并且与"民族"概念共同使用。"民族"与"族群"的关系不仅仅是两个概念之间的关系,更为重要的是,这种关系还反映出了中国与国外特别是欧美学界在民族社会学研究学术传统方面的差异。对"民族"与"族群"概念关系的讨论不仅是一个学术争鸣问题,更是一个民族社会学学科建设的重大问题。

第一种观点认为"族群"概念比"民族"概念更适合于中国民族研究的实际,可以替换"民族"概念。这种观点主要是在"民族国家"层面上理解"民族"概念,认为无论是斯大林的民族概念(нация)还是欧美国家的民族概念(nation)都含有强烈的政治诉求,与国家、自决、主权等联系在一起。相对于"民族"(нация/nation)概念,"族群"概念更少政治色彩,更具中性,更有利于多族群国家实现族群关系和谐。"民族"(nation)与"族群"(ethnic group)在国外文献中是两个截然不同的概念,分别在两个层面上来使用。根据这两个概念的差异,"中华民族"(the Chinese Nation)的提法可以保留,但是对中国56个"民族"的称呼应改为"族群"或"少数族群"①。

第二种观点则反对用"族群"概念来替换"民族"概念。这种观点主要有三种认识。(1)"族群"(ethnic group)一词就是指民族②。"group"既可以表示群,也可以表示族,在国外人类学文献中,"ethnic group"一词指的就是民族。联合国教科文组织和各国学者在使用"ethnic group"一词时,都是指"民族"而非"族群"。在马克思主义关于人们共同体演进阶段的表述中,在中国共产党和中华人民共和国政府文献中,只有"民族"的提法,而没有"族群"这一术语。(2)"ethnic group"与汉语中

---

① 马戎:《理解民族关系的新思路——少数族群问题的"去政治化"》,《北京大学学报》(哲学社会科学版)2004年第6期。

② 阮西湖:《关于术语"族群"》,《民族研究》1998年第2期;《关于术语"民族国家"》,《世界民族》1999年第2期。

的"民族"并非对等关系①。将"ethnic group"译成"民族"本身没有什么问题,但是在中国现实中使用"族群"概念则不恰当。在欧美民族学研究中,"ethnic group"更多地具有文化人类学上的意义,并且具有歧视的含义。平等地参与国家政治生活是各民族的正当权利,在现实中使用"族群"来替代"民族",就会造成对各民族政治属性的忽视,从而妨碍了各民族争取自己的利益。(3)"ethnic group"应该翻译为"民族",而不是"族群"。"族群"概念含义宽泛,在学术研究中须结合中国实际慎重使用。在中国,只能用民族或民族内部各支系来指称各民族群体,而不能用族群,否则不利于民族团结,容易在现实中引起混乱②。

第三种观点认为"族群"与"民族"概念可以并行使用。从学术规范的角度来看,"族群"与"民族"概念都具有特定的内涵。"族群"与"民族"这两个概念实际上居于不同层次,以"族群"取代"民族"或两个概念可以兼用的观点都不恰当,这两个概念可以相互补充,构成合理有效的研究网络③。"族群"概念应是"民族"概念的补充,是对"民族"的细化研究。而且,"族群"概念与"民族"概念的关系并不仅是学术范畴内的问题,而且也是关涉到民族实体的权利和利益方面的问题④。"族群"概念有其特定的学术价值,但对它的使用不能泛化。中文语境中的"民族"概念包含特定的政治和政策含义,中国境内各"民族"成分的认定都是由政府识别后来确定的。可见,"族群"与"民族"的区别主要在于政治诉求和政治承认上,中国境内55个少数民族拥有区域自治的政治权利,不应该轻易将其改称为"族群"⑤。

事实上,"民族"与"族群"概念之间并非简单的替换或者补充关系。无论是从理论源流还是从社会背景来看,"族群"与"民族"概念之间都存在着显著差异,都有各自独立的话语体系。"族群"与"民族"这两个代表不同话语体系的概念在发生碰撞时,学术争鸣在所难免。"族群"概念是欧美国家政治社会形势变化和学术发展的产物,本身是一个中性的概念,用来指称那些相对于主流社会的少数民族群体或主流群体的一部分。在欧美国家民族概念体系中,"族群"概念较少具有政治和政策内涵。"民族"是汉语中的固有词汇,虽然其近代演变受到欧美、日本和苏联"民

---

① 朱伦:《浅议当代资本主义多民族国家的民族政治建设》,《世界民族》1996年第2期;《论"民族——国家"与"多民族国家"》,《世界民族》1997年第3期;《"跨界民族"辨析与"现代泛民族主义"问题》,《世界民族》1999年第1期。
② 王实:《"族群理论与族际交流"国际学术研讨会综述》,《中南民族学院学报》(人文社会科学版)2001年第6期。
③ 乔玉光:《民族与族群:不等位的判断价值》,《中央民族大学学报》(哲学社会科学版)2003年第4期。
④ 乌小花:《论"民族"与"族群"的界定》,《广西民族研究》2003年第1期。
⑤ 潘蛟:《"族群"及其相关概念在西方的流变》,《广西民族学院学报》2003年第5期。

族"概念的影响,但是这种演变过程与救亡图存、争取主权独立的中国近现代历史紧密相联。在中国独特的"民族"概念体系中,"民族"既是一个学术话语,也是一个民间话语,更是一个政治话语。"民族"概念具有鲜明的政治和政策内涵,这也是我们在处理"族群"概念与"民族"概念关系时应该注意的地方。

  针对中国民族学界在引进和使用"族群"概念过程中所出现的理解片面和应用泛化现象,我们应该对"族群"概念进行反思。一方面,"族群"概念在欧美国家的演变也并非条理清晰,其演变也往往与欧美国家政治、经济、文化以及民族关系的发展变化交织在一起,错综复杂。对"族群"概念的把握必须对西方的学术术语、理论源流和社会背景进行客观而全面的分析与梳理。另一方面,"族群"概念在全世界的流行在本质上是欧美发达国家特别是美国借助其强大的政治、经济实力在全球范围内推广其文化价值观的行为,反映出西方发达国家的话语霸权。因此,我们在理解"族群"与"民族"概念关系时,既要分析"族群"概念在欧美国家的适用情况,同时也要积极与世界各国进行学术对话,冲破欧美国家的话语霸权,将中国特色的"民族"概念介绍给世界。这也告诉我们,对"族群"和"民族"关系的学术研究必须结合中国社会实际,必须考虑到中国国家建构、民族关系发展和社会群体的利益。

  需要指出的是,苏联民族研究中产生的以"этнос"为核心的"民族"概念体系与欧美国家的"族群"概念体系在理论源流上都可以追溯到古希腊的"ethnos"概念,但是苏联的"民族"(этнос)概念体系更早地将"ethnos"引入民族学研究。因此,苏联"民族"(этнос)概念体系应该成为中国特色"民族"概念发展的参照,同时其也可作为认识中国"民族"概念与欧美"族群"概念之间关系的重要参照。

第一部分 民族社会学基础

第三章 民族社会学研究的相关理论

民族社会学在一些国家已经历了一段时期的发展，取得了比较丰硕的研究成果。特别是在相关理论研究领域，经过几代研究者的努力已形成了比较系统的理论体系。了解国外民族社会学所取得的相关理论研究成果，有助于吸收和借鉴其中的有益成分，推动中国民族社会学研究的进一步发展。总体来看，可以将国外民族社会学理论划分为两大体系，即同化与多元、结构功能与冲突。同化与多元代表着民族关系发展的两个不同向度，具有较强的综合性；而结构功能与冲突原为社会学理论的两个基本模式，其在民族社会学中也形成了相关的研究领域。本章将介绍同化与多元、结构功能与冲突这两对民族社会学研究的相关理论。

第一节 民族同化

民族同化是国外民族社会学研究的一项重要内容，也是取得成果较多、理论构架比较完整的一个研究领域。民族同化之所以受到广泛的关注，原因就在于它是民族关系中比较敏感的问题。民族同化关系着一个民族及其文化的存亡，牵动着处于被同化地位民族的情感神经。民族同化理论是国外民族学及社会学研究中最为主要的理论关注点之一，"在上个世纪，同化在社会学关于民族关系的理论中一直处于支配地位,至少在美国社会学领域是如此。"①本节将简要介绍民族同化的内涵、民族同化的相关理论以及民族同化的影响因素等国外民族社会学理论研究的相关内容。

一、民族同化的含义

同化(assimilation)是一个社会学概念。同化之所以引起社会学研究的关注主要是因为它涉及的是群体与群体之间的关系问题,而群体是社会学研究的主要对象。对同化的研究一开始就是与民族研究相关联的。一方面因为民族是当今社会最为重要的群体之一,另一方面是因为同化主要表现为文化上的趋同,而民族恰恰是文化的载体。国外研究者在研究和分析同化时多以民族作为研究的主体。因此,民族同化和同化在内涵上具有很大的重合性,可以认为,民族同化是以民族群体为主体而发生的同化现象。对民族同化内涵的理解,关键在于如何把握同化的含义。

在同化的定义方面,影响最为深远和广泛的是美国芝加哥大学的社会学家罗伯特·E. 帕克(Park, Robert Ezra, 1864—1944)和欧内斯特·W. 伯吉斯(Burgess, Ernest Watson, 1886—1966)所做出的界定。这两位社会学芝加哥学派的代表人物认为:"同化是一个相互渗透和融合的过程。在这一过程中,个人和团体获得了其他个体或群体的记忆、情感以及态度,并通过分享他们的经历与历史而与他们整合进入到一种共同的文化生活中去。"②从这一定义可以看出,帕克和伯吉斯强调的主要是文化上的同化,其中,记忆、情感、态度、经历、历史等构成了同化的主要内容。

帕克和伯吉斯的同化定义一直是国外社会学研究中的经典,之后的研究者往往是在这一定义的基础上开展研究工作。不过,随着时代的发展,国外社会学研究对同化概念做了进一步的拓展,赋予了同化概念新的内涵。其中,影响最大的就是米尔顿·M. 戈登(Gordon, Milton M., 1919—)关于"行为同化"和"结构同化"的划分。戈登认为,行为或文化的同化相当于文化人类学中文化涵化(culture acculturation)的概念,主要是特定文化群体的文化模式向主流社会文化的转变,包括宗教信仰、习惯、语言等。结构同化则主要是指被同化民族在初级群体层次上,大规

---

① Peter Kivisto, What is the Canonical Theory of Assimilation? *Journal of the History of the Behavioral Sciences*, 2004, Vol. 40, No. 2, p. 149.

② Robert E. Park and Ernest W. Burgess, *Introduction to the Science of Sociology*, Chicago: the University of Chicago Press, 1921, p. 735.

模地进入主流社会的小群体、俱乐部、机构等社会网络中[1]。在这两种同化形式中,戈登认为,结构同化更为重要,是同化能否实现的关键阶段。戈登的这种界定突出了同化的层次性以及阶段性,目前已为国外社会学研究普遍接受,成为民族同化研究中的基础性概念。

此外,其他的一些国外社会学研究者也对民族同化做出了界定。例如,美国学者乔布·M.罗伯特(Robert,Jiobu M.)认为:"同化意味着一个民族的文化和结构与另一个民族的文化和结构相混合。同化有两个可能的结果:(1)少数民族丧失他的特性并且变得和多数民族一致,多数民族不会发生变化……(2)少数民族和多数民族都丧失他们的特性而发生同质性的混合"[2]。米尔顿·J.英格尔(Yinger,Milton J.)认为,同化是"当两个以上社会或小文化群体的成员相遇时可能发生的界限缩减过程"[3],亚布拉姆森(Abramson,Harold)认为,同化是"导致更大的社会同质性的过程"[4]。在英国学者艾利斯·卡西摩尔(Cashmore,Ellis)所编撰的《种族和民族关系辞典》中,对同化的简单定义是:"变得相似的过程"[5]。

此外,还需要注意民族同化与相关概念之间的异同。从民族同化的定义可以看出,民族同化是一个逐步趋同的过程。这个过程的一端是民族之间的接触,另一端则是民族之间的完全融合。民族同化不是一种固定的关系状态,而是在这两个端点之间变动的动态过程。在当今世界,能够在民族关系上达到完全融合的例子非常少见,更多的是处于两个端点之间的不同位置。文化涵化、民族整合、民族合并等概念所表达的就是处在从民族接触到完全融合这两个端点之间不同位置的几种关系状态。如上所述,文化涵化是指特定文化群体的文化模式向主流社会文化的转变。民族整合(ethnic integration)所表达的其实就是前文乔布·M.罗伯特定义中的第二部分,意指不同民族部分放弃自己的文化而形成一种新的文化模式,典型的例子就是美国的"熔炉"模式。民族合并(ethnic amalgamation)则主要是指不同民族在生物意义上的融合,关注的重点在身体特征方面,例如,帕克和伯吉斯认

---

[1] Milton M. Gordon, *Assimilation in American Life: The Role of Race, Religion, and National Origins*, New York: Oxford University Press, 1964, pp. 70-71.

[2] Jiobu Robert M. *Ethnicity and Assimilation*, New York: State University of New York Press, 1988. p. 6.

[3] 参见(美)马丁·N.麦格著:《族群社会学——美国及全球视野下的种族和族群关系》,祖力亚提·司马义译,北京:华夏出版社2007年版,第94页。

[4] 参见(美)马丁·N.麦格著:《族群社会学——美国及全球视野下的种族和族群关系》,祖力亚提·司马义译,北京:华夏出版社2007年版,第94页。

[5] Ellis Cashmore, *Dictionary of Race and Ethnic Relation*(fourth edition), New York: Published in the Taylor & Francis e-Library, 2003, p. 43.

为,民族合并是"一个生物过程,通过杂交和通婚而造成的种族融合。而同化则仅限于文化的融合"①。这几个概念都属于民族同化相关的内容,对它们的理解有助于更清晰地认识民族同化的过程。

二、民族同化理论

目前,国外民族社会学界主要有两种影响较大的民族同化理论,分别是"种族关系循环"(Race-relations Cycle)理论和"同化阶段"(Stage of Assimilation)理论。这两种理论的代表人物分别是罗伯特·帕克和米尔顿·戈登。相比较而言,民族同化阶段理论凭借自身完善的体系结构和较强的解释力而在西方学术界更具影响,并已成为西方民族同化研究的主要模式。此外,我们还将简要介绍当代民族同化研究中的"分割同化"(Segmented Assimilation)理论。

(一)种族关系循环理论

帕克是美国社会学芝加哥学派的创始人之一,也是20世纪早期美国社会学研究领域影响最大的学者之一。他一生致力于对都市化、移民、种族冲突、贫民、犯罪等问题的研究,其中非洲裔黑人以及其他移民同化问题是他主要的关注点之一,取得了具有广泛影响力的研究成果。在社会学史上,帕克并不是最早对同化现象进行研究的学者,在他之前,涂尔干(Durkheim, Émile, 1858—1917)、西蒙斯(Simons)、梅奥·史密斯(Smith, Mayo)等社会学家对同化现象都进行过研究。但无疑帕克所取得的成就是最大的,他所提出的民族同化理论在20世纪上半叶一直被奉为经典。"无论是批评者还是支持者,都认为芝加哥学派的社会学家帕克是明确阐述同化的经典公式的关键人物。"②

种族关系循环理论是对帕克民族同化理论的总结与概括。需要注意的是,帕克并没有明确命名这一理论,此名称是由其后的一些研究者提出的。种族关系循环理论包含四个核心的词汇,分别是接触(contact)、冲突(conflict)、适应(accommodation)和同化(assimilation)。这一理论可以简单表述为如下过程:首先是不同民族的接触,形成一定地域或社会结构上的联系,例如,美国的非洲裔黑人、华裔等,与欧洲裔白人在居住和工作中形成联系;其次,在不同民族有了一定接触之后,随之而来的就是因争夺各种资源而形成竞争关系,在竞争中不可避免会产生冲突;再次,随着时间的推移,不同民族,特别是主动移入的民族会在文化方面逐步调整,

---

① Milton M. Gordon, *Assimilation in American Life: The Role of Race, Religion, and National Origins*, New York: Oxford University Press, 1964, p.63.

② Peter Kivisto, What is The Canonical Theory of Assimilation?, *Journal of the History of the Behavioral Sciences*, 2004, Vol.40, No.2, p.149.

以适应当地民族的文化模式,突出地表现在语言、宗教信仰、风俗习惯等方面,美国的非洲裔黑人就是比较典型的例子;最后,在核心文化逐步趋同之后,民族同化就会出现。这四个阶段构成了民族关系的一个循环体系。帕克认为,这一体系不仅适用于美国,对世界上的任何民族都是适用的,不同的民族相遇之后都会按照这样的逻辑体系形成同化关系。

帕克在论述民族同化理论时,重点关注的是文化适应阶段。他把"适应"描述为"一个调适的过程……能够减少冲突、控制竞争并且能够在社会秩序中维持一种基本的安全"①。他认为,文化适应是民族同化的关键,只要这一阶段完成就必然会进入到同化状态。此外,帕克还论述了民族同化与多元文化主义的关系问题。一般认为,同化和多元化是民族关系发展的两个不同方向,二者是不能共存的。但帕克从文化适应的角度出发,认为同化和多元化是可以共存的,民族成员可以在保持民族意识的前提下进入主流社会,习得主流社会的核心文化,如语言、社会规范等,两者并不矛盾。从共存性出发,不把同化视为多元文化主义社会的对立面,帕克的这一观点为我们认识民族关系提供了新的思路。

种族关系循环理论对美国的民族同化研究产生了极大的影响,一时成为美国民族同化研究领域的主流思想。不过,对该理论的批判一直存在。一方面,一些研究者对"民族关系趋向同化是不可逆的"这一观点提出了质疑,因为现实生活中存在许多民族关系从适应阶段向冲突阶段逆反的例子。例如,美国非洲裔黑人,在文化上他们已经和欧洲裔白人高度相似,但20世纪60年代在种族偏见和歧视的环境下美国还是爆发了大规模的民族冲突。另一方面,许多研究者认为,同化并不一定是民族关系走向的必然终点,许多民族之间会长期处于某一阶段而并不向下一阶段转换。例如,存在严重冲突的民族之间的关系会长期处于冲突阶段,各民族均过分强调本民族文化的优越性而导致很难进入文化适应阶段,斐济印度裔移民与当地土著居民之间的冲突是这方面的有力例证。因此,需要辩证地看待种族关系循环理论,不能把它视为理想的模型,应该具体问题具体分析。

(二)民族同化阶段理论

帕克虽然提到了社会结构问题,并且也区分了初级群体和次级群体的概念,但并没有给予社会结构同化足够的重视。将社会结构同化视为民族同化最关键阶段的是戈登,他以结构同化为核心提出了民族同化阶段理论。

米尔顿·戈登是当代美国民族同化研究领域最具影响力的学者之一,其《美国

---

① Robert E. Park and Ernest W. Burgess, *Introduction to the Science of Sociology*, Chicago: the University of Chicago Press, 1921, p.735.

人生活中的同化:种族、宗教和民族起源的角色》(*Assimilation in American Life: The Role of Race, Religion, and National Origin*,1964)一书被认为是民族同化研究领域的经典著作。他在该书中提出了以社会结构同化为核心的民族同化阶段理论,划分了民族同化的七个阶段。他的研究推动了民族社会学界对民族同化的认识由宏观层面转向微观层面,使得人们对民族同化的研究更加细化。可以说,米尔顿·戈登对民族同化现象所进行的系统性、可操作的研究大大推进了民族同化理论的发展。

1. 民族同化阶段理论的特点

米尔顿·戈登在继承和发展罗伯特·帕克理论的基础上提出了民族同化阶段理论。不过,与帕克最大的不同在于,戈登并不认为民族同化是一个连续的过程,而是认为这一过程可能会在某一阶段停滞,甚至会长期地处于某一阶段。

同时,戈登并没有给予接触、冲突阶段更多的关注,而是从一开始就聚焦于文化涵化和同化阶段,并且把主要精力放在了对同化阶段的细分方面。戈登认为,结构同化是同化阶段最为关键的次阶段,直接决定着随后的次阶段能否发生,"我们将可能形成的概括陈述如下:一旦结构同化发生,不论行为同化是否同时或者随后发生,所有其他类型的同化将自然地随之发生"[①]。所以说,戈登的民族同化阶段理论最主要的特点以及创新之处就是对结构同化的特别强调。

2. 民族同化阶段理论的主要内容

戈登把同化分为文化或行为同化、结构同化、婚姻同化、认同同化、态度接受同化、行为接受同化、公民同化等七个阶段,包含了从最初的文化同化到最完全的公民同化(参见表3-1)。戈登认为,各阶段中文化同化和结构同化最为重要,下面我们将主要对这两个阶段进行简要介绍。

文化同化。文化同化也称文化涵化,主要是指少数民族不断吸收主流社会的文化模式,例如,宗教、语言、部分风俗习惯等,从而与主流社会的文化日益趋同。戈登认为,文化同化是不同的民族相遇后发生的第一种同化,而且这种同化是不可避免的,能够独立于其他的同化阶段而存在。他认为,如果不同民族之间不能实现进一步的结构同化,同化过程会在文化同化阶段长期停留,甚至是无限期地拖延。

结构同化。结构同化是戈登民族同化理论中最为重要的概念,他在阐释社会结构概念的基础上提出了对结构同化的理解。他对结构同化的认识建立在初级群

[①] Milton M. Gordon, *Assimilation in American Life: The Role of Race, Religion, and National Origins*, New York: Oxford University Press, 1964, p.81.

表 3-1　同化的变量(The Assimilation Variables)

亚过程(Subprocess)或条件	同化的类型或阶段	特别名称
文化模式向主流社会转变	文化或行为同化	文化涵化
在初级群体层次大规模进入主流社会的小群体、俱乐部和机构	结构同化	无
大规模的通婚	婚姻同化	合并
发展完全基于主流社会的民族意识	认同同化	无
偏见消除	态度接受同化	无
歧视消除	行为接受同化	无
价值和权力冲突的消除	公民同化	无

资料来源：Milton M. Gordon, *Assimilation in American Life：The Role of Race, Religion, and National Origins*, New York：Oxford University Press, 1964, p.71.

体(primary group)和次级群体(secondary group)概念基础上。初级群体是这样一种群体，"联系是个人的、非正式的、亲密的、经常是面对面的，并且在交往中包含了整个人格的投入，而并不是部分的投入。家庭、孩子的游戏群体和社会小群体就是初级群体的例子"[1]。而次级群体主要是指"联系倾向于是非感情的、正式或惯例的、不亲密的并且是部分人格的"[2]。通常所说的同事、社会团体、政党等属于次级群体。戈登认为，次级社会关系并不能带来结构同化，结构同化意味着不同种族、民族、宗教信仰的群体建立了广泛的初级社会关系，真正地融入了彼此的日常生活当中。因此，从次级社会关系到初级社会关系的转变是民族同化的关键一步，也是戈登民族同化理论的一个重要基石。

　　其他同化阶段。正如前文所述，戈登认为，在不同民族之间发生了结构同化之后，其他阶段的同化会自然而然地相继发生。首先，结构同化意味着不同民族成员在日常生活中交往非常频繁、关系十分紧密，这种状况必然会带来普遍的相互通婚。其次，一旦婚姻同化得以实现，不同民族实现血缘上的混合，自然会淡化对本民族的认同，进而发展起共同的认同，认同方面的同化也得以产生。再次，在不同民族实现了婚姻同化和认同同化后，自然而然地消除了偏见和歧视得以生存的环

---

[1] Milton M. Gordon, *Assimilation in American Life：The Role of Race, Religion, and National Origins*, New York：Oxford University Press, 1964, p.31.

[2] Milton M. Gordon, *Assimilation in American Life：The Role of Race, Religion, and National Origins*, New York：Oxford University Press, 1964, p.32.

境,于是在态度和行为方面也就实现了同化。最后,一种不以民族为界限的、普遍的公民社会成为现实,社会成员只具有公民身份而逐渐忘却了曾经拥有的民族身份,不同民族最终实现了完全同化。按照这一逻辑,戈登勾勒出一幅民族同化过程的完整图景,为我们更清晰地认识复杂的民族同化过程提供了有益的帮助。

戈登的研究并未停留于理论层面,他将自己的理论研究应用到了美国社会的实际,系统考察了美国历史上出现的同化现象并进而提出了著名的美国同化三阶段学说,即我们所熟知的"盎格鲁一致性"(Anglo-conformity)阶段、"熔炉"(Melting pot)阶段和"多元文化"(Cultural pluralism)阶段[1]。"盎格鲁一致性"主要是指有意识地消除其他民族的原有文化模式,使其文化逐步美国化,即向盎格鲁—撒克逊文化模式转变。"熔炉"则主要指美国具有不同文化的民族经过相互的文化融合而形成新的文化模式,并逐步同化于这种新的文化模式。"多元文化"需要引起特别的注意,因为从本质上讲它并不属于同化的范畴,而是一个与同化相对的概念,但戈登认为,在美国并不存在真正的多元文化,而是一种多元结构,在不同的结构中分别地发生着同化现象[2]。

戈登于20世纪60年代提出的民族同化阶段理论至今仍是民族同化研究的主要理论模式,但一些研究者也对这一理论提出了批评。例如,理查德·阿尔巴(Alba,Richard)就对戈登的理论提出了三点质疑。第一,他认为戈登的理论假设在究竟是针对民族成员个人还是民族群体整体方面是模糊的;第二,他指出戈登的理论仅仅是以两个民族作为主体进行探讨,而忽视了美国的多民族背景,没有对各少数民族之间的同化现象进行探讨;第三,戈登关于公民同化的论述太过于理想化和绝对化,公民认同在一定程度上并不是唯一的认同模式,可以有多种认同模式在社会中存在[3]。另外,一些批评者指出戈登和帕克一样,都认为民族同化过程是不可逆的。还有批评者指出,戈登太过于关注社会结构而忽视了民族自身的意愿,未形成民族同化既可能是社会结构阻碍的原因,也可能是因为少数民族自身并不愿意被同化,美国的印第安人就是能够说明这一问题的例子。尽管民族同化阶段理论存在一定的缺陷,但其对于分析民族同化现象仍具指导意义,是研究民族同化不可或缺的一个理论模型。

---

[1] Milton M. Gordon, Assimilation in America: Theory and Reality, *Ethnic Groups in American Life*, 1961, Vol. 90, No. 2, pp. 263-285.

[2] 本章第二节将对这一点展开详细论述。

[3] Richard Alba, Rethinking Assimilation Theory for a New Era of Immigration, *International Migration Review*, 1997, Vol. 31, No. 4, pp. 830-831.

(三)分割同化理论

米尔顿·戈登的民族同化阶段理论具有较强的解释功能,但其指导社会实践的功能在当时的社会背景下却几乎无从发挥。20 世纪 60 年代以后,随着世界范围内社会运动的兴起,民族意识日益觉醒,争取民族平等和民族权利的运动风起云涌。在这一背景下,民族同化现象成为了社会批判的对象,民族同化政策也继而为实践所抛弃。这导致了民族同化理论在学术研究中的主导地位被多元文化主义所取代,民族同化理论研究陷入了低谷。就连民族同化理论者自身都对民族同化研究表示出了悲观情绪,如内森·格莱泽(Glazer,Nathan)在 1993 年写了一本书,书名就是《同化理论消失了吗?》(Is Assimilation Theory Dead?)。

虽然许多研究者对民族同化理论表示了悲观的态度,仍然有研究者认为该理论并没有过时,它仍然是解释民族关系状况的一个重要理论框架,"他们主张,同化理论可能受到了创伤,但它并没有消失"[1]。事实上 20 世纪中后期仍有许多研究者继续从事有关民族同化理论的研究,推动了民族同化理论不断地向前发展。例如,赫伯特·甘斯(Gans,Herbert,1927—)、内森·格莱泽(Glazer,Nathan)、理查德·阿尔巴(Alba,Richard)、亚历山德罗·帕特斯(Portes,Alejandro)等。下面,我们将简要地介绍亚历山德罗·帕特斯的"分割同化"理论。

亚历山德罗·帕特斯提出的分割同化理论对民族同化的一致性和整体性提出了质疑,该理论认为,民族同化在不同的亚社会体系中也会发生。他提出了美国少数民族同化中的不同形式:(1)适应并整合进入白人中产阶级文化;(2)被社会的下层文化所同化;(3)保持本民族文化传统并且通过社会网络加深与本民族社区的联系[2]。在帕特斯看来,一个民族并不是整体被主流社会所同化的,而是分割成不同的部分被分别同化。并且,各部分被同化的形式、程度、结果并不相同,这取决于被同化民族进入社会的结构差异以及社会资本状况。如果进入的是下层社会,那么,在文化行为上就会被下层社会的文化所同化;如果进入的是以其他少数民族文化为主的亚社会,那么,就会被其他少数民族的文化所同化。例如,美国的一些亚裔年轻人如果处于非洲裔占主流的亚社会中,他们在文化行为上就有可能不是被美国的主流文化所同化,而是被非洲裔民族的文化所同化。分割同化理论是对帕克和戈登民族同化理论的进一步发展和完善,推动了民族同化理论研究的深入发展。

---

[1] Peter Kivisto, *Multiculturalism in a Global Society*, Oxford: Blackwell Publishing, 2002, p.31.

[2] Richard Nagasawa and Zhenchao Qian, Theory of Segmented Assimilation and the Adoption of Marijuana Use and Delinquent Behavior by Asian Pacific Youth, *The Sociological Quarterly*, 2001, Vol.42, No.3, p.353.

三、民族同化的影响因素

国外民族社会学研究者也对影响民族同化的因素进行了研究。帕克认为,种族或身体特征是民族同化最主要的障碍,例如肤色等[①];戈登认为,影响文化适应速度和程度的因素主要是居住隔离和民族分层[②];马丁·N.麦格(Marger,Martin N.)认为,影响民族同化的因素有移民进入方式、进入时间、人口因素、文化相似性、身体显著性等几个方面[③];还有研究者认为,少数民族所具有的社会资本、民族凝聚力以及与社会的接近程度等因素对民族同化有非常大的影响[④]。综合以上研究者的观点,影响民族同化进程的因素可以概括为以下几个方面:

(一)体质特征

体质特征是影响民族同化的重要因素之一。因为越是明显的体质差别越能使民族的边界清晰化和稳定化,民族之间的流动性也相对减弱,从而给民族同化造成非常大的障碍。并且民族成员想要打破这种局面非常困难,因为他们可以改变自身的文化模式以适应主流社会,但他们却无法改变自身的体质特征。再加上种族偏见与种族歧视的存在,使他们无法以平等的身份融入主流社会,因为他们往往被贴上了明显的种族群体标签,而主流社会通常会以一种固定的对某个种族的印象来看待其个体成员。例如,在美国社会中,来自中欧、北欧甚至东欧和东南欧的移民能够融入盎格鲁—撒克逊文化模式,很快完成文化适应阶段,并且在结构同化方面的过程也远远比非洲裔、亚洲裔、拉美裔少数民族更为明显。出现这种状况的原因之一就是他们在体质特征方面和英裔民族具有较大的相似性,在体质特征方面所遇到的阻力较小。

(二)居住隔离

居住隔离主要是指不同民族在地理空间方面的聚居或分离状况。如果不同民族相互杂居,交叉程度比较高,那么,就有助于它们之间建立广泛的初级社会关系,有利于文化同化和结构同化的发生。反之,如果不同民族各自在一定的地理空间

---

① Peter Kivisto, What is the Canonical Theory of Assimilation? *Journal of the History of the Behavioral Sciences*, 2004, Vol. 40, No. 2, p. 157.

② Milton M. Gordon, *Assimilation in American Life: The Role of Race, Religion, and National Origins*, New York: Oxford University Press, 1964, p. 78.

③ 参见(美)马丁·N.麦格著:《族群社会学——美国及全球视野下的种族和族群关系》,祖力亚提·司马义译,北京:华夏出版社2007年版,第101~103页。

④ Richard Nagasawa and Zhenchao Qian, Theory of Segmented Assimilation and the Adoption of Marijuana Use and Delinquent Behavior by Asian Pacific Youth, *The Sociological Quarterly*, 2001, Vol. 42, No. 3, p. 355.

内聚居,那么,初级社会关系就主要局限于本民族内部,导致文化同化和结构同化进程缓慢。米尔顿·戈登曾得出这样的结论:"如果一个少数民族从空间上被隔离或分离(无论是否自愿)在农村地区,就像美国印第安人仍然居住在保留地那样,文化适应过程将会非常缓慢"[①]。居住隔离最为极端的例子,就是南非、美国、澳大利亚等国家实行的种族、民族保留地制度,这一制度通过强制手段在空间上隔断民族间的文化交流,人为地干涉民族同化过程。目前普遍存在的居住隔离是城市化进程中出现的民族聚居区,美国纽约市的哈莱姆区、布鲁克林区等就是典型的代表。

(三)社会资本

与居住隔离关注不同民族之间的地理距离不同,社会资本关注的是不同民族间的社会距离。从民族角度来看,社会资本主要指不同民族之间的信任、互惠等心理因素以及社会网络等社会结构因素。如果民族之间的社会资本较高,那么,民族之间就会充满信任与尊重,自然会消除偏见、歧视等影响民族同化的因素,促进民族同化的完成。同时,如果民族之间建立了广泛的社会网络,民族成员通过社会网络而逐渐加深彼此之间的交往,必然会促使结构同化程度的增强。如果民族之间缺乏社会资本,而只是在各民族内部体现出较高的社会资本水平,那么,就会严重阻碍民族同化的进程。

(四)民族意识

民族意识的强弱在主观方面对民族同化也具有较明显的影响,因为民族意识在心理层面制约着民族成员对民族同化的接受程度。一般来说,民族意识强的民族具有较强的民族优越感,在民族优越感的作用下会努力地保护自身的文化传统免受其他民族文化的入侵,保护自身民族文化的纯洁性。对于民族意识较强的民族来说,不仅结构同化很难实现,甚至在文化适应方面也会存在极大的阻力。

(五)民族政策导向

民族政策的导向对民族同化的实现具有十分深刻的影响。虽然民族同化现象可以是强制性的,也可能是自然发生的,但其无疑与民族政策的导向之间有着密切关系。如果一个国家的民族政策未能营造一种有利于民族同化实现的环境,那么,民族同化将很难实现。如果一个国家的民族政策或显或隐地具有民族同化的取向,那么,民族同化就会取得事半功倍的效果。例如,澳大利亚的"白澳"政策是一个典型的民族同化政策,虽然最后受到各方面的反对而废止,但是它毕竟还是大大促进了少数民族对盎格鲁—撒克逊文化的适应,取得了一定的民族同化效果。

---

① Milton M. Gordon, *Assimilation in American Life: The Role of Race, Religion, and National Origins*, New York: Oxford University Press, 1964, p.78.

此外,还有一些其他的因素同样起着非常重要的作用,例如,民族人口因素、进入主流社会的模式等。一般情况下,人口较少的民族实现民族同化的可能性更大;主动移民进入新社会的民族往往更愿意接受同化,而某一地区的原住民族往往倾向于抵制外来民族的同化。因此,影响民族同化的因素有很多,这些因素共同作用,导致民族同化过程呈现出曲折性的特征,只有综合考虑这些因素,民族同化过程研究才能更加全面。

第二节 多元文化主义

在民族社会学研究领域,民族同化理论自其被提出之日起就一直在理论研究中占据着支配地位。直到20世纪六七十年代,这种格局才被打破,"到了20世纪70年代,同化理论已经丧失了它的支配地位,被多元文化主义所替代"[①]。继民族同化理论之后而盛行的多元文化主义(multiculturalism)是一项方兴未艾的理论研究,至今仍然是国外民族社会学理论研究中的重点。同时,它也像20世纪上半期的民族同化理论那样,无论是在理论研究领域还是在实践领域都牢牢地占据着支配地位,发挥着重大的影响。本节将在阐释国外研究者有关多元文化主义定义的基础上,重点介绍几种多元文化主义理论。

一、多元文化主义的含义

正如在介绍民族同化理论时所提及,多元文化主义和民族同化是民族关系的两个基本方向,二者是民族社会学研究中的一对矛盾体,存在着相互依存的关系。从时间上看,两者可以说是相伴而生。20世纪初,罗伯特·帕克提出了种族关系循环理论,系统阐述了民族同化的相关过程。而哈里斯·卡伦(Kallen, Horace)于1915年在《民主对熔炉》(*Democracy Versus the Melting Pot*)一文中针对民族同化理论首次提出了多元文化主义思想,并在其1924年出版的《美国的文化与民主》(*Culture and Democracy in the United States*)一书的序言中第一次使用了"多元文化主义"一词,他也因此被誉为"多元文化主义之父"。多元文化主义被提出之后,在很长的一段时期内并不像民族同化理论那样具有影响力,直到20世纪六七十年代才开始逐渐掌握了话语权。目前,多元文化主义已然成为研究民族问题的首要理论,成为许多国家制定民族政策的理论基石。

对于如何界定多元文化主义,不同的研究者有不同的观点。比丘·帕瑞克

---

① Peter Kivisto, *Multiculturalism in a Global Society*, Oxford: Blackwell Publishing, 2002, p. 30.

(Parekh, Bhikhu)认为:"'多元文化'一词与文化多样性的事实有关,'多元文化主义'一词是对这一事实相对应的规范"①。即他认为,多元文化主义是对文化多样性的理论概括与抽象。皮特·凯威斯通(Kivisto, Peter)从多元文化主义功能的角度对其进行解释,认为"多元文化主义是一种寻找保护不同民族认同的方式,同时,它在公民身份中寻找一种补偿性的认同,这种认同能够把不同民族联系在一个政治体系内"②。加拿大学者杰佛瑞·雷兹(Reitz, Jeffrey G.)从民族社会学的视角思考这一问题,他认为:"为了尝试建立一个具有凝聚力的多民族文化社会,多元文化主义作为一种社会哲学和政策认为,承认和重视民族文化的多样性更为有利,而不是轻视文化的多样性,或者将不同群体塑造成同一个文化模式"③。马丁·N.麦格也侧重于从民族社会的角度来认识多元文化主义,他指出:"简单地说,多元化是鼓励群体多样化和保持群体界限的一套社会过程和条件"④。

英国学者艾利斯·卡西摩尔(Cashmore, Ellis)所编撰的《种族和民族关系辞典》对"多元文化主义"一词所下的定义是:"多元文化主义的核心观念或理想就是,不同民族或文化在一个多元社会中和谐共存"⑤。卡西摩尔的定义把握住了多元文化主义的核心,具有很强的解释力。他从意识形态、国家政策两个层面对多元文化主义进行了解读。在意识形态层面,多元文化主义意味着处在同一个多元社会中的不同民族、宗教、文化行为和语言之间相互承认、接受的一种价值理念;在国家政策层面,多元文化主义倡导不同民族之间以共存、相互容忍和平等的方式达到两个目的,其一是保持不同民族的和谐关系,其二是建构国家和少数民族之间的关系。

多元文化主义是一个内涵十分深刻的概念,其中蕴含着非常深厚的哲学理念。这一特点从研究者的学科背景就可见一斑。最早提出多元文化主义的哈里斯·卡伦本身就是一名哲学家;活跃于当代多元文化主义研究舞台的研究者同样是哲学家居多,例如,查尔斯·泰勒(Taylor, Charles)、威尔·金里卡(Kymlicka, Will)等。多元文化主义既反对自由主义所提倡的普遍主义、同质主义,又反对社群主义所倡

---

① Bhikhu Parekh, *Rethinking Multiculturalism: Cultural Diversity and Political Theory*, London: Macmillan Press, Ltd., 2000, p. 7.

② Peter Kivisto, *Multiculturalism in a Global Society*, Oxford: Blackwell Publishing, 2002, p. 36.

③ Jeffrey G. Reitz, *Multiculturalism and Social Cohesion: Potentials and Challenges of Diversity*, Springer Science & Business Media B. V, 2009, p. 1.

④ (美)马丁·N.麦格著:《族群社会学——美国及全球视野下的种族和族群关系》,祖力亚提·司马义译,北京:华夏出版社2007年版,第105页。

⑤ Ellis Cashmore, *Dictionary of Race and Ethnic Relation* (fourth edition), New York: Taylor & Francis e-Library, 2003, p. 244.

导的集体主义,成为二者之间的一种调和力量,并凭借这一特点占据了重要的学术地位,成为当代一种非常活跃的学术思潮。与自由主义相似,多元文化主义也以差异、宽容、平等、正义、多元等基本原则作为自身的核心理念。不同的是,多元文化主义的这些理念以文化群体为单位,建立在不同的文化群体的整体之上,而自由主义的理念建立在个人权利之上,拒绝给予民族群体作为整体的权利。与社群主义不同,多元文化主义在倡导集体权利的同时,并没有将其绝对化,而是以实现个人自由为前提。多元文化主义正是循着这样的思路,以探寻不同民族在同一社会如何共存为核心,形成了自身对民族问题的一系列理论思考,为解决民族社会问题、民族政治问题等提供了一种新的视角。

二、多元文化主义理论

目前,无论是在民族社会学还是民族政治学研究领域,多元文化主义都是国外学术研究的热点问题、前沿问题。众多的哲学、社会学和政治学的研究者都对多元文化主义理论进行了深入的研究,形成了大量的理论成果。例如,中国研究者从政治哲学的角度将多元文化主义理论划分为社群主义的多元文化主义、自由主义的多元文化主义、激进的多元文化主义、保守的多元文化主义等几个类型[①]。在此,我们将主要从民族社会学的角度介绍几种具有代表性的多元文化主义理论,包括哈里斯·卡伦的"文化交响乐"理论、米尔顿·戈登的结构多元主义理论、杰佛瑞·雷兹的行为上的多元文化主义理论。

(一)"文化交响乐"(cultural symphony)理论

哈里斯·卡伦是20世纪早期美国著名的犹太裔哲学家,毕业于哈佛大学。自身犹太裔的身份使他对民族问题给予了较多关注,促使他对美国的民族关系状况进行了深入的思考。哈里斯·卡伦的理论建立在对"美国化"、"熔炉"等民族同化理论批判的基础之上,他认为,美国的民族关系不应走向同化,而是应该在承认民族差异的前提下走向多元化。

在国外民族社会学研究中,总是习惯用形象的比喻表示不同的理论观点,例如,"熔炉"(melting pots)理论、"文化马赛克"(cultural mosaics)理论、"色拉拼盘"(salad bowls)理论等。哈里斯·卡伦的理论观点也有一个形象的比喻,即"交响乐",意指各具特色的声乐组成了悦耳的整体音乐。其被称为"交响乐"理论,源于卡伦对美国族际关系的一段精彩比喻。在《美国的文化与民主》一书中,他写到:"美国的道路是一种管弦乐队式的道路。就像在一个管弦乐队,每一个乐器都具有

---

① 参见常士訚主编:《异中求和——当代西方多元文化主义政治思想研究》,北京:人民出版社2009年版,第35~36页。

自身特色的音色和主题,它们构成了一个作品中独特的、可识别的部分,在国家的生活和文化中同样如此,不同的地域、民族、职业、宗教以及其他的社群为形成国家精神而组合不同的活动。国家的精神由这些不同的部分联合而成。它具有持久性,并不是通过相互排斥,也不是通过一个群体统治另一个群体来实现这种持久的,而是通过他们之间的平等以及相互之间平等地拥有在社区生活和文化中所产生的每一种利益。"① 通过这一形象的论述可以看出,卡伦强调每一种民族文化的特性。在他看来,如果因为推行民族同化政策而造成一个或数个民族文化的消失,那么,就不会形成完整的美国精神,至少会造成很大的缺失。

哈里斯·卡伦所处的时代,正是"美国化运动"(Americanization)② 大行其道的时期,面对民族同化所带来的现实压力,卡伦从美国宪法精神出发提出了多元文化主义思想。他认为,对少数民族实施民族同化的理论和实践违背了美国宪法所倡导的自由、平等精神,自由、平等不仅适用于个人,而且也应适用于民族群体。他并不像之前的美国研究者那样,将美国看成是由个人组成的社会,而是把美国看成是由多样化的、平等的民族群体所构成的社会。这种将个人的权利推及群体、以民族群体为主体探讨平等权利的转变构成了其多元文化主义思想的基础。他还认为,民族群体主要的权利就是保持自身文化的差异性及不被其他民族文化所同化。美国是由不同的民族组成的,多样化的民族文化丰富了美国的文化,而且不同民族文化之间的交往保持了美国文化的创造力。此外,他还提出,美国不仅要建立以地域为基础的联邦制,而且还要建立以民族群体为主体的联邦制。不过,归根结底,卡伦并不主张少数民族过分地追求自身权利,他认为,多元文化主义是一种以统一为前提的多元,最终目的仍然是追求和谐的种族、民族关系。

卡伦对民族身份的肯定和对民族权利的追求使得美国民族社会学研究发生了一次较大的思想转变,开启了多元文化主义研究之先河。但是许多研究者从不同的角度对他的理论进行了批判。受到质疑最多的就是卡伦关于民族联邦的观点,许多研究者都认为,这一观点过于激进,缺乏现实基础,尤其是在美国。"考虑到美国社会的流动性和混合性,很难想象卡伦的民族联邦是一个可行的政治现实。"③ 有的研究者甚至认为,卡伦的"理论"并不能称之为一种理论,而仅仅是一种对多元

---

① 参见 Milton M. Gordon, *Assimilation in American Life: The Role of Race, Religion, and National Origins*, New York: Oxford University Press, 1964, p.147.

② "美国化运动"指的是在20世纪早期美国推行的旨在把不同民族文化同化于盎格鲁—撒克逊文化的一场运动。

③ Dan Shiffman, *Rooting Multiculturalism: The Work of Louis Adamic*, London: Associated University Presses, 2003, p.70.

文化的呼吁,"卡伦的观点理论性很少,更多的是一种为容忍和接受多元化而进行的呼吁,它更多地关注多元文化主义应该怎么样,而较少关注它是什么"①。

戈登从社会学的角度对卡伦的理论进行了深刻批判。他认为,卡伦的多元文化主义思想无疑具有很大的影响力,但由于其为多元文化主义的最早理论,所以许多方面并不完善。其中,最大的问题在于卡伦主要是从哲学角度对多元文化主义进行思考,忽视了多元文化主义的社会学意义。"因此,卡伦在多元文化主义思想中所做出的具有显著性和原初性的工作体现出修辞学和哲学分析的一般框架,他并没有在严格的社会学探究方面给予着力,而这是重要的终极思想要求。"②在此基础上,戈登进一步研究了卡伦的理论,从社会学的视角提出了其结构多元主义理论。

(二)结构多元主义理论

从20世纪50年代开始,美国社会学研究者开始关注多元文化主义研究,其中影响比较大的学者是戈登。戈登本身是一名研究民族同化的著名社会学学者,但他同样也对多元文化主义进行了较深入的研究,并希望能够通过从社会学的角度审视和思考多元文化现象以求得更为科学的认识。在前文介绍民族同化理论的部分,我们提到戈登提出了民族同化的七个阶段或变量,并把结构同化作为同化过程中最为关键的阶段和变量。戈登对多元文化主义的研究也是建立在他所设计的变量体系之上,强调社会结构的重要性仍然是他的理论基石,同时也是他的独特研究视角。因此,他把自己的理论称为结构多元主义,以区别于哈里斯·卡伦等早期研究者的多元文化主义。

戈登的结构多元主义承认美国是一个文化多样性的社会,存在着许多民族文化群体,构成了一个个的亚社会,例如,印第安人等以民族为界限所形成的社会体系。并且戈登也承认这些民族文化群体具有顽强的生命力,即使其文化行为已经在一定程度上被同化的情况下,仍然保持着自身文化的特性。在这一点上,戈登和哈里斯·卡伦的认识是一致的。不同之处在于,多元文化主义者认为,这些民族群体会建立和保持以民族为界限的初级社会关系,而与其他民族群体建立和维持次级社会关系,不同的民族群体以这样的方式在统一的社会中和谐地生活。戈登认为,这种理想状态是无法达到的。

戈登认为,无论承认与否,在美国社会都发生了民族同化,至少出现了文化行

---

① Peter Kivisto, *Multiculturalism in a Global Society*, Oxford: Blackwell Publishing, 2002, p. 30.

② Milton M. Gordon, *Assimilation in American Life: The Role of Race, Religion, and National Origins*, New York: Oxford University Press, 1964, p. 149.

为方面的同化。不同民族群体在不同程度上习得了美国的主流文化行为,如语言、部分风俗习惯、价值观等,其中最重要的是宗教信仰。这种情况所造成的现实是,美国不再是以民族群体为边界而形成的多元社会,而是以宗教、种族为边界重新整合形成了新的社会结构,并以这些结构为主体形成了多元社会,主要是以新教、天主教、犹太教信仰群体为主体形成的三元社会结构。在戈登看来,"描述美国状况的准确词汇是结构多元主义,而不是多元文化主义,尽管后者特点也有所保留。在三大宗教内部以及在艺术和思想等领域,各民族之间的结构性融合确实发生了"①。可以看出,同样是承认美国社会具有多元特征,戈登与哈里斯·卡伦等人所归结出的多元主体并不相同:哈里斯·卡伦认为,只要具有独特文化特征的民族都可以成为多元社会的主体,体现出传统性和数量多的特点;而戈登所归结出的多元社会主体是经过整合后形成的,具有次生性和数量少的特点。

在戈登看来,从社会结构角度分析多元文化社会具有较强的现实性,其解释力远远大于卡伦的多元文化主义。"结构多元主义是理解美国社会民族构成的重要钥匙,而多元文化主义是次要的。"②不过,结构多元主义也存在一定的问题,主要体现在两个方面。一方面,戈登所提出的结构多元主义并未脱离他一贯的民族同化思维。从本质上看,结构多元主义不过是多元文化主义和同化主义之间的一种调和,即社会结构为主体的多元和结构内的同化相结合的一种理论模式。戈登想要强调的是民族同化而不是多元,虽然他承认了美国社会中的多元结构,但他最终追求的是结构内部的同化。戈登只不过根据美国社会的现实情况把民族同化过程分为了两个大的阶段,即先在保持多元结构的条件下实现结构内的同化,然后再通过结构同化实现最终的民族同化。另一方面,戈登提出的社会结构划分也颇有争议。以他所归结的三元结构——新教、天主教、犹太教来看,基本都是欧洲移民信奉的宗教,将其他民族纳入这三大结构体系中明显带有欧洲中心主义的色彩。因此,这种社会结构划分本身就存在问题,并非美国社会结构现状的真实反映。

(三)行为上的多元文化主义理论

多元文化主义政治思想是当今学术研究的前沿和热点问题,其核心的关注点是如何实现多元文化、多民族背景下的自由及民主政治。虽然政治学研究掌握了多元文化主义研究领域的话语权,但多元文化同时也是一种社会现象,运用社会学

---

① Milton M. Gordon, *Assimilation in American Life: The Role of Race, Religion, and National Origins*, New York: Oxford University Press, 1964, p.159.
② Milton M. Gordon, *Assimilation in American Life: The Role of Race, Religion, and National Origins*, New York: Oxford University Press, 1964, p.159.

的视角、方法对其进行研究十分必要。加拿大多伦多大学的杰佛瑞·雷兹敏锐地意识到了这一问题,运用社会学中的行为主义研究方法对多元文化主义的基本假设进行研究,取得了突出的研究成果。

多元文化主义及其政策在加拿大发挥了很大的作用,在促进民族社会稳定方面取得了良好的效果。但是,许多加拿大人对多元文化主义提出了质疑,认为它削弱了加拿大的社会团结和国家认同,最终会导致加拿大出现民族冲突、国家分裂。针对这种质疑,多元文化主义研究者从不同角度做出了解释。杰佛瑞·雷兹就是其中之一。他是一名多元文化主义的拥护者,认为多元文化主义能够增强加拿大多民族社会的凝聚力。他所不满的是威尔·金里卡等人仅仅从政治哲学角度对质疑进行解答,他认为,这种解答不全面、缺乏解释力。"我们提出,多元文化主义内在的哲学和政策意味是对民族间关系的基本社会动力的特别理解,或者说是一种社会的或行为主义的理论。探寻多元文化主义理论在社会学意义上是否有效是非常重要的。"[1]可以看出,杰佛瑞·雷兹希望从社会学的角度为多元文化主义辩护,在方法上主要采用行为主义分析。

概言之,行为上的多元文化主义理论主要关注在多元文化社会和实行多元文化政策的背景下,民族成员的民族依附感(attachments)与社会整合之间的关系,即从民族成员的心理和社会关系角度分析多元文化主义是否削弱了社会凝聚力,影响了社会稳定和国家统一。通过经验性地分析,杰佛瑞·雷兹得出的结论为:"多元文化主义背后的行为主义假设对加拿大来说是部分地被证实的"[2]。研究表明,多元文化主义能够增强民族成员对本民族的依附感,而民族依附感能够增加民族成员的生活满意度和归属感,从而有利于民族社会的整合。不过,杰佛瑞·雷兹认为,民族依附感能否促进社会整合、增强社会凝聚力会因民族、民族间交往时间、社会背景的差异而表现出不同的结果,需要具体问题具体分析。整体来看,杰佛瑞·雷兹比较认可多元文化主义,认为多元文化主义政策对于多民族国家来说是适用的,但需要做出一定的修正。针对研究所发现的问题,杰佛瑞·雷兹提出了从行为方面完善多元文化主义的具体建议,包括把民族平等作为社会整合的关键、发展民族社区、努力超越多样化、评估民族政策等四个方面[3]。

---

[1] Jeffrey G. Reitz, etc, *Multiculturalism and Social Cohesion: Potentials and Challenges of Diversity*, Springer Science & Business Media B. V. 2009, p. 1.

[2] Jeffrey G. Reitz, etc, *Multiculturalism and Social Cohesion: Potentials and Challenges of Diversity*, Springer Science & Business Media B. V. 2009, p. 42.

[3] Jeffrey G. Reitz, etc, *Multiculturalism and Social Cohesion: Potentials and Challenges of Diversity*, Springer Science & Business Media B. V. 2009, pp. 168-171.

杰佛瑞·雷兹实现了多元文化主义理论研究的一个转变,即以社会学行为主义的方法研究多元文化主义。关注民族成员的民族心理是该理论的主要特点。米尔顿·戈登同样从社会学出发研究多元文化主义,但他采用的主要是结构研究方法。相比较而言,杰佛瑞·雷兹所采用的行为主义以及实证主义的研究方法为更深刻地认识多元文化主义提供了新的思路,推动了多元文化主义的发展。

三、多元文化主义的分类

多元文化主义是一种具有较强实践性的理论,其产生及发展与世界范围内的各种多元文化主义实践紧密相联,从而导致对多元文化主义的理解和应用在不同的国家或地区存在很大的差异。这种情况造成了多元文化主义的多样性,对其进行分类有助于更好地从总体上把握该理论。在这里,我们将简要介绍戈登和马丁·N.麦格对多元文化主义的分类。

戈登不仅从社会结构的角度研究多元文化主义,并且区分了两种不同的多元主义类型,即自由主义的多元主义和团体主义的多元主义。自由主义的多元主义强调个人而非民族群体,"处于劣势地位的民族群体成员,是因为他们个人在社会方案中合适的资格而受益,而不是因为他们民族背景的作用作为群体而受益。结构多元主义在这样的环境下将作为非官方的现实在公共生活中自发地存在……这样一个社会里平等主义的规范强调的是机会的平等,对个人的评价也是基于评价其表现的普遍标准"①。与自由主义的多元主义相反,团体多元主义强调的是民族作为整体的权利,"在团体多元主义中,种族和民族群体通常都被看作具有法律地位的实体,在社会中具有官方的身份……这类平等主义强调的更多是结果的平等,而不是机会的平等……结构的多元主义为官方所鼓励,并且确实成了个人行动的必不可少的背景,在这种结构之下,既使有城市化与工业化的影响,文化多元主义仍有加强的趋势"②。相比较而言,戈登对自由主义的多元主义更为推崇,该类型其实就是对美国民族社会状况的描述。而事实上,美国的实践也证明了自由主义的多元主义在调节民族关系方面确实起到了比较好的作用,具有较强的借鉴意义。

马丁·N.麦格在戈登的基础上做出了更为系统的划分。他根据民族群体权利是否平等把多元化划分为平等多元化和不平等多元化。"第一种是,群体保持文化和结构的独立性,但在政治和经济权力上相对平等;并且,这类群体的隔离主要是自愿的。这种形式我们将其称为平等多元。第二种是,群体保持结构独立,也可能在文化上保持差异,但在政治和经济权力上并不平等;而且,在这种情况下,群体

---

① 马戎编:《西方民族社会学的理论与方法》,天津:天津人民出版社1997年版,第131页。
② 马戎编:《西方民族社会学的理论与方法》,天津:天津人民出版社1997年版,第131页。

隔离通常是非自愿的。这种形式被称为不平等多元化。"①戈登所划分出的自由主义的多元主义和团体主义的多元主义被马丁·N.麦格归入了平等主义的多元主义类型,而他认为不平等的多元化包括了民族隔离、竞争性的种族关系、内部殖民主义、消灭或驱逐等类型。

具体而言,马丁·N.麦格认为,不平等的多元化以承认多元为借口,实质是为了剥夺少数民族的利益,维持一种不平等的民族关系。民族隔离是不平等多元化的典型代表。竞争性的种族关系中因少数民族处于相对劣势,其结果只会导致民族分层的出现。内部殖民主义更为严重,是传统殖民主义在新的社会条件下、在主权国家范围内的一种变形,具有极大的非正义性。消灭或驱逐一般发生在存在着严重民族社会冲突的社会,是多元化的一种极端形式。当然,马丁·N.麦格认为,在当今世界,不平等的多元化并不是民族社会的主流形态,尤其是一些极端的形式只是极个别现象,平等的多元化是民族关系的主流。对于平等的多元化而言,马丁·N.麦格与戈登一样,认为自由主义的多元主义要优于团体主义的多元主义,并且明确提出了自由主义的多元主义是美国模式,而团体主义的多元主义是其他国家采取的模式。

第三节 民族社会的结构与功能

从结构出发来认识社会一直是社会学研究的一个主要视角。在这一视角下形成了一系列名称不同但有着相同理念的理论,如秩序理论、功能主义理论、结构功能主义理论、系统理论等。这些理论有着基本的共识,即社会是由承担着不同功能的部分组成,并且这些功能之间相互依赖。与冲突论不同,社会结构理论认为,社会趋向于稳定与平衡,主张通过调适而非经由冲突来解决社会问题。社会结构理论已被广泛应用到了民族社会研究中,成为民族社会学研究的一个重要理论基础。本节将在介绍一般性的社会结构理论的基础上,重点介绍该理论在民族学中的应用。需要说明的是,关于民族社会结构的含义在相应的章节会有详细的介绍,在此仅介绍相关理论。

一、孔德、斯宾塞的有机体类比

孔德(Comte,Auguste,1798—1857)、斯宾塞(Spencer,Herbert,1820—1903)将人类社会与生物有机体进行类比,把社会结构看成自然进化的结果。孔德通过

---

① (美)马丁·N.麦格著:《族群社会学——美国及全球视野下的种族和族群关系》,祖力亚提·司马义译,北京:华夏出版社2007年版,第105页。

比较社会和生物有机体,首先提出了有机体类比的理论。他将社会学从社会哲学中分离出来,并从生物科学中借用了相关术语和概念。在孔德看来,社会学与生物学均关注有机体,社会学应当认识到生物学中的个体有机体和社会学中的社会有机体之间存在着某种对应性,要在社会有机体的统计分析和生物有机体的统计分析之间建立起联系。孔德指出,生物有机体的结构可以分解成要素、组织和器官,我们同样也可以对社会有机体进行类似的分析。因此,孔德将一些特殊的社会结构和生物学的概念进行了类比:"我们可以这样看待社会有机体,把它分解为家庭——它们是社会真正的要素或细胞,然后是阶级或种族——它们是社会真正的组织,最后是城市和社区——它们是社会的器官"[①]。

虽然孔德提出了有机体类比的观点,但还比较粗糙,真正丰富、发展有机体类比的是英国社会学家斯宾塞。斯宾塞通过系统地比较社会有机体和生物有机体,发展了有机体类比的思想。在斯宾塞的分析中,结构和功能是两个基础概念。随着社会有机体的发展,其结构会越来越复杂,社会异质性越来越强、社会日益分化。社会结构的分化会伴随着功能的分化,社会结构的各个组成部分为了维持社会系统而承担着一定的功能。社会有机体中分化的结构和功能通过相互依赖来实现整合,每一种结构和每一种功能都必须依赖于其他结构和功能才能生存下去。

二、涂尔干的社会团结理论

涂尔干(Durkheim,Émile,1858—1917)将社会看成是一个由道德价值观上的共识来规范的特殊有机体,其对社会的分析集中在社会结构层次上。涂尔干的社会结构理论关注的核心问题是个人与社会的关系,即社会秩序和社会团结。在《社会分工论》(1893)一书中,涂尔干系统地阐述了社会团结和社会分工理论。

在涂尔干看来,社会系统的各个组成部分就像人体器官一样,为维持整个社会系统各自发挥着不同功能。因此,涂尔干比较关注社会系统的整体性和各组成部分之间的相互联系。在具体阐释其社会团结和社会分工理论时,涂尔干主张,根据"社会各部分之间的结合方式和紧密的程度",而将社会划分为机械团结的社会和有机团结的社会两种类型。在小规模的前工业社会,共同的情感和共同的信仰形成了强有力的集体意识,将社会成员紧密地结合起来,产生了一种固有的团结。这种团结来源于相似性,同时又把个人与社会直接联系起来,这种团结就是机械团

[①] 转引自(美)乔纳森·特纳著:《社会学理论的结构》(第6版)(上),邱泽奇等译,北京:华夏出版社2001年版,第9页。

结①。然而,随着向工业社会的过渡,劳动分工逐渐扩大,使得社会个体之间的异质性逐渐增加,传统社会中维系机械团结的集体意识大大削弱,机械团结的社会平衡状态被打破。

涂尔干从社会有机体的整体出发,指出了社会分化和劳动分工对于社会团结的重要性。他认为,社会结构从机械团结向有机团结转变的关键是依靠更加先进的社会分工形式。"社会的凝集性是完全依靠,或主要依靠劳动分工来维持的,社会构成的本质特性也是由分工决定的。劳动分工的道德属性使其具有整合社会机体,维护社会统一的功能。"②劳动分工的最大作用在于能够使社会的各项功能彼此紧密地结合,不仅可以完善现有的社会,而且还使社会的存在成为可能。通过分工,人们摆脱了孤立的状态,彼此之间牢固地结合起来,形成了广泛的联系。分工具有整合社会机体、维护社会统一的功能,是社会团结的主要基础。社会团结本质上是劳动分工的结果,社会的凝聚性完全依靠或主要依靠劳动分工来维持。由劳动分工所形成的团结建立在个人之间的相互差别的基础之上。每个人都获得了自己的特性与人格,都有自由发展的行动范围,在这种情况下,社会有机体具有更大程度的一致性和更强的凝聚力,这种社会团结就是有机团结。

在涂尔干看来,社会必须从前工业社会的机械团结转向现代工业社会的有机团结。现代社会中将个人与社会联系起来的纽带不再是共同的感情和共同的信仰,而是劳动分工。分工是高度发达的社会的特征,也是有机团结的基础。在传统社会里,社会分工不发达,集体意识是机械团结的基础,群体成员基本上有着相同的信仰、价值观和生活方式,表现为高度的同质性。随着分工的发展,职业活动变得更加专门化,社会的异质性日益增长,各部分之间的相互依赖性增强了,这种分工发展及其产生的相互依赖性代替了集体意识而成为有机团结及社会整合的基础。

三、帕森斯的结构功能主义理论

结构功能主义关于社会结构的基本假设是:与生物有机体相似,社会是一个由在功能上满足整体需要的各个部分所组成的复杂系统,每一部分都对社会整体发生作用,维持社会整体的稳定。这一基本假设包含着三个要点:一是社会与生物有机体一样都具有结构,一个生物有机体由细胞、组织和器官构成,一个社会则由社

---

① (法)埃米尔·涂尔干著:《社会分工论》,渠东译,北京:生活·读书·新知三联书店2000年版,第68页。

② (法)埃米尔·涂尔干著:《社会分工论》,渠东译,北京:生活·读书·新知三联书店2000年版,第24页。

会角色、社会群体和社会组织构成;二是社会要想得到延续就必须像生物有机体一样,能够满足自身的基本需要,能够从环境中获取资源并将这些资源分配给社会成员;三是社会系统各构成部分像生物有机体的各构成部分一样,都对维持整体稳定发挥着一定的功能,并且只有当社会系统各构成部分协调互动时才能够维持社会的良性运行。

虽然一些早期的社会学家,如孔德、斯宾塞、涂尔干、拉德克利夫—布朗等都曾经使用过结构和功能的概念,且后来的社会学家对他们关于结构功能的思想进行了提炼和补充,但是,真正将结构功能主义发展为一种宏大理论的是塔尔卡特·帕森斯(Parsons, Talcott, 1902—1979)和他的学生默顿(Merton, Robert King,1910—2003)。

(一)帕森斯的结构功能主义

帕森斯社会结构理论的核心在于回答社会秩序是什么和社会秩序何以可能实现,其基本思想是,强调价值规范对行动的调整,社会价值体系通过影响行动者的主观取向来推动行动者之间的相互依赖和相互结合。

"行动"是帕森斯社会结构理论的基础概念,这一概念与当时流行的行为主义心理学的"行为"概念之间有着显著的区别。帕森斯认为,"行动"的基本特征在于其具有意志性和目标导向。帕森斯的"行动"概念在逻辑上包含四个方面的要素[1]。第一个要素是行动主体,或者说"行动者"。第二个要素是行动的目的,即行动者希望达到的预期状态。第三个要素是行动的处境,即行动者必须在一种环境中进行实现其目标的活动。处境要素又可以进一步区分为两类:一是行动的条件,是指在行动处境中行动者无法控制或改变的客观要素;二是行动的手段,是指在行动处境中行动者可以控制或利用的工具性要素。第四个要素是行动的规范性取向,是指行动者确立目标、选择手段时所遵循的社会标准。

帕森斯将行动者所处的地位和所承担的角色视为社会结构的基本单位,社会结构就是指各种地位、角色之间稳定的制度化关系。社会结构依赖于各种角色之间在权利与义务方面的互补关系。权利指的是对互动对象的特定行动的某种期待,义务则指满足对方期待的行动。互补性关系意味着互动双方权利和义务达到某种程度的一致性。正是这种权利和义务的互补性关系使得互动能够持续进行下去,从而维持着社会系统的稳定。

由于行动者的行动受到价值规范的调节,因此,社会结构的维持必然与价值规

---

[1] (美)T. 帕森斯著:《社会行动的结构》,张明德、夏遇南、彭刚译,南京:译林出版社2003年版,第49~50页。

范相联系。在帕森斯看来,如要维持各种角色之间的权利义务关系,首先需要承担各种角色的行动者对同一组价值规范具有共同的理解。如果一个社会系统要维持稳定,一个基本前提就是社会系统能够维持某种制度化的价值体系。

社会结构发生偏离的原因主要有两点:第一,社会成员承担角色的能力并非与生俱来,新加入的社会成员可能因为无法承担其所应该承担的角色而影响到社会结构。第二,即使人们能够胜任自身所承担的角色,但这并不意味着人们一定会完全按照角色期待去行动。面对这两种偏离,社会系统必须对其进行调整,以防止社会结构的解体。帕森斯认为,只有当一个社会的价值观念趋于一致时,社会结构才能趋于稳定,社会秩序才能实现。因此,社会系统对偏离行为的调整,关键是要维持统一的价值规范。具体来讲,一是要通过各种社会化机制,向社会新成员灌输社会价值规范,对他们进行培训,使其掌握承担角色的能力;二是要通过各种社会监督机制,对那些不按角色规定行事的行为进行制裁。

(二)默顿的结构功能主义

默顿批判了功能分析的三种假设:第一种假设认为,社会是一个功能性的整体,社会整体和个人都具有某种功能性。默顿指出,小型的或原始的社会也许存在着这种情况,但是对于更大、更复杂的社会来说,这种假设并不一定适用。在现代社会中存在的机构并不一定会对社会整体和个人具有功能。第二种假设认为,所有社会形式和社会机构都具有正向功能。在默顿看来,这种假设与现实世界的情形相矛盾。第三种假设认为,社会的所有结构和功能都是社会整体运行不可或缺的部分。默顿认为,这些都是非实证主义的假设,功能分析应该建立在实证研究基础之上。

默顿在论述其功能理论时所选取的分析对象包括:社会角色、文化模式、社会规范、团体组织、社会结构以及社会控制机制等。其中,他进行社会结构分析的重点是团体组织等。

默顿认为,早期功能理论家混淆了个人主观动机与制度功能。在他看来,功能就是协调某一特定系统适应或调节后,可以观察到的结果。早期的功能理论家认为,社会结构中的一个单位之所以能够存在,原因就在于这个单位一定对维护整体发挥着某种正功能。然而,默顿指出,并非社会结构的所有组成部分都在发挥着正功能,当社会结构中的某一单位阻碍了整个社会结构或其组成部分的需求的满足时,它即是在发挥负功能,也就是说,社会结构单位既可能对维持社会体系做出贡献,也可能对其产生负面影响。

默顿指出,社会结构单位有可能对社会体系产生反功能却仍然能够继续存在,就在于它可能对社会体系具有一定的正功能。在默顿看来,并非所有的社会结构单位都是社会体系平稳、正常运作所必需的,某些社会结构单位可以被忽略。需要着重指出的是,社会结构单位发挥的功能并不局限于"正式的"或预期的功能,除了已意识到的或显功能(manifest function)之外,一个社会结构单位还具有尚未意识到的或未预料到的潜功能(latent function)。

四、拉德克利夫—布朗的功能主义理论

拉德克利夫—布朗(Radcliff-Brown,Alfred Reginald,1881—1955)是英国社会人类学功能主义学派的创始人之一。1906年至1912年,拉德克利夫—布朗先后在印度安达曼群岛与澳大利亚西部从事田野考察。1935年,拉德克利夫—布朗应燕京大学吴文藻教授之邀来华讲学,对中国民族学和社会学研究都产生了重要的影响。

拉德克利夫—布朗的功能主义理论深受涂尔干的影响,这一理论强调社会的整体性质,认为功能分析必须与结构分析相结合。拉德克利夫—布朗的社会结构研究是其对学术界的主要贡献。拉德克利夫—布朗认为,文化是社会体系的一个重要特征,对社会体系的维持发挥着重要功能。与马林诺夫斯基(Malinowski,Bronislaw Kasper,1884—1942)用个人需求来规定文化功能不同,拉德克利夫—布朗将文化功能界定为文化活动在整个社会生活中所发挥的作用,以及文化对维持社会结构的连续性所做出的贡献。某种文化现象所具有的特定功能并非表现为这种文化现象能够满足某种个人需求,而是表现为这种文化现象能够满足某种整体性需求。拉德克利夫—布朗把独立于个人之外的社会整体(包括社会整合、结构模式等)作为其功能分析的重点。

在拉德克利夫—布朗的功能分析中,对社会结构的分析是其最重要的着力点。拉德克利夫—布朗指出,结构是指"在某个较大的统一体中,各个部分的配置或相互之间的组合"①。在此基础上,拉德克利夫—布朗提出了其社会结构概念:"在社会结构中,被认为是社会生活行动者的单个的人即个人是最终组合,社会结构就是由相互联系的个人的配置组成"②。或者说,社会结构"是制度化的角色和关系中人的配置"③。拉德克利夫—布朗关于社会结构的研究主要包括三个方面的基本内容:一是社会结构的比较,即社会结构的种类、分类的标准和不同种类之间的异同;二是社会结构的功能,即社会结构具有何种功能,这些功能如何发挥,各种社会现象(道德、礼仪、宗教、政府、教育等)与社会结构的关系如何;三是社会结构的变

---

① (英)拉德克利夫—布朗著:《社会人类学方法》,夏建中译,北京:华夏出版社2002年版,第159页。
② (英)拉德克利夫—布朗著:《社会人类学方法》,夏建中译,北京:华夏出版社2002年版,第159页。
③ (英)拉德克利夫—布朗著:《社会人类学方法》,夏建中译,北京:华夏出版社2002年版,第166页。

化及新型社会结构如何产生。

在强调社会整体性的基础上,拉德克利夫—布朗提出了功能统一性假设:社会整体是一个功能统一体,组成社会整体的各个部分相互配合、协调一致。同为英国功能主义学派创始人的马林诺夫斯基则在个人需求层次上进行了功能分析,并在此基础上提出了功能普遍性和功能不可或缺性假设:功能普遍存在于任何文化现象之中,任何文化现象都发挥着不可或缺的特定功能,并且这种特定功能无法为其他文化现象所取代。虽然拉德克利夫—布朗与马林诺夫斯基在功能分析的层次上存在着显著不同,但是他们二人所提出的这两个基本假设却成为功能主义理论的基石,对功能主义的发展产生了重大影响。

五、列维—斯特劳斯的结构主义理论

法国著名学者列维—斯特劳斯(Lévi-Strauss,Claude,1908—2009)最重要的学术成就是将语言学的结构主义方法应用到人类学研究中来,构建了人类学的结构主义方法论,创立了结构主义人类学。列维—斯特劳斯的观点受到结构语言学派,特别是索绪尔(Saussure,Ferdinand de,1857—1913)的影响。列维—斯特劳斯认为,一切社会活动中都隐藏着一种内在的结构,这种结构支配着社会表面现象,人文社会科学的任务就是寻找这种内在结构。列维—斯特劳斯指出,文化的本质就是结构,各种文化都具有自己的结构。列维—斯特劳斯致力于家族亲属制度、婚姻制度、图腾制度、原始宗教和神话等方面的研究,目的在于揭示人类文化的根基。

列维—斯特劳斯的结构主义人类学更多的是一种结构主义方法论。具体来说,列维—斯特劳斯的结构主义方法论具有如下特点:强调整体性;整体优于部分;结构具有封闭性,对结构的解释与历史无关;强调共时态优越于历时态;结构可以通过差异而得到理解;结构分析应该是现实的、简化的和解释性的[①]。在列维—斯特劳斯看来,社会由文化关系构成,文化关系表现为各种文化活动——主要是人们的物质生产和精神思维活动。结构主义方法就是要探寻各种文化现象之间的对立关系。但是,列维—斯特劳斯并非要研究实际存在的社会文化关系,而是要研究实际社会文化关系背后所隐藏着的深层结构,这种深层结构又可以区分为有意识的结构和无意识的结构两种类型。这两种类型的结构之间可以相互转化,且二者相比,无意识的结构更为重要。

列维—斯特劳斯试图用结构主义来反驳帕森斯勾勒的大型结构实体,以社会之"深层结构"或者"心灵的结构"来代替帕森斯的社会宏观结构,他认为,深层结构

---

① 杜声锋:《什么是"结构主义"》,《哲学研究》1988年第10期。

决定表面秩序①。结构概念具有两方面的含义：一是指事物的外在形式，即事物的量的方面；二是指事物的构成规则，即事物的质的方面。与帕森斯相比，列维—斯特劳斯的结构主义深入到人的心灵层面，其所谓"结构"是指那些能够决定历史、社会与文化中的具体事件和行为的基本规则整体。

虽然列维—斯特劳斯的结构主义理论晦涩难懂，但是它却为人们认识社会现象提供了新的认知方式，即通过社会的表面现象来分析制约社会现象的深层次结构。

六、民族社会学研究中的社会结构

民族社会已经成为社会学和民族学研究中的一项重要内容，社会结构自然也成为观察和研究民族社会的一个必不可少的视角。民族社会作为社会的一个组成部分，它与社会之间存在怎样的结构关系以及这样的结构具有何种功能成为社会结构理论需要涉及的重要内容。

运用社会结构理论来认识民族社会，可以发现民族社会是由一个个具有较大差异性的文化群体组成的，它们是社会的基本单元之一。在社会交往过程中，不同民族通过互动会形成一定的社会结构，这突出地表现在宗教、阶级或阶层、社会组织、社会关系等各个方面。例如，不同的民族因为宗教信仰不同可能会形成以宗教为划分依据的社会结构，印度的印度教、锡克教、伊斯兰教之间所形成的社会结构就是典型的代表。最为显著的民族社会结构形式是民族分层。社会结构理论十分重视对社会分层的研究，而民族分层是社会分层的一种特殊形式，核心特征即以民族为边界而形成的阶层分化。目前，民族社会分层研究已经取得了许多重要的理论研究成果，本书将在第六章对此进行详细介绍，在此不再赘述。同样，在社会组织和社会关系方面也存在以民族为边界的结构形式，例如，美国的华人协会。

既然存在以民族为主要特征的社会结构，那么，这样的结构自然具有一定的社会功能。按照社会结构理论的逻辑，民族社会结构之间并不存在根本性的矛盾，关键在于如何协调不同民族社会结构之间的关系，维持整体结构的平衡性。以西方国家的民族分层为例，一般认为，民族分层是一种不合理的民族社会现象，但在结构功能理论看来，民族分层具有必然性和实用性，对这一现象只能通过调适的手段加以协调，并努力发挥其积极功能。

---

① 周怡：《社会结构：由"形构"到"解构"——结构功能主义、结构主义和后结构主义理论之走向》，《社会学研究》2000年第3期。

第四节 民族冲突

一般认为,秩序(order)和冲突(conflict)是社会的**两种基本状态**。对于生活在特定社会的人来说,秩序是不可或缺的,而冲突也是**不可避免**的。相较而言,冲突总是更能引起人们的广泛关注。当今世界,民族之间的冲突成为影响最大、破坏力最强的一种冲突形式,成为影响多民族社会稳定、团结的最主要因素之一。国外社会学研究者给予了民族冲突极大关注,他们以社会冲突理论为基础,从各个角度对民族社会冲突展开研究,取得了丰硕的理论研究成果。国外民族社会学研究一般认为,民族冲突理论包括马克思的理论、劳动力市场分割理论、内部殖民主义理论、经济竞争理论等[①]。在此,我们将从宏观和微观两个层面简要介绍几种民族冲突理论,宏观层面主要介绍马克思的相关理论和科塞的社会冲突功能(function of conflict)理论,微观层面主要介绍马克·H. 罗斯(Ross, Marc Hoeward)的文化心理解释理论(psychocultural interpretation theory)。其他理论在相关章节将会详细介绍,在此不再赘述。

一、民族冲突的含义

民族冲突是社会冲突的一种特殊形式,理解民族冲突必须首先对社会冲突理论有一个基本的了解。从社会学意义上讲,冲突理论研究肇始于马克思。马克思虽未对冲突理论作过直接的、系统的论述,但他的思想成为后来冲突理论思想的直接来源。"这种视角(冲突论——引者注)即使不是全部,也是绝大部分起源于马克思的理论……"[②]在马克思之后的一段较长时期内,冲突理论并未引起过多的关注。在社会理论研究中,结构功能主义,或者说秩序论,长期占据着主流地位。直到 20 世纪 60 年代,社会冲突理论才获得了新的发展,以科塞(Coser, Lewis Alfred, 1913—)、达伦多夫(Dahrendorf, Ralf Gustav, 1929—)、科林斯(Collins, Randall)等为代表的一批学者的努力使社会冲突理论成为当代社会学研究中的重要理论之一,确立了冲突理论在社会学理论中的地位。概括来讲,社会冲突论的基本假设包括以下几点:(1)冲突根植于社会,即社会自然地倾向于冲突;(2)因为进行竞争的利益集团拥有不平等的权力,一个群体总是变成支配者;(3)当社会出现一

---

① Refor to Robin M. Williams, The Sociology of Ethnic Conflicts: Comparative International Perspectives. *Annual Review of Sociology*, 1994, Vol. 20, p. 55; John E. Farley, *Majority-Minority Relations*, New Jersey: Prentice-Hall, Inc., 1995, pp. 72-73.

② John E. Farley, *Majority-Minority Relations*, New Jersey: Prentice-Hall, Inc., 1995, p. 60.

致性的时候,它经常是虚假的并且不可能长期存在;(4)冲突是社会所需要的,因为它使社会变迁成为可能,变迁也许能导致财富和权力的更平等分配①。

对民族冲突的界定也需要以冲突概念为基础。一般认为,冲突是不同行为主体对各种资源的争斗,并且往往以激烈的方式出现。例如,刘易斯·科塞认为,可以权且将冲突看做是对有关价值、稀有地位、权力和资源的斗争,在这种斗争中,对立双方的目的是要破坏以至伤害对方②。而民族冲突是以民族为主体的一种冲突形式,民族冲突的定义是冲突定义的一种延伸与扩展。"一般来讲,'冲突'这一词描述了两个或两个以上的行动者追求不可调和的目标所形成的一种情形,主要是以个人为视角。民族冲突是这种冲突的一种特殊形式:至少冲突的一方的目标被限定在民族的范围内,并且最主要的对峙线是一种民族区分……因此,民族冲突是群体冲突的一种形式,在这种冲突中,至少冲突的一方以实际存在或主观感知的民族区分来解释冲突产生的原因以及可能的解决办法。"③从这一界定可以看出,民族冲突的核心是对冲突中民族因素的强调,特别体现在冲突中的民族范围内。

在冲突理论看来,民族冲突产生的最主要条件是存在民族不平等。民族不平等意味着财富、地位、权力等资源以民族为边界存在着不平等分配,这构成了民族冲突的主要因素。对于存在民族不平等的多民族社会来说,民族冲突往往不可避免,因为具有自我利益意识的民族迟早会对现存的不平等社会体系提出挑战。民族冲突具有不同的表现形式,既有温和型的表现形式,例如,加拿大的魁北克问题,基本上在宪法的体系内以民主、和平的方式存在;也有激进型的表现形式,主要体现为暴力、战争等形式,例如,在斯里兰卡,僧伽罗族与泰米尔族之间的民族冲突就主要表现为战争形式。

二、马克思、恩格斯有关民族冲突的观点

民族冲突问题并非马克思、恩格斯研究的重点,但二人在进行相关论述时对这一问题有所提及。马克思、恩格斯主要从历史唯物论及阶级与民族的关系两个角度对民族冲突进行了论述。

与对阶级斗争的分析相一致,马克思、恩格斯从历史唯物主义的基本观点出发,指出了民族对立、民族冲突的解决取决于物质生产力的发展水平。他们认为:"各民族之间的相互关系取决于每一个民族的生产力、分工和内部交往的发展程

---

① John E. Farley, *Majority-Minority Relations*, New Jersey: Prentice-Hall, Inc., 1995, p.61.
② (美)L.科塞著:《社会冲突的功能·前言》,孙立平等译,北京:华夏出版社1989年版。
③ Stefan Wolff, *Ethnic Conflict: A Global Perspective*, New York: Oxford University Press, 2006, p.2.

度。这个原理是公认的。然而不仅一个民族与其它民族的关系,而且这个民族本身的整个内部结构也取决于自己的生产以及自己内部和外部的交往的发展程度"①。生产力水平的高低,实际上决定了社会发展的状况。一般情况下,生产力水平高的民族在社会发展中占据优势地位,生产力水平低的民族只能处于劣势地位。由生产力发展水平决定的这种不平等正是民族冲突的根源。因此,要解决民族冲突,就必须提高生产力水平,消除社会地位的不平等。"随着资产阶级的发展,随着贸易自由的实现和世界市场的建立,随着工业生产以及与之相适应的生活条件的趋于一致,各国人民之间的民族分隔和对立日益消失。"②在马克思、恩格斯看来,民族冲突源于民族间生产力发展水平的不平衡,只要消除了生产力水平的差异并进而达到了社会平等,那么,民族冲突自然就会解决。

马克思、恩格斯关于民族冲突的思想,还体现在他们对阶级冲突和民族冲突之间关系的论述方面。关于二者的关系,马克思、恩格斯在《共产党宣言》中有一段经典论述:"人对人的剥削一消灭,民族对民族的剥削就会随之消灭。民族内部的阶级对立一消失,民族之间的敌对关系就会随之消失"③。这就是说,阶级压迫和剥削制度是民族压迫和民族冲突的起因。在此,马克思的核心观点是强调民族冲突的实质是阶级冲突,他认为,二者建立联系的桥梁乃是社会不平等。存在阶级冲突,就一定存在社会不平等,而且这种不平等必然表现在民族之间,民族冲突自然就会存在。因此,对马克思、恩格斯这一论断,我们不能简单地理解为消灭了阶级差别就解决了民族冲突,而应该深入研究二者之间的转换条件,即不能忽视社会不平等的桥梁作用。否则,将会给理论和实践带来极大的误导。

马克思、恩格斯对冲突的理解建立在利益分配不均的基础上,而他们特别表明,阶级社会人们的一切奋斗都是为了自身的利益。这表明在不平等社会必然会存在冲突,而无论这种不平等社会以阶级不平等的形式出现,还是以民族不平等的形式出现。虽然对马克思、恩格斯的这一思想仍然存在争论,但它无疑开启了一种新的理论思考模式,推动了社会冲突理论的产生和发展。

三、科塞的社会冲突功能理论

一直以来,社会学主要关注的是秩序问题,主要关注如何通过调适而不是冲突来维持原有社会结构的平衡。持秩序论的研究者认为,社会冲突是消极的、破坏性的,为了维持社会的秩序应该尽量避免冲突。例如,帕森斯认为,冲突是一种"病

---

① 《马克思恩格斯选集》第1卷,北京:人民出版社1995年版,第68页。
② 《马克思恩格斯选集》第1卷,北京:人民出版社1995年版,第291页。
③ 《马克思恩格斯选集》第1卷,北京:人民出版社1995年版,第291页。

态"现象,是社会结构的功能失调状态。与此相反,社会冲突理论则认为,冲突对社会具有积极作用,是社会不可或缺的一种要素。"冲突及合作都具有社会功能,绝不是说反功能必要,而是说一定程度的冲突是群体形成和群体生活持续的基本要素。"① 社会冲突理论的代表人物主要有齐美尔(Simmel)、科塞、达伦多夫、科林斯等,虽然他们在某些问题上存在分歧,但在肯定社会冲突的积极作用方面是一致的。在此,我们将重点介绍刘易斯·科塞的社会冲突功能理论。需要指出的是,科塞的社会冲突功能理论并非以民族为研究视角(虽然其中也提及了种族群体),而是以群体作为主要研究对象。然而,该理论的大部分结论可以应用于民族研究,原因即在民族是群体的一种形式,而且其已经成为当今社会最为重要、群体性特征最为突出的一种群体形式。

  科塞的社会冲突功能理论是对齐美尔思想的继承和发展,他主要对齐美尔关于社会冲突的一些结论进行了修正,提出了新的观点。科塞把社会冲突划分为两种类型,一种是群体内部的冲突,另一种是群体之间的冲突。在群体内部冲突研究方面,科塞认为冲突能够使群体边界更为清晰化,进而增强群体的凝聚力。"我们看到,团体内的冲突有助于统一体的建立,或是在那些由于成员间的敌意和对抗情绪而受到威胁的地方重新建立这种联合和内聚力。"② 科塞研究的重点是群体外部的冲突,即不同群体之间的冲突所具有的社会功能。科塞认为,应该建立富有弹性的、松散的社会结构,这样的结构允许存在大量社会冲突,因为大量相互交叉的社会冲突可以分散群体成员的参与热情,避免发生根本性的分裂。同时,冲突可以使社会中的不满情绪得以释放,避免发生根本性的、激烈的社会冲突。"在松散结构的团体和开放的社会里,冲突的目标在于消解对抗者之间的紧张,它可以具有稳定和整合的功能……通过对冲突的宽容和制度化,这些社会系统为自己找到了一个重要的稳定机制。"③ 而在僵化的社会中,由于压制冲突,会导致不满情绪的积累,并且缺乏小规模冲突的预警作用,从而可能导致大规模的、激烈的冲突。

  科塞认为并非所有的社会冲突都具有积极功能,只有那些与社会的基本价值不相悖的冲突才具有积极功能。"如果冲突所针对的目标、价值或利益与关于关系的基本假设并不抵触,那么这种冲突对社会结构往往发挥积极的功能……如在内部冲突过程中斗争的双方不再共享那些社会系统的合法性所赖之为基础的基本价

---

① (美)L.科塞著:《社会冲突的功能》,孙立平等译,北京:华夏出版社1989年版,第16页。
② (美)L.科塞著:《社会冲突的功能》,孙立平等译,北京:华夏出版社1989年版,第135页。
③ (美)L.科塞著:《社会冲突的功能》,孙立平等译,北京:华夏出版社1989年版,第137页。

值,这种冲突就会毁灭社会的结构。"①也就是说,社会冲突只有在一定的限度之内发生才会具有积极功能,这个限度在西方社会往往意味着自由、平等、民主等基本价值。在多民族社会,毫无疑问,民族之间的冲突应以维护国家的统一和社会团结为限度。由此可见,以分裂国家为目的、以暴力为手段的民族冲突是不具备积极功能的,只会对民族社会结构造成破坏。

群体一般是以利益为基础而联结起来的,如阶级划分中的资产阶级和无产阶级。而民族则不仅是一个利益群体,同时也是一个情感联系非常紧密、共同意识十分强烈的群体,一般都具有非常清晰的边界。民族冲突在多民族社会具有一定的普遍性,尤其是存在民族不平等的社会,往往表现为一种根本性的冲突。按照科塞的理论逻辑,多民族社会应该更具弹性和开放性,允许民族冲突在一定限度内存在,以此来调适民族间的关系,避免根本性的激烈冲突发生,维护多民族社会的稳定与团结。对于存在民族问题的多民族社会,一味地压制冲突,只会造成敌对情绪和不满情绪的积累。积累到一定程度,就会导致社会以民族为轴心形成根本性分裂,一旦民族冲突爆发,将具有极大的破坏性,往往会造成重大人员伤亡和财产损失。

四、罗斯的文化心理解释理论

20世纪早期,国外社会学研究领域出现了一次变革,其标志性事件是行为主义的兴起。与以往的研究不同,行为主义关注的主要是社会行为者以及社会群体的心理与行为,采用的是一种微观的视角。社会学的这一转型自然对冲突理论产生了重要影响。具体到民族冲突研究而言,长期以来仅仅是从社会结构的角度解释冲突的产生与解决,前文提到的马克思、恩格斯的观点和科塞的社会冲突理论都是以社会结构为主要分析视角。"最通常被提及的有关民族冲突的社会科学理论是结构性的,这些理论强调竞争性的利益和公开的冲突起源于社会的结构或者社会关系。"②可以说,在民族冲突理论研究中以社会心理和行为等微观层面为视角的研究长期缺失。这种状况直到20世纪后半期才有所改变,在这其中起到关键作用的是当代美国著名学者马克·哈罗德·罗斯。下面将简要介绍他针对民族冲突所提出的文化心理解释理论。

罗斯的文化心理解释理论主要建立在社会心理学中有关个人发展的理论和文化人类学中有关文化的理论基础之上。该理论认为,首先,个人及群体的社会行为

---

① (美)L.科塞著:《社会冲突的功能》,孙立平等译,北京:华夏出版社1989年版,第135页。
② Marc Howard Ross, Psychocultural Interpretation Theory and Peacemaking in Ethnic Conflicts, *Political Psychology*, Vol. 16, No. 3, 1995, p. 524.

与社会的文化存在紧密联系。文化通过社会心理过程塑造了个人及群体的性情,包括共同的想象、对外部世界的理解、个人及群体行为的动机等。当然,对民族而言,文化最关键的作用是塑造了民族的认同心理。文化对于民族冲突的影响同样重要,"民族冲突行为是一个文化现象,因为文化塑造了它的关键要素,例如明确的内部群体和外部群体认同的发展、区分同伴和敌人的想象等"[1]。其次,当冲突发生时,作为冲突者内心世界的性情(包括归属感、认同感、压抑感等)能够建构起对外部世界的解释,这些解释对冲突者的行为有着重要的影响,起到支持或避免、扩大或削弱冲突的作用。罗斯认为,对民族认同的威胁和对安全状况的恐惧心理是民族冲突中重要的心理因素,构成了民族冲突解决的主要障碍。[2] 最后,民族冲突是一种基于文化心理的解释的行为。"文化心理解释理论的核心思想是,因为民族冲突是在一种高度模糊的情况下唤起强有力的感情,内部的解释框架在选择这些情感的过程中承担着非常关键的角色。"[3]也就是说,在民族冲突中,如何斗争、为谁斗争、和谁一起斗争等并不是建立在客观基础之上的,而是由文化心理的解释所选择和决定的。

以文化心理解释理论为指导,罗斯提出了民族冲突管理(ethnic conflicts management)理论。他认为,民族冲突管理的核心就是要消除或减弱冲突方的恐惧感。"文化心理解释理论对深层次关系问题的关注强调安全、信任、认同等这些产生高度焦虑的问题,这种高度焦虑是在激烈的民族冲突中被冲突方所感受到的。"[4]因此,民族冲突管理的前提就是冲突方要接受彼此关于冲突行为的不同解释,在理解彼此的文化心理的基础上才能开启和平的进程。同时,罗斯认为,在冲突管理过程中,主体不能仅仅是冲突方,还应存在第三方参与者。第三方的参与是民族冲突管理中的一个关键因素,它可以在冲突方之间起着桥梁的作用,把各方对冲突行为的不同文化解释传递给对方,并能以中立的立场提出具有调和性的建议。

罗斯是一名长期关注民族冲突研究的学者,他所提出的文化心理解释理论为我们理解民族冲突、管理民族冲突提供了一种新的思路。当然,该理论也存在着不

---

[1] Marc Howard Ross, Psychocultural Interpretation Theory and Peacemaking in Ethnic Conflicts, *Political Psychology*, 1995, Vol. 16, No. 3, p. 533.

[2] Marc Howard Ross, Psychocultural Interpretation Theory and Peacemaking in Ethnic Conflicts, *Political Psychology*, 1995, Vol. 16, No. 3, p. 525.

[3] Marc Howard Ross, Psychocultural Interpretation Theory and Peacemaking in Ethnic Conflicts, *Political Psychology*, 1995, Vol. 16, No. 3, p. 531.

[4] Marc Howard Ross, Psychocultural Interpretation Theory and Peacemaking in Ethnic Conflicts, *Political Psychology*, 1995, Vol. 16, No. 3, p. 534.

足之处。一方面,虽然该理论论证了文化心理所塑造的各种性情对民族冲突中的行为具有非常大的影响,但是究竟哪些性情在冲突中起着作用以及在何种程度上起作用仍然是非常模糊的,仍需深入研究。另一方面,虽然文化心理解释理论突出强调与社会结构研究理论的视角不同,但也不能无视其他因素在民族冲突中的作用。事实证明,不同民族在社会中所形成的领土、经济、政治矛盾等利益关系问题对民族冲突的发生和管理具有相当大的影响。罗斯仅从文化心理视角来解释民族冲突显然具有片面性,在他 2007 年出版的著作中,认为文化在民族冲突中承担着核心角色[1],仍是同一思路的延续。

---

[1] Marc Howard Ross, *Cultural Contestation in Ethnic Conflict*, New York: Cambridge University Press, 2007, pp. 312-327.

《民族社会学概论》

第二部分　民族社会学方法

第四章　民族社会学研究的方法论　第五章　民族社会学研究设计

第二部分 民族社会学方法

第四章 民族社会学研究的方法论

作为一门交叉性学科,民族社会学在研究民族社会现象时,无疑会受到民族学和社会学理论与方法的影响。民族社会学研究的方法论是指导民族社会现象研究的准则,是研究者在研究过程中应遵循的一种思维方式。本章将主要从马克思主义的指导方法,以及主位研究与客位研究、民族中心主义与文化相对主义等方面,详细介绍民族社会学研究中需要使用及了解的方法和尺度。同时,介绍在研究民族社会现象中应采取怎样的方法论,来指导研究者以科学的研究方式和研究技术进行具体的研究。

第一节 民族社会学研究的方法论概述

民族社会学研究的方法论是民族社会学研究方法体系的重要组成部分,它贯穿于民族社会现象研究的整个过程之中。在民族社会学研究中,方法论作为一种思维方式,在总体上规约着研究者在具体研究中对研究方式和研究技术的选择。同时,民族社会学研究的方法论与民族社会学的具体研究方法之间既有联系,又存在一定的区别。其中,马克思主义的指导方法是研究者进行民族社会现象研究时应遵循的根本指导原则。了解民族社会学研究的方法论,有助于理解和把握其在研究民族社会现象中所具有的指导作用。

一、方法论的原则

从方法体系上看,民族社会学研究不仅涉及研究民族社会现象的方法论,还涉及在具体研究过程中运用的研究方法和研究技术。

(一)认识和把握民族社会现象

在认识和把握民族社会现象方面,民族社会学研究的方法论对研究方式和研究技术的指导,主要体现在马克思主义的指导方法之中。在思维方式上,马克思主义的指导方法是指导研究者如何认识和把握民族社会现象的最基本认知观,能够指导研究者在具体研究过程中采取科学的研究方式和研究技术。社会生活是实践的,实践的过程同时也是(或包含着)认识的过程①。马克思主义的指导方法是建立在民族社会生活实践基础之上的认识论,它有助于把握民族社会学研究中的个体与整体、微观与宏观、局部与全局等基本范畴,从而为民族社会学的研究方式和研究技术提供一种思维方式上的指导。有研究者指出:"作为对人类社会历史最本质特征和最普遍规律的哲学抽象,唯物史观来源于和植根于对最现实、最具体的社会现象的科学掌握,从而为人们在各个方面、各个层次、各个向度上认识社会提供了最基本也是最重要的一般背景知识和信念,成为人们科学地认识社会所必不可少的逻辑前提"②。列宁也认为,唯物史观"第一次把社会学置于科学的基础上"③,"第一次使科学的社会学的出现成为可能"④。因此,马克思主义的指导方法能够帮助民族社会学研究者树立正确的思维方式,选择科学的研究方式,指导研究提纲、研究设计、研究方案的制定,以及指导相关研究资料的收集、整理和分析等。

(二)分析和阐释民族社会现象

在分析和阐释民族社会现象方面,民族社会学研究的方法论对研究方式和研究技术的指导,主要体现在主位研究和客位研究、民族中心主义和文化相对主义等研究的判断标准和尺度之中。在思维方式上,这些研究的判断标准和尺度能够为研究者分析和阐释民族社会现象提供根本性的指导,能够为其具体的研究方式和研究技术提供一定的价值观、规范和标准。如前所述,民族学和社会学研究的方法论在很大程度上影响着民族社会学的研究方法。因此,主位研究和客位研究、民族中心主义和文化相对主义等是民族社会学研究方式和研究技术的一般方法论。在进行研究的过程中和归纳研究结论方面,研究者应当遵循民族社会中事物自身的发生、发展规律。同时,在进行研究的过程中和归纳研究结论方面,研究者应尊重民族社会的客观事实判断。再如,在民族社会学研究中,不能把主位研究与客位研究这两种思维方式对立起来,而是要努力把它们有机地结合起来,使研究者得以全

---

① 王锐生、陈荷清等著:《社会哲学导论》,北京:人民出版社1994年版,第220页。
② 欧阳康主编:《社会认识方法论》,武汉:武汉大学出版社1998年版,第428页。
③ 《列宁选集》第1卷,北京:人民出版社1972年版,第10页。
④ 《列宁选集》第1卷,北京:人民出版社1972年版,第8页。

面地分析和阐释民族社会生活中的社会现象。

(三)发现和研究民族社会现象

在如何发现和研究民族社会现象方面,民族社会学研究的方法论对研究方式和研究技术的指导,也主要体现在主位研究和客位研究、民族中心主义和文化相对主义等研究的判断标准和尺度之中。在思维方式上,这些研究的判断标准和尺度也是研究者发现和研究民族社会现象的一般指导原则,能够为具体的研究方式和研究技术提供一种必要的研究观点。例如,在民族社会实际调查中,虽然各研究的目的、内容和对象不同,但在界定调查总体、抽样方案设计、研究设计、资料处理等方面,都应有明确的研究思路。在提出问题的基础上,研究者如何根据一定的研究观点设计研究问题的变量、指标,以及如何实现变量和指标之间的关联;研究者选择何种研究方式和研究技术进行资料收集,选择何种研究方式和研究技术进行资料的整理与分析;研究者如何选取观察对象、观察内容,以及如何设计问卷、访谈提纲;研究者如何解释在资料中发现的新情况、新问题;研究者的这种发现是否能得到检验及采取何种手段进行检验;研究者如何阐明这种发现的现实意义,等等,这些都需要研究者提出明确的理论观点和进行详细的理论解释。在此意义上,民族社会学研究的判断标准和尺度"不是教条,不是框框,也不是'洋八股',而是科学研究的必备条件,是其结论成立的前提和依据,也是研究者科学精神和科学态度的一种体现"[1]。

二、方法论与研究方法

如上所述,民族社会学研究的方法论作为一种研究导向,是研究者在研究民族社会现象时所应坚持的准则,即它能够指导研究者采取何种思维方式,去分析民族社会生活中存在的基本现象和主要问题。而民族社会学的研究方法是指研究者在具体研究过程中使用的研究手段,亦即研究者采取一定的研究方式与研究技术,去分析和解释民族社会生活中存在的典型现象和问题。

(一)方法论与研究方法的联系

在民族社会学研究的方法体系中,方法论与研究方法之间存在着一定联系。具体来说,两者之间的联系主要体现在以下几个方面:

1.民族社会学研究的方法论与民族社会学的研究方法存在着理论导向与实际操作的关系

美国社会学家波尔金霍恩(Polkinghorne)认为,"方法论"即:"如何实施按逻辑拟定的研究计划、程序,对知识进行探求的理论;而并不把在所拟定的研究计划、

---

[1] 风笑天:《结果呈现与方法运用——141项调查研究的解析》,《社会学研究》2003年第2期。

程序的指导下如何具体实施,如何进行具体性的研究操作,如怎样收集资料、怎样调查、如何统计等视为主体内容"[1]。民族社会学研究的方法论作为一种认知观、原理和准则,在理论上指导着民族社会学的研究方法。民族社会学的研究方法是指一系列的研究方式和研究技术,是具体分析和研究民族社会现象时所进行的实际操作。但是,这绝不是说研究方法的存在意义就简单等同于一种研究方式,或等同于随机抽样、资料收集、数据统计等研究技术,而是所有研究方法的背后都有一定的方法论作为理论导向,并且把方法论的思维方式贯穿到整个研究之中。在对具体民族社会现象研究中,方法论能够从理论上指导选择何种具体的研究方式和研究技术。在此意义上,可以说,民族社会学研究的方法论为民族社会学的研究方法这种实际操作提供必要的理论导向。

2.民族社会学研究的方法论与民族社会学的研究方法都是为研究民族社会现象服务的

对于民族社会学研究来说,方法论和研究方法是民族社会学方法体系的组成部分,都是为研究民族社会生活中存在的现象和问题服务的。在实际研究中,民族社会学研究的方法论,在一定程度上蕴含在相应的研究方法之中;民族社会学一种研究方法的选择,在很大程度上往往是某种思维方式的具体体现。也就是说,一方面民族社会学研究的方法论通过某种思维方式,指导研究者采取某种研究方式和研究技术,去研究民族社会中存在的诸多现象和问题,从而把这种思维方式运用到实际研究中。另一方面又通过某种研究方式去解释民族社会中存在的现象和问题,通过某些研究技术去收集和处理研究对象的相关资料。可见,民族社会学研究的方法论和民族社会学的研究方法在实际研究中紧密联系在一起,共同为民族社会现象研究服务。

3.民族社会学研究的方法论与民族社会学的研究方法在研究中具有一定的相互对应关系

虽然说民族社会学研究的方法论通常并不直接体现在具体研究中,但是这种思维方式直接地或潜在地规约着对具体研究方式或研究技术的选择。在实际研究中,一种指导方法或明显或潜在地对应着一种研究方式或一种研究技术。这意味着,在实际民族社会现象研究中,马克思主义的指导方法,以及主位研究和客位研究、民族中心主义和文化相对主义等研究的判断标准和尺度,往往会与历史文献研究法、跨文化比较研究法、结构功能研究法、田野调查法等研究方式,以及与资料收

---

[1] D. Polkinghorne, *Methodology for the Human Sciences: System of Inquiry*, Albany: State University of New York Press, 1983, p.5.

集方法、资料分析方法等研究技术,在实际研究中呈现相互对应的关系。因此,在民族学社会学研究中,在选用研究方式和研究技术时,必然会涉及作为思维方式的方法论。

(二)方法论与研究方法的区别

民族社会学研究的方法论与民族社会学的研究方法存在着一定的区别。具体来说,在研究民族社会现象中,二者之间的区别主要体现在以下几个方面:

1. 从词义上看,二者的意指不同

从方法论与方法的词义上,能够在一定程度上看出方法论与研究方法具有不同的含义。方法论(methodology)一词由"method + ology"构成,而方法(method)一词由"meta+hodos"构成。其中,"-ology"是方法论构词的后缀,其意源于"logos",在古希腊的哲学文献中为"理性的原则"、"话语的睿智"之意。它与"method"结合而构成现代英语的"methodology",意味着它是一种原理和准则。方法一词通常表示"沿着正确的道路运动"、"指向研究和认识的途径",意味着它是一种研究方式和研究技术。

2. 从功能上看,二者在研究中的作用不同

如前所述,方法论作为一种思维方式,它能够为分析和研究民族社会现象提供必要的准则。研究方法是指实际操作层面的研究方式和研究技术,它能够为分析和研究民族社会现象提供必要的研究路径。在民族社会学研究的方法论选择上,是取主位研究还是客位研究,是取民族中心主义还是文化相对主义等,这决定着研究者采取何种思维方式指导他们去认知民族社会现象。在民族社会学的研究方法中,研究者可以根据研究对象的性质、内容、特点等采取某一种或某几种研究方式和研究技术,例如,可以使用历史文献研究法、跨文化比较研究法、结构功能研究法、田野工作法等研究方式,可以使用资料收集方法、资料分析方法等研究技术。

3. 从范围上看,二者涉及的研究阶段不同

在民族社会学研究中,方法论贯穿于整个研究过程,涵盖民族社会学研究的诸多方面和不同的研究阶段。无论是在研究方式的选择上,还是在研究技术的选择上;无论是研究课题的选择阶段,还是在研究过程、研究结果等阶段,都需要有一定的方法论为分析和研究民族社会现象提供研究的判断标准和尺度。然而,在民族社会学的研究方法中,研究方式主要是指如何进行具体分析和解释民族社会现象的方法,研究技术主要是指如何收集和处理民族社会现象相关资料的方法。

三、马克思主义的指导方法

在民族社会学研究中,需要坚持马克思主义的指导方法。黑格尔曾深刻指出:

"方法并不是外在的形式,而是内容的灵魂和概念"[①],马克思主义的指导方法对于指导研究者正确地认识民族社会现象,指导研究者选择科学的研究方式和研究技术,都具有不可替代的作用。

在民族社会学研究中,马克思主义的指导方法体现了历史与逻辑相统一的原则。根据历史的本来面貌和实际过程来揭示和分析民族社会现象,是从民族社会自身发展角度来考察民族社会客观现实存在的一条途径。坚持历史的原则意味着尊重事物的自然发展过程,正确地反映民族社会的发展规律,这是民族社会学研究应当具备的一种思维方式。坚持逻辑原则意味着以民族社会学中的抽象概念或判断形式,通过分析民族社会中不同组成部分之间的相互影响、相互作用、相互联系,来牢牢把握民族社会内在的本质和运动过程的规律性,这也是民族社会研究应当具备的一种思维方式。逻辑的事物是通过一种修正的方式对历史现象的摹写和复写,"这种修正首先表现为逻辑按历史的规律性来修正历史,逻辑抛弃了历史的细节而抓住主流,抛弃偶然而抓住必然,抛弃曲折、偏差而抓住基本方向、基本线索,从而形成理论的概念体系"[②]。进一步说,这种思维方式是通过民族社会学自身发展的逻辑,来保证对民族社会的历史状况进行正确的反映与把握。欲把握民族社会的本质、必然性及规律性,需要在考察民族历史事实的基础上,通过民族社会自身的逻辑原则来揭示民族社会内在的本质与规律,故历史原则需要逻辑原则作为必要的补充。因此,在民族社会学研究中,把历史和逻辑这两种思维方式结合起来是其方法论的基本原则。

在民族社会学研究中,马克思主义的指导方法体现了理论和实践相统一的原则。民族社会学研究一般会经历一个从感性到理性、从现象到本质的认识过程。作为思维逻辑起点的感性指感官能直接感觉和知觉到的具体事物,作为中介因素的抽象是一个思维过程,通过分析把整体分解成各个部分,区分必然的本质和偶然的现象,从中抽取出各个必然的本质。在此意义上,民族社会学研究应当在具体分析和抽象分析这两种思维方式的指导下,选择科学的研究方法考察和分析民族社会现象。民族社会是一个极其复杂而又多样的系统,由不同性质、内容和特征的组成部分构成。为了从整体上认识这些民族社会现象,需要进行科学的抽象分析,从个别社会事物中抽象出各种本质属性,舍弃一切非本质属性。通过从客观存在的具体事物出发,在具体分析的基础上,以正确的思维方式进行科学的抽象,能够帮助研究者更深刻、更准确地抓住民族社会的本质。

---

① (德)黑格尔著:《小逻辑》,贺麟译,北京:商务印书馆1980年版,第427页。
② 《列宁全集》第38卷,北京:人民出版社1972年版,第257页。

第二节　民族社会学研究中的主位研究与客位研究

虽然主位研究与客位研究是两种不同的思维方式,但在具体的民族社会现象研究中,很难将这两种研究的判断标准和尺度分离开来。在以主位研究为研究的判断标准和尺度去分析研究对象时,不可能完全排除客位研究的作用;在以客位研究为研究的判断标准和尺度去分析研究对象时,同样也不可能完全排除主位研究的作用。在民族社会学研究中,兼采主位研究与客位研究两种研究的判断标准和尺度,对于研究者选用合理的研究方式和研究技术并进而推动民族社会学研究趋于全面与完整具有重要意义。

一、主位研究与客位研究的形成

主位研究(etic approach)和客位研究(emic approach)来源于语音分析的两个重要概念:音素的(phonetic)和音位的(phonemic)分析。语言学认为,人类语音从音质角度划分出来的最小单位是音素,从区别意义的角度划分出来的最小单位是音位,前者反映的是语音的物理属性,后者则是语音的社会属性。音素分析是从声学的角度,对人类发出的声音所进行的客观的、准确的记录和分析;而音位分析是从发音人的角度,对某一具体语言所具有的区别意义的音素所进行的分析和归纳。

美国结构语言学派学者派克[Pike,Kenneth L(ee),1912—2000]提出了主位研究和客位研究两个概念,并指出这两个概念对语言以外的其他文化现象的研究也具有十分重要的意义①。他认为,对其他文化现象的客位研究像对音素进行分析一样,研究者应采用如国际音标之类的、能适用于所有文化的概念或术语,对不同文化进行研究;对其他文化现象的主位研究像对音位进行分析一样,研究者应发现某一具体文化中固有的概念或术语,并用这些概念或术语来认识和研究这个文化的整体。后来,美国文化人类学家、文化唯物论的创建者马文·哈里斯(Harris,Marvin,1927—2001)在《文化唯物主义:为争取文化学之建立而奋斗》(1979)、《文化人类学》(1983)等著作中系统阐述和分析了主位研究与客位研究这两种思维方式在文化人类学研究中的地位和作用。

二、主位研究与客位研究的含义

主位研究是指研究者在参与事件过程中观察和分析研究对象的思想和行为的一种研究方法。主位研究中研究者在参与中理解和分析研究对象的社会生活,可

---

① 庄孔韶主编:《人类学通论》,太原:山西教育出版社 2003 年版,第 189 页。

以比较透彻地理解研究对象的思维习惯、行为意义和情感的表达方式。这种知识体系是"基于当地意识的基础构成的文化整体观",克利福德·格尔兹[Geertz,Clifford(James),1926—2006]将其精神实质总结为"地方性知识"[①],由此形成的思维模式能够使研究者与研究对象在研究主题方面产生共鸣,能够对研究对象的概念和术语及其社会意义进行深入的理解和把握。也就是说,主位研究对于获取研究对象的重要信息极为有利。一般来说,主位研究指导下进行的研究所得出的结论是否合理,在于对那些记述的分析和结论是否符合研究对象的想法和意愿,是否被他们认为是正确的、有意义的,即是否按照研究对象的文化背景来分析和研究他们的社会生活。

客位研究是指研究者以旁观者的身份去观察和分析研究对象的思想和行为的一种研究方法。客位研究中,由于研究者受自身的或较为普遍的价值观念、理论知识、社会意义等方面的影响,往往导致他们以现有的标准去观察和分析研究对象的社会生活。这种思维方式指导下采用的研究方式和研究技术,促使研究者主要关注研究对象与他们之间的相似性和差异性,并就社会事件背后的文化意义进行比较。具体来说,就是研究者采用一定的研究技术,利用各种设计的测量工具,深入不同民族进行社会调查,获得相关的研究资料,并根据调研资料选择跨文化研究等研究方式进行比较研究。正如哈里斯所言:"这时人类学者所使用的观念,不是从当地人的观点来看是正确的、有意义的、恰当的那种观念,而是使用从科学的数据语言得来的类型和规律,而这往往是当地人不了解的"[②]。

三、主位研究与客位研究的比较

主位研究和客位研究都可以作为研究民族社会现象的方法,但二者的研究思路存在着极大的不同。通过对主位研究与客位研究含义的比较,可以发现二者的关系主要体现在相互区别上。二者的区别可以归结为以下几个方面:

1. 在研究逻辑方面,二者的基本思路不同

主位研究强调根据研究对象的价值观念、社会规范、行为方式等知识体系,去描述和解释民族社会中存在的社会现象,以此来得出新的研究结论或建构新的科学理论。客位研究强调根据较为普遍的、一般性的知识体系,去寻求研究对象社会生活所反映的文化内涵与现有知识之间的差异,去寻求不同研究对象之间社会生活所反映的文化内涵之间的差异,并得出新的研究结论或建构新的科学理论。

2. 在研究目的方面,二者所涉及的对象数量不同

---

① 王铭铭编著:《人类学是什么》,北京:北京大学出版社 2002 年版,第 63 页。
② (美)马文·哈里斯著:《文化人类学》,李培茱、高地译,北京:东方出版社 1988 年版,第 17 页。

一般来说,主位研究方法通常对民族社会现象进行研究,目的在于深入地描述或解释研究对象,发现其在社会生活中的主观意愿和社会行为,并不进行与其他民族社会现象的比较研究。客位研究法通常是对不同知识背景或文化背景下的多民族社会现象或民族社会问题进行研究,通过比较不同民族成员在价值观念、民族意识、社会行为等方面的差别,从而揭示整个民族社会现象和社会问题的发生、发展、变化的一般性规律。

3. 在研究范畴方面,二者在研究中使用的标准不同

主位研究通常使用的概念、术语、观念等来自于研究对象,多数情况下被限定在被研究的、具体的、特定的民族社会的文化知识范畴内,具有很强的特殊性。客位研究通常使用的概念、术语、观念等来自于较为普遍的、抽象的、一般的文化知识,在一定意义上它们是对社会生活较为普遍的认知。

4. 在研究角度方面,二者在研究中涵盖的范围不同

主位研究一般是在研究对象所属的社会范围内进行研究,研究者通过长期的参与或其他方式来熟悉某个民族社会的文化。从研究对象的角度去研究民族社会现象,容易真实地反映研究对象的基本情况,也容易对之进行深入研究。客位研究一般是在研究对象所属的社会范围之外进行研究。从外部角度去研究民族社会现象,容易发现不同民族社会现象和社会问题之间的联系,通过比较能够形成新的认识。

四、主位研究与客位研究在民族社会学中的运用

在民族社会学研究中,应把主位研究和客位研究结合起来,共同指导研究方式和研究技术的选择,从而推进民族社会学的学科发展。正如特里安迪斯所言:"采用两者相结合的研究方法,既可以得到各种文化中都存在的普遍性材料,又可以得到某一文化中特有的差异性材料,这样可以获得双重信息"[①]。

(一)发挥主位研究与客位研究的优势

随着民族社会学研究的不断深入,结合主位研究与客位研究的优势进行研究已成为一种趋势。一方面,采取主位研究所取得的学术研究成果能够反映民族社会生活中的基本事实,与研究对象的知识体系相符合。研究者对研究对象文化的陌生,会促使他们对一些被研究对象视为"理所当然"的事情产生兴趣。田野调查已在民族社会学研究中得到了较为广泛的运用。马林诺夫斯基(Malinowski, Bronislaw Kaspar,1884—1942)提出的以"移情"来达到以当事人观点看当地文化

---

① 转引自吴江霖主编:《民族社会心理学》,广州:中山大学出版社1993年版,第23页。

的境界似乎仍是田野工作的最高指导原则①。有研究者认为,从20世纪60年代开始,人类学、民族学的理论话语和研究兴趣已经转移到理解本土人的思想观点、理解他们与生活的关系、理解他们对于他们自己世界的看法上来②。另一方面,采用客位研究进行的学术研究是从较为普遍的知识体系去考察民族社会中存在的研究对象,这在一定程度上决定了研究者与被研究者分属于不同的文化群体,二者具有不同的价值观和行为习惯。这可以促使研究者在研究中与研究对象保持一定的心理和空间距离,方便研究者更容易发现民族社会现象的整体结构,更容易发现所观察的整体与其他社会现象之间的关系,更容易解释和预测民族社会现象未来的发展方向等。采用客位研究进行跨文化比较研究的研究方式在民族社会学研究中得到了较为广泛的运用。例如,美国学者默多克(Murdock,George Peter,1897—1985)系统地运用跨文化比较研究方法,他提出的夏威夷式、爱斯基摩式、易洛魁式、奥马哈式、克劳式、苏丹式等6种亲属称谓图式已为众多研究者所采用③。

(二)在个体与整体的统一中进行民族社会学研究

在采用主位研究方法时,研究者通过了解和掌握某个被研究者的生活体验,来获取该被研究者的重要信息,研究者有意无意地将自己置于该被研究者的处境,从而能够充分地描述和表达该被研究者的意愿。这意味着主位研究主要是对某个民族社会现象,即对个体进行描述和解释,这种思维方式可以更好地对某一现象和问题进行深入、全面的研究。因此,如果采用主位研究法对某个民族社会现象或问题进行专门的研究,可以采取田野调查的研究方式并运用如问卷法、访谈法、观察法等研究技术,形成一些内容全面、具体生动而又丰富翔实的研究成果。客位研究通过把某种民族社会现象或民族社会问题,与其他民族社会的相关问题进行比较,从而能够促使研究者发现新的研究结果。这意味着客位研究主要是对多个民族社会现象进行整体描述和解释,这种思维方式可以更好地对整体现象和问题进行总体把握。因此,以客位研究法对现实中不同民族进行研究,可以采取跨文化比较研究的研究方式,形成一些形式规范、内容严谨、具有比较性的研究成果。

从哲学上看,整体是由个体构成的,任何个体都是整体中的一员。民族社会学研究不管是以个体为切入点,还是以整体为切入点,都不能采取单一的思维方式,而应当把主位研究和客位研究有机地结合起来,尤其当以研究某一个民族社会的

---

① 夏建中著:《文化人类学理论学派》,北京:中国人民大学出版社1997年版,第330页。
② (美)乔治·E.马尔库斯、米开尔·M.J.费彻尔著《作为文化批评的人类学:一个人文学科的实验时代》,王铭铭、蓝达居译,北京:生活·读书·新知三联书店1998年版,第47页。
③ 高永久等编著:《民族学概论》,天津:南开大学出版社2009年版,第128页。

特殊规律,来探讨不同民族社会的一般性规律时,这种结合更显得尤为必要。

第三节　民族社会学研究中的民族中心主义与文化相对论

在民族社会学研究中,民族中心主义和文化相对论是两种截然不同的思维方式。民族中心主义和文化相对论具有不同的理论观点和不同的学术主张,以其作为研究的判断标准和尺度,研究者将会使用不同的研究方式和研究技术,往往会得出不同的研究结果和研究结论。

一、民族中心主义与文化相对论的形成

19世纪下半叶,斯宾塞、泰勒(Tylor,Sir Edward Burnett,1832—1917)、摩尔根(Morgan,Lewis Henry,1818—1888)、弗雷泽(Frazer,James George,1854—1941)等以达尔文的进化论为理论基础,提出了文化进化论学说。文化进化论认为,推动文化发展的基本动力不依赖于具体的民族习俗和信仰,而是依赖于一种文化所具有的本质,这种文化本质主要是指知识、制度、工具、技术等。在研究文化自身的发展规律中,主要是分析和诠释知识、制度、工具、技术等文化本质在不同民族中的发展状况,这意味着通过研究这种文化本质,可以衡量不同民族文化发展水平的高低。这种观点进而被运用到世界范围内的文化比较研究中去,一些研究者人为地夸大和鼓吹"种族优越论"和"欧洲中心论"。从起源上看,欧洲中心论作为一种典型的民族中心主义(Ethnocentrism),在于人类总是倾向于将自身的种族特性看做是优越的、独一无二的,并将其作为一种民族荣耀予以捍卫。实质上,欧洲中心主义就是一种早期的种族中心主义或民族中心主义,它以西方的文化价值观甚至是遗传因素为标准来衡量其他文化的高下。

E. A. 韦斯特马克(Westermarck,Edward,1862—1939)最早提出了文化相对论,他在其1906至1908年出版的《道德观念的起源与发展》(The Origin and Development of the Moral Ideas)一书中最先使用"Cultural Relativism"(文化相对论)一词。20世纪20年代,以文化相对论作为研究问题的思维方式的是美国人类学家博厄斯(Boas,Franz,1858—1942)。他针对当时"白人优越论",以及反对种族主义的需要,通过对印第安人和因纽特人的研究发现,各民族在智力和体力方面没有本质的差别,每个民族都有合理的内在结构和独特的组合方式。各种族的相同感官的作用检查,如白种人、印第安人、菲律宾人、新几内亚人的人民所表现他们的

感觉能力是极相同的①。例如,"非洲中部的黑人、澳洲人、伊斯奇摩人(因纽特人),和中国人……的社会理想均与欧美人不同,他们对人类行为所给予的价值实无可比较的,一个认为好的而别个则认为不好的"②。文化相对论在赫斯科维茨(Herskovits, Melville J., 1895—1963)的代表作《人类与其作品》(*The Man and His Work*, 1948)一书中得到很好的诠释,把文化相对论进一步理论化、系统化,使这种理论到达它的鼎盛时期。20世纪30年代以后,文化相对论在学术界日趋完善。研究者们在研究中逐步意识到:"每一文化之内,总有一些特别的,没必要为其它类型的社会分享的目的"③。

文化相对论以反对民族中心主义为起点,从19世纪发展到今天已经形成了一种比较成熟与完善的思维方式。这种思维方式面对世界的不断变化,随着语言学、民族学、考古学、社会学等学科的发展而不断被赋予新的内容,不断地扩大和延伸它的研究主题。这些学科的出现为研究各民族文化现象的存在提供了科学的依据。斯宾格勒(Spengler, Oswald, 1880—1936)在批判欧洲中心主义时指出:"所有的历史事件皆从它那里获得其真实的光,其重要性也依据它的角度而获得判定。但是,这一'世界历史'之幻景的上演,只是我们西欧人的自欺欺人。只要稍加怀疑,它就烟消云散"④。文化相对论体现了对社会现象和社会问题的一种新的思维方式,以新的视角去思考和分析民族社会中存在的理论和现实问题。例如,第一次世界大战的爆发、西方工业危机的发生,破坏了许多西方国家的经济发展。有研究者在对欧洲中心主义的怀疑中提出了文化相对论这一理论观点。可见,文化相对论的发展既是不同学科发展的产物,也是人类社会发展所带来的必然结果。到20世纪,西方文化开始了当代转型,文化相对主义已经逐渐成为"当代文化中的核心问题之一"⑤。

二、民族中心主义与文化相对论的观点

民族中心主义源自于文化进化论,实质上是一种欧洲中心论,而文化相对论主要是在批判民族中心主义的基础上形成的。

---

① (美)弗朗兹·博厄斯著:《人类学与现代生活》(重印本),杨成志译,北京:商务印书馆1985年版,第26页。
② (美)弗朗兹·博厄斯著:《人类学与现代生活》(重印本),杨成志译,北京:商务印书馆1985年版,第148页。
③ (美)露丝·本尼迪克(特)著:《文化模式》,何锡章、黄欢译,北京:华夏出版社1987年版,第36页。
④ (德)奥斯瓦尔德·斯宾格勒著:《西方的没落》第1卷,吴琼译,上海:上海三联书店2006年版,第15~16页。
⑤ 徐友渔:《二十世纪十大哲学问题》,《社会科学战线》1995年第5期。

(一)民族中心主义的观点

民族中心主义者认为,某一民族的价值观是世界文化的中心,这一民族的发展成就是最杰出的,该民族较其他民族为优越,并进而歧视和否定其他民族文化的价值。也就是说,这种观点认为,不同种类的文化,有先进与落后、高级与低级之分,以一种绝对的、普遍的价值标准去衡量另一种文化的价值观。它认为落后的文化是现代先进文化在历史上必然经历的阶段,是现代先进文化得以发展的基础;它以本民族的主观态度观察、衡量一切事物,认为自己的文化高于其他一切文化,带有浓厚的主观价值的色彩;它在不同民族文化之间筑起一座壁垒,否定人类文化的多样性,将本民族文化的价值标准强加于其他民族之上,对其他民族的文化横加指责或者粗暴干涉。事实上,任何民族在叙述本民族的历史时,都带有某种形式的民族中心主义,但在这种情况下,他们是在叙述自己的历史,并没有宣称本民族具有普遍意义的价值观或取代其他民族的价值观,因而它并不是本书所指的与文化相对论相对立的一种观点。

(二)文化相对论的观点

文化相对论反对民族中心主义,对"欧洲中心主义"和"白人种族优越论"进行了严厉的批判。具体而言,文化相对论的基本观点主要有以下几个方面:

一是主张不同民族文化之间没有先进与落后、高级与低级之分。每一种民族文化都有其存在的理由,都曾经或者正在对人类社会的发展做出自己的贡献。任何一种民族文化都应该得到尊重,不能以一种民族文化去征服或替代另一种民族文化。民族文化的发展速度与水平往往受到这个民族的历史和现实条件的影响,受到生产力发展水平的制约。正如斯宾格勒所言:"世上不只有一种雕刻、一种绘画,一种数学,一种物理学,而是有多种,每一种在其最深的本质上绝不同于别种,每一种都有生之限期,且自足独立,一如每一种植物各有不同的花与果,不同的生长与衰落方式"[1]。它强调必须用一种平等的眼光来看待各民族文化,这种思维方式有利于指导研究者对不同民族文化进行客观、科学的研究。

二是主张一个民族的文化都与其特殊的环境相适应,都有其独特的价值。民族文化都是一定时空条件下的产物,是民族社会生活和社会实践的集中反映,离开了一定的时空条件,文化便失去了意义。一种民族文化只要能够在一定的时间内服务于该民族,它就应当拥有一定的价值。也就是说,民族文化的诸多形态并不是某一民族文化的不同进化阶段,各民族文化都是一种具有独特价值的文化类型。

---

[1] (德)奥斯瓦尔德·斯宾格勒著:《西方的没落》第1卷,吴琼译,上海:上海三联书店2006年版,第20页。

任何一个民族的文化只能理解为历史的产物,其特性决定于各民族的社会环境和地理环境①,由此形成的不同民族文化深刻影响着该民族的行为方式。

三是主张不能用统一的价值标准去衡量不同民族的文化。每一种民族文化都有自身独特的价值取向,需要以这一文化本身具有的价值标准,即以它包含的诸多文化因素在整个文化系统中的功能来评价这种文化的发展程度。也就是说,不同民族文化的评价标准是相对的,对民族文化的评价只能以该民族自己的价值标准来判断才有意义。主张充分尊重不同民族的文化,尤其是落后民族的文化,反对以欧洲人的道德观念、价值标准来衡量其他民族的风俗习惯、行为方式,否定民族中心主义所提倡的价值标准。不同民族文化之间"更大的差异在于整体定位的不同方向。它们沿着不同的道路前进,追求着不同的目的,而且,在一种社会中的这些目的和手段不能以另一社会的目的和手段来判断,因为从本质上讲,它们是不可比的"②。

三、文化相对论在民族社会研究中的地位

文化相对论反对民族中心主义,主张承认不同民族文化的平等性,尊重它们自身具有的价值和评判标准。在民族社会学研究中,以文化相对论作为一种思维方式有助于研究者对具体研究方式和研究技术的选择,有助于更加科学、客观地考察和分析民族社会现象。文化相对论的思维方式在民族社会学研究中具有重要的地位。

文化相对论有助于研究者科学地认识不同民族的形成与发展规律。民族社会学的任务是研究民族社会生活,是研究不同民族社会中存在的现象和问题。每个民族作为一种文化共同体,都有自己独特的发生与发展规律。也就是说,各民族文化都是民族社会现象的一个组成部分,都应成为民族社会学关注的对象。研究者以文化相对论为思维方式,通过一定的研究方式去深入考察不同民族的社会现象及不同民族社会存在的诸多问题,从整体上把民族社会中的各部分纳入研究范围,这在很大程度上能够保证对不同民族的发生与发展规律进行客观、科学地认识与把握。文化相对论承认不同民族文化存在的合理性,不以某个民族的固有观念来分析其他民族存在的社会现象,即反对用某一特定的价值标准和价值取向去解释不同民族的发生与发展规律,对于保证民族社会学研究结果和结论的可靠性具有重要意义。

文化相对论有助于研究者更好地发现不同民族自身存在的知识体系。文化相

---

① (美)弗朗兹·博厄斯著:《原始艺术》,金辉译,上海:上海文艺出版社1989年版,前言,第8页。
② (美)露丝·本尼迪克(特)著:《文化模式》,何锡章、黄欢译,北京:华夏出版社1987年版,第173页。

对论突破了西方中心论的模式,强调多种文化价值的存在,在民族社会学研究中具有十分重要的意义。从一定意义上讲,研究不同民族的所谓的"地方性知识",正是文化相对论在民族社会学研究中的具体运用。

文化相对论有助于研究者客观地获取民族社会中研究对象的真实情况。文化相对论主张对各民族的文化采取尊重的态度,反对民族中心主义,对保证民族社会学调查研究的客观性发挥着一定的积极作用。一方面,在民族社会学田野调查中应坚持文化相对论。当然,"在尊重文化相对论的同时,调查者应以什么样的价值评判标准去看待异文化,是用科学的、理性的、进步的、人权的还是其他,这是田野调查中必须要注意的问题。如果把文化相对主义推向极端,成为一种绝对的相对主义,那么它本身存在矛盾必然会对调查结果产生不良影响,可能会导致得出错误的评断与结论"[①]。另一方面,坚持以文化相对论的思维方式指导问卷法、访谈法、观察法等具体的研究技术,可以使研究者在获取研究对象的资料过程中尽量避免主观因素的干扰,从而在一定程度上防止研究者对被研究者产生影响。同时,它能够帮助研究者对研究资料进行分类、整理、分析。因此,在民族社会学研究中,文化相对论作为一种思维方式,能够为选择具体的研究方式和研究技术提供科学的依据,从而为当代民族社会学学科发展奠定了重要的基础。

---

① 高永久等编著:《民族学概论》,天津:南开大学出版社2009年版,第136页。

第二部分　民族社会学方法

第五章　民族社会学研究设计

开展民族社会学研究,首先要确立一个具体的研究任务或者研究课题,然后,要围绕研究课题,明确研究的意义和性质,选择合适的研究方法以及制定周详的研究方案。在确定课题之后,为了实现对民族社会现象和社会问题的研究而进行的计划、安排和设计,就是民族社会学中的研究设计。研究设计是指科学研究的计划,也就是设计一个发现某事物的战略[①]。制定详细、科学和合理的研究设计,对于成功完成研究任务或研究课题至关重要。民族社会学与社会科学中的其他学科在具体指导研究开展和实施的研究设计方面,具有很大的共同性[②]。民族社会学研究设计主要包括三个方面的内容:研究设计的基础,包括研究的目的、性质和方式;研究设计的具体内容,包括研究的分析单位、内容和时间维度的考察;研究设计的方案,包括研究设计开展的详细步骤和具体的环节。

[①]　(美)艾尔·巴比著:《社会研究方法》(上册),邱泽奇译,北京:华夏出版社2000年版,第115页。
[②]　从一定意义上来看,民族社会学是用社会学的理论和方法对民族社会关系和问题进行科学研究的学科,民族社会学的研究方法与社会学及民族学具有密切的关系。因此,本部分对民族社会学研究设计的说明,在一定程度上,与社会学、民族学以及其他一些社会科学的研究设计具有较大的一致性。

第一节 研究设计的基础

本节我们将着重介绍民族社会学研究设计中的研究目的、研究性质和研究方式三方面的内容。研究目的即明确研究是对社会现象和事物进行探索、描述还是解释,研究性质意在说明研究是致力于构建理论还是指导实际问题解决,研究方式则是为如何进行研究提供方法指导。

一、研究目的

在民族社会研究中,有三种基本的研究目的,即探索性研究、描述性研究和解释性研究。顾名思义,探索性研究是一种先导性研究,旨在为后续的研究做准备;描述性研究关注发生了什么,旨在对社会现象和问题的状态和特征进行客观描述;解释性研究则重点探究为什么发生,旨在深入探讨社会现象和问题产生的原因。

(一)探索性研究

探索性研究是一种先导性研究,即对某一民族社会现象和社会问题进行初步观察和描述,从而为后续的研究提供方向、方式和范围。社会现象纷繁复杂、社会问题层出不穷,人们对它们的了解和认识总要有一个由浅入深的过程。在一开始接触新出现的社会现象和问题时,民族社会学研究者往往会感到陌生或者只有一系列的问题和粗略的想法,一些研究者在涉及自身并不熟悉的问题时也需要通过初步的研究,获取对研究问题和现象的感性认识。按照艾尔·巴比(Babbie, Earl)的观点,探索性研究主要有三个目的:"(1)满足研究者的好奇心和对某事物更加深入了解的欲望;(2)探讨对某议题进行细致研究的可行性;(3)发展后续研究中需要使用的方法"[①]。探索性研究所选择的研究方法相对比较简单,主要有参与观察、文献法等。需要注意的是,探索性研究只是民族社会学研究的起点,其最终目的是通过确定研究问题的范围、特征和研究方法,从而为后续的描述性研究或解释性研究提供研究导向或背景。

(二)描述性研究

描述性研究主要是回答所要研究的社会现象和问题是什么,科学、客观和详细的描述能够为人们提供关于事物或事件某方面特征或规律的认识。描述性研究可以是具体的,也可以是抽象的。具体的描述主要关注一个民族社区的民族构成、年龄结构、性别比例、宗教信仰等情况,抽象的描述则是从许多事物中,舍弃个别的、

[①] (美)艾尔·巴比著:《社会研究方法》(上册),邱泽奇译,北京:华夏出版社2000年版,第117页。

非本质的属性，抽象出共同的、本质的属性，如"城市化进程中的民族问题研究"等。每隔一段时间所进行的大规模的人口普查，是描述性研究的最好例子。在研究方法的选择上，描述性研究要比探索性研究严格得多，往往遵循一套系统的研究方法和程序。当所要描述的对象规模较大时，描述性研究往往以随机抽样的方式选择样本，通过对样本精确性和概括性的描述来反映总体的特征和状况。通过封闭式问题为主，以自填、邮寄或结构式访问等方式进行的问卷调查收集资料，并且在电子计算机的辅助下进行数据处理[①]。

(三)解释性研究

解释性研究不仅仅局限于回答是什么的问题，而且还要探究社会现象和问题产生的原因，从中发现导致其产生的因果关系或者运行规律。举例而言，民族社会学研究者在描述民族社会经济发展差距逐渐扩大的客观事实的同时，也会试图对导致这种差距出现的原因作出系统的探讨，建立起"社会经济发展差距"与"民族教育发展水平"、"人力资源的状况"、"自然生态环境"、"国家政策扶持"等多变量的因果关系机制，而对于"社会经济发展差距"的相关解释，对民族社会的发展、社会现实问题的解决更具有指导意义。与探索性研究和描述性研究相比，解释性研究最重要的特征是要建立理论假设，通过各种途径收集经验资料，并且通过对经验资料的分析和处理证实理论假设。在解释性研究中，理论假设关系到经验资料收集的范围，同时需要按照理论假设中所涉及的相关变量对研究对象的状况和特征进行有选择、有针对性的描述。

需要说明的是，研究目的的三种划分是相对的，在实际的民族社会研究过程中，研究者往往会根据研究的需要，对不同的研究目的有所取舍和侧重。此外，在一项民族社会研究中，研究者会兼顾其中的两种或者三种研究目的。一般而言，探索性研究和描述性研究，通过为研究者提供所要研究问题的范围、方法、状态和特征，从而为进行进一步的解释性研究奠定基础。"经验的、在观察和实验基础上获得的知识构成整个知识的根基，它们是任何概括、类型化及随后的各种理论分析阶段的基础。"[②]

二、研究性质

按照社会科学研究的性质不同，可以分为理论性研究和应用性研究，或者又可以称为基础研究和应用研究。

---

① 风笑天著：《社会学研究方法》，北京：中国人民大学出版社2001年版，第67页。
② （德）阿斯曼、（德）斯托贝格著：《马克思列宁主义社会学原理》，李景琪等译，哈尔滨：黑龙江人民出版社1983年版，第44页。

（一）理论性研究

理论性研究关注解释社会现象和社会问题的内在运行规律或者其中的内在因果关系，通过科学研究发展或者检验有关这些运行规律或者因果关系的理论假设。与应用性研究相比，理论性研究不关注或者不以直接解决社会问题为目的，而是试图从理论层次说明社会现象产生或社会问题出现的内在规律。由于理论性研究强调理论假设的重要性，一般要以解释性研究为目的，解决社会科学研究中"为什么"的问题，而不能仅仅局限于探索性研究或者描述性研究。理论性研究仍然遵循通过社会调查收集相关的经验资料并进而进行验证的过程，与以纯粹的抽象思辨和逻辑推理为特征的纯理论研究存在本质的不同，也就是说，社会科学研究中的理论性研究仍然是一种经验性研究。

（二）应用性研究

应用性研究是一种通过描述社会现象或者社会问题的特征和状况，进而以解决社会问题为主要目的的社会科学研究。应用性研究的最大特点在于其极强的实用性，它直接以解决社会实践中产生较大影响、引起广泛关注的社会问题为主要目的，向政府以及相关的工作部门提供制定决策的参考建议。应用性研究的实用性，决定了其是社会科学研究中分布最为广泛的一种研究类型。一般来说，应用性研究多是描述性的，通过对社会现象和社会问题状况和特征的描述，从而提出具有针对性的建议和对策。中国的应用性研究课题大致可以分为两类[①]，具体到民族社会学中应用性研究，一类是一般性的应用课题，研究一些民族社会中较长时间内普遍存在的社会问题，如人口问题、民族通婚问题、生态平衡问题、社会管理问题等；另一类是特殊（性）的应用问题，即在一定时期或者某种特定的情况下存在的问题，如城市少数民族流动人口问题等。

在民族社会学研究中，因应用性研究直接关系到民族社会生产和生活中一系列问题的解决，其所占的比重较大。同时，理论性研究在社会科学研究中也具有重要的功能，发挥着应用性研究所无法替代的作用。不能仅仅依据社会科学研究是否能够有直接、迅速的社会效果产出来衡量不同性质研究的价值和重要性。尽管理论性研究耗时较长，社会效益的产出周期也较长，但是它对应用性研究的指导意义却是巨大的。有了理论性研究的丰硕成果，应用性研究才能获得理论支持和思想源泉。

---

① 吴增基、吴鹏森、苏振芳主编：《现代社会调查方法》（第三版），上海：上海人民出版社2009年，第39～40页。

三、研究方式

民族社会学是民族学与社会学的交叉学科,民族社会学也综合了这两个学科的研究方式。有学者即指出,(民族社会学)"主要是运用社会学(也借鉴其他学科如人类学、经济学、人口学、政治学、历史学、心理学等)的研究视角和研究方法来分析、研究当代的族群现象和族群关系"[1]。民族社会学研究者在实际研究过程中主要使用以下三种研究方式:

(一)调查研究

调查研究[2]是社会学研究中运用较为广泛的一种收集和分析资料的技术,这种研究方式也被广泛地运用于民族关系和民族问题研究中。它主要是通过采取自填式问卷或结构式访谈的方法,从一个取自总体的样本中收集量化资料,并且在一定技术手段(如统计软件、问卷等)的辅助下,对这些资料进行统计分析的研究方式。

首先,调查研究需要选择一定的调查对象,根据确定调查对象方式的不同,可以分为两大类:一类是全面调查,或者称为普查,即对调查对象总体的所有单位进行的调查;另一类是非全面调查,即对调查对象总体的一部分进行的调查,包括抽样调查、典型调查和个案调查[3]。普查是对研究对象总体的全部单位逐一进行的调查,是为了了解一定的社会现象而专门组织的一次性调查。抽样调查是从被调查的总体中抽取一部分单位作为样本进行观察,并以这部分样本的统计值推算总体统计值的一种方法。典型调查是在对调查对象有所了解的基础上,选择少量具有代表性的单位进行深入系统的调查研究,并以此大体估计总体情况的方法。个案调查是对少数个人或小型团体的全面情况及其背景进行细致调查的一种方式。

在确定了研究对象之后,就需要按照研究课题的理论假设设计出调查问卷。调查问卷是收集资料的工具,因此其设计的合理与完善程度,就关系到调查资料收集的效果。研究者一般会把初步设计的调查问卷在总体的小范围中进行试调查,并根据试调查的结果对问卷进行修改和完善。经过修改后的问卷就可以投入印刷,在研究者的指导、管理和监控之下,由培训好的调查员进行访问和调查。问卷回收之后,需要进行资料汇总录入,数据录入一般使用专门的录入软件进行操作。

---

[1] 马戎编著:《民族社会学导论》,北京:北京大学出版社2005年版,第3页。

[2] 广义的社会调查是指人们实地了解某种社会现象的活动和方法,狭义的社会调查指社会研究方法中搜集分析资料的一种技术。参见中国大百科全书总编辑委员会《社会学》编委会、中国大百科全书出版社编辑部编:《中国大百科全书·社会学》,北京:中国大百科全书出版社1992年版,第280页。本书中的调查研究指狭义上的社会调查。

[3] 参见宋林飞著:《社会调查研究方法》,上海:上海人民出版社1990年版,第137~194页。

最后一步,便是对录入的数据进行处理和统计分析,以此来验证研究课题的理论假设。综上所述,抽样、问卷、统计分析是构成调查研究方式的三个基本元素,同时也是从事调查研究的三个关键环节①。

(二) 实地研究

与一些重视实证数据资料的量化研究方式不同,实地研究是质性研究的一种重要方式。它强调研究者深入到研究对象的生活环境之中,通过参与观察、非结构访谈和个案研究的方式收集资料,并且通过资料的定性分析来认识研究对象和社会现象。

研究者在深入研究对象所在环境之前,不带有任何假设,通过参与体验、深入观察,理解和领悟研究对象的动态及研究问题的内在意义,收集相关的研究资料,通过对资料的分析和归纳得出对有关研究现象的初步认识,并且再一次回到研究对象的环境中加以验证,如此循环往复,不断修正和完善关于研究对象的理论认识。在开展实地研究过程中,研究者通常采用个案研究、参与观察、非结构访谈等方式。有的研究者从特定研究方法使用上对实地研究进行定义。"我们使用实地调查来概括有时被称为参与观察(participant observation)、直接观察(direct observation)和个案研究(case study)的所有研究方法。"②这里简要介绍个案研究和参与观察。个案研究是针对个人、家庭、组织、社区、社会事件进行的深入、细致和全面的研究。研究者通过深入个案当中,参与观察乃至切身体验,可以全面、细致地描述研究对象各个方面的状况,可以深入观察社会事件的发展过程,从中获得重要的理论假设或有价值的研究命题。当个案研究中的研究对象是一个社区时,这时的个案研究也被称为社区研究。林德夫妇[Lynd,Robert(Staughton)(1892—1970) and Lynd,Helen(1894—1982)]的《米德尔敦——现代美国文化研究》(*Middle Town*,1929)、怀特(Whyte,William Foote,1914—2000)的《街角社会——一个意大利贫民区的社会结构》(1943)、费孝通的《江村经济》(1939)等都是社区研究的经典作品。参与观察法是研究者介入研究对象的社会生活,以内部成员的角色参与其社会生活,与被研究对象发生交往和联系过程中进行观察,进而收集、分析相关资料。参与观察可以说是人类学、民族学研究对社会学研究的贡献,一开始由人类学家用于研究封闭落后的民族群体,其后则与个案研究相配合广泛应用于社会学研究领域。

(三) 文献研究

---

① 风笑天著:《社会学研究方法》,北京:中国人民大学出版社2001年版,第72页。
② (美)艾尔·巴比著:《社会研究方法》(上册),邱泽奇译,北京:华夏出版社2000年版,第354页。

"文献研究(document study)是一种通过收集和分析现存的,以文字、数字、符号、画面等信息形式出现的文献资料,来探讨和分析各种社会行为、社会关系及其他社会现象的研究方式。"[①]与其他的研究方式相比,文献研究不直接接触研究对象,而是以各种形式呈现和存储的二手资料——文献资料作为分析和研究的对象,具有显著的间接性、无干扰性和无反应性等特征,因此也被称为"非介入性研究"或"无回应性研究"。

根据研究所使用的文献类型以及具体操作方法的不同,可以把文献研究方法分为三种类型:内容分析方法、二次分析方法和历史文献研究方法[②]。内容分析方法实际上是一种对现存的各种类型的文献进行再分析的一种技术,用以揭示文献的内在结构、传播过程以及与社会情境之间的关系。使用内容分析法进行民族社会学研究的一个经典例子,是美国社会学家托马斯(Thomas, William Isaac, 1863—1947)和兹纳涅茨基(Znaniecki, Florian Witold, 1882—1958)[③]对美国社会中波兰籍农民的考察。他们通过收集50个美国波兰移民家庭与他们在波兰的亲属之间的754封通信,并对这些信件进行了分析,揭示了资本主义发展导致家庭解体以及移民过程中家庭重建的情境。二次分析是对他人收集的文献或资料进行的再分析,通常是指对他人收集的统计资料的再分析。历史文献方法是研究者通过对大量历史文献的阅读建立自己的理论分析框架和观点,以此为基础对文献资料进行分析和归纳,进而阐述和论证自己的理论或观点。

在中国开展民族社会学研究,要充分利用各民族历史文献资料丰富的优势,通过历史文献资料的收集和分析,并与社会调查、实地研究等研究方式相结合,从而加深对民族社会现象和问题的认识。举例而言,在研究瑶族的社会制度及社会关系时,要重视对以各种形式呈现的文献资料的收集和分析。通过瑶族"家先单"(族谱)的研究[④],有助于了解瑶族各支系的迁徙、民族关系史、瑶族心理素质等;瑶族的石牌和石牌制度则为了解瑶族社会中的非正式权力结构提供了很好的研究资料。

---

① 风笑天著:《社会学研究方法》,北京:中国人民大学出版社2001年版,第217页。
② 仇立平著:《社会研究方法》,重庆:重庆大学出版社2008年版,第239~246页。
③ (美)W.I.托马斯、(波)F.兹纳涅茨基著:《身处欧美的波兰农民》,张友云译,南京:译林出版社2000年版。
④ 参见竹村卓二「ヤオ族の＜家先単＞とその運用——漢族との境界維持の視点から」,竹村卓二編『儀礼・民族・境界——華南諸民族「漢化」の諸相』所収、東京:風響社1997年、13~50頁。

第二节　研究设计的具体内容

在民族社会学研究中,围绕着研究课题或者理论假设,确立了研究目的、研究性质和研究方法之后,就需要选择合适的分析单位进行观察、分析和描述,同时根据研究内容收集相关的实证材料,进而对理论假设进行验证。根据时间维度的不同,可以把研究分为横向研究和纵向研究,研究者需要根据课题的需要、时间、精力、经费等条件,选择合适的研究方法。

一、分析单位

分析单位的选择和确定是研究设计中的一项重要内容。分析单位具体分为个人、群体、组织、社区和社会事实五个层次。在民族社会学研究过程中,由于资料收集所用的分析单位与作出结论所使用的分析单位的不一致,经常会产生区群谬误和简化论两种错误。

(一)概念和内容

简言之,分析单位就是研究者观察、描述和解释的对象。通过对分析单位属性、特征和内容的描述,可以形成对由其组成的较大集合体或某种社会现象的认识。分析单位可以是研究者的观察对象,也可以与观察对象不一致。例如,研究民族成员的政治参与,这时的分析单位——民族成员个体,同时也是研究的观察对象;而对某一个民族社区中家庭结构变迁的考察,可以以民族成员个体为观察对象,作为分析单位的家庭与观察对象不是同一事物。民族社会学研究中的分析单位主要有以下五种:

1. 个体

在民族社会学研究中,个体是使用最多、最为广泛的分析单位。以个体作为分析单位的主要源于社会结构的构成基础、社会研究的特殊性等因素。从社会结构的构成来看,社会结构实际上是由个体及其相互关系构成的,因此,通过对个体特征和状态的描述,就可以概括出由其所组成的群体的特征。从社会研究的特殊性来看,尤其是对于社会调查来说,往往是以个体作为单位收集、分析资料,并且通过对一定数量个体特征的描述,从而形成对较大群体的认识和概括。艾尔·巴比很好地概括了个体作为分析单位的目的:"在描述性研究中将个体当作分析单位的目的是描述由个体组成的群体;而解释性研究的目的是发现群体运作的社会动力"[①]。

[①] (美)艾尔·巴比著:《社会研究方法》(上册),邱泽奇译,北京:华夏出版社2000年版,第120~121页。

2.群体

由个体所组成的社会群体也可以作为分析单位。当然这里的社会群体并不是没有任何联系的、孤立的"原子化"的个体,而是存在着一定的社会联系和发生着一定社会互动的社会集团。例如,由姻缘关系和血缘关系组成的家庭;由居住地的近距性所组成的邻里;由某种爱好和兴趣的个体而形成的朋友群体;由长期从事盗窃活动的人所形成的犯罪团伙等。在一定情况下,群体的特征可以由个体特征中推演出来,如通过对个体收入、家庭成员职业和文化水平的描述来反映集体的特征;同时,集体的特征不能一概化约为个体的特征。群体作为一定数量个体的集合,具有不同于个体的结构和特征,这是在研究中需要特别注意的。

3.组织

组织是通过一定的规范确定的,有明确目标、严格分工的制度化群体,也就是所说的正式组织。在民族社会生活中,经常见到的组织有工厂、公司、学校、商店、医院等。由于组织是个体发生关系和互动较为重要的依托,在社会生活中扮演着重要的角色,因而,以组织作为分析单位的相关研究也成为民族社会学中的热点。对组织的分析和考察,既可以组织作为分析单位,同时也离不开对组织内部低层次分析单位的描述和分析。如要研究组织的效率,离不开对组织内部结构的分析,需要对组织的一些正式或者非正式群体的特征做出一番考察,但是在做结论或者推导至整体时,最终要以组织作为分析单位。

4.社区

民族社会学研究也经常把民族社区作为分析单位。民族社区是以少数民族社会成员为构成主体,以民族社会成员的共同的地缘和紧密的日常生活为基础的民族区域性社会,是一个兼具社会性和民族性的社会共同体。研究者经常把一些规模较小的民族社区作为分析单位,例如,村社、小城镇或者街区等。这既便于研究者深入实地、参与观察,也有利于研究资料的收集和分析。以民族社区作为分析单位,需要通过对民族社区各种构成要素的分析和描述,从而形成对于社区整体特征或者某种社会现象的认识。通过对民族社区区位、人口规模、社区文化、社区经济、社区环境等的描述,汇集成对社区整体状况的认识。由于社区是一种较大的分析单位,在具体考察社区时,可以选择一些低层次的分析单位,但是这种分析必须用于分析社区的整体特征或者说明某种社会现象,分析层次仍然是社区。

5.社会事实

这种分析单位指人类行为或者人类行为的产物。社会事实又可以分为社会产品、社会事件和社会制度等①。社会产品包括书籍、报刊、歌曲、图片、公告、建筑、服饰等。社会事件包括婚姻、考试、求职、游行、冲突、上访等。社会制度也可以作为分析对象，这时的分析单位比较抽象，分析和考察的难度也比较大，如生育制度、管理制度、家庭制度等。

（二）与分析单位相关的错误

研究者在进行社会研究时要注意避免犯区群谬误（ecological fallacy）和简化论（reductionism）两种错误。"区群"是指大于个体的各种集群，如群体、组织和社区等。区群谬误也称为层次谬误、区位谬误或体系错误，是由美国人口学家鲁宾逊（Robinson, William S.）提出的②，就是以"区群"作为研究对象收集资料，而最终却以个体作为分析单位推导结论，或者说"假定以区位为单位得到的结果也可以在区位的个体中获得证实"③。例如，由黑人较多的城市比黑人较少的城市犯罪率高的事实，并不能得出黑人的犯罪率高的结论。另一种经常出现在研究中的错误是简化论。简化论又称为简约论、还原论，这种错误主要有两种表现形式④：一种是研究者用十分特殊的个体资料来解释宏观层次的现象，或者说用比较低的（或非区群的）分析单位来进行测量，而在比较高的（或区群的）分析单位上得出结论。这种形式正好与区群谬误相反。另一种是用一组特殊的、比较狭窄的概念或变量来解释社会现象或问题。无论是区群谬误还是简化论，都是在收集资料所使用的分析单位与得出结论所使用的分析单位之间没有保持一致性。因此，在民族社会学研究过程中，要注意分析单位的选择及使用一致性的问题。

二、研究内容

研究内容与分析单位具有密切的关系，研究内容是分析单位的属性和特征，也是研究者进行资料收集的内容。分析单位具有多个方面的属性和特征，表现为不同的项目和指标，这就需要研究者根据研究课题和理论假设的需要，选择若干相关的研究内容。一般来说，民族社会学研究中所涉及的研究内容可以分为三大类：状

---

① 仇立平著：《社会研究方法》，重庆：重庆大学出版社 2008 年版，第 98 页。
② 鲁宾逊分析了美国 1930 年人口普查中 48 个州的识字率与新移民人口比例的关系。他发现，一个州的新移民比率越高，这个州的平均识字率便越高。但当分析个体资料时，却发现新移民的平均识字率比本地人低。出现这种看似矛盾的结果，其实是因为新移民都倾向于在识字率较高的州定居。鲁宾逊因此提出在处理区群资料时，必须注意它对个体的适用性。William S. Robinson, Ecological Correlations and the Behavior of Individuals, *American Sociological Review*, 1950, Vol. 15, No. 3, pp. 351-357.
③ （美）艾尔·巴比著：《社会研究方法》（上册）邱泽奇译，北京：华夏出版社 2000 年版，第 127 页。
④ 仇立平著：《社会研究方法》，重庆：重庆大学出版社 2008 年版，第 101 页。

态和特征、态度和意向、行动和活动，或者如有的学者提到的状态、意向性和行为[①]。

(一)状态和特征

状态和特征是对分析单位基本状态和特征的描述，是民族社会学研究中基础性的研究资料。它通常以一系列的客观指标的方式呈现出来。如当分析单位为个人时，需要收集有关个人自然属性的资料，如性别、年龄等，以及社会属性方面的资料，如婚姻状况、教育程度、收入水平、宗教信仰、职业等。当分析单位为群体时，如以家庭为例，就需要了解有关家庭的一些基本状况，如家庭规模、家庭结构、家庭收入等。当分析单位为组织时，如以企业为例，则需要关注企业的规模、结构、人员组成、产品、产量、利润等。当分析单位为社区时，如以民族村社为例，就需要了解民族村社的地理位置、民族构成、气候条件、经济状况等。分析单位的状态和特征往往可以作为自变量，对态度、社会行为或者社会现象产生影响。例如，民族成员的教育程度，在一定程度上会影响到他们对政治活动的态度以及实际的参与水平。

(二)态度和意向

态度和意向是对分析单位主观倾向、观念、动机、信仰、行动偏好等方面内容的描述，是分析单位内在的属性特征。由于社会科学不同于自然科学，社会科学研究要考虑到具有主观心理特征的人的活动，不仅个人和群体具有自身的态度和意向，组织、社区、社会事实也带有自身的价值取向。举例而言，现代企业在强调追求经济利润的同时，也会强调自身的社会责任，不同性质的企业或者公司在价值观念和行为倾向上也存在不同；不同的民族社区也会有不同的价值取向和社会舆论，城市中的民族社区比封闭环境中的民族村社更具有开放性、包容性和多元性；即使是一些社会产品，如报刊杂志、新闻媒体以及艺术作品，也会有不同的观念倾向和价值追求。由于态度和意向具有内隐性，不容易观察，因此，需要研究者通过设计一组有关态度、价值和行为倾向的指标体系(量表、指数)进行测量。民族社会学中对态度和意向进行分析的目的，在于通过对观念、动机、信仰或者行为偏好的考察来解释人们的行为。

(三)行动和活动

行动和活动是分析单位的一种外显的状态、特征或者过程，是可以由研究者直接进行观察的客观事实。按照分析单位层次的不同，可以分为个体的行动和活动、群体的行动和活动、组织的行动和活动以及社区的行动和活动。个人的行动和活动有结婚、就业、迁居、变换职业、参军等。群体的行动和活动有家庭消费、宗教组

[①] 袁方主编:《社会研究方法教程》,北京:北京大学出版社1997年版,第153页。

织的相关活动等。组织的活动和行为更具计划性、规范性和强制性,如企业围绕生产利润的最大化,采取相应的措施进行有组织的生产和经营活动。社区的行动和活动则需要社区成员的共同参与,如民族社区的居民或村民自治组织的选举,就需要民族成员的积极参与。研究者在研究行动和活动时,一般从行动的内容、特点、过程、时间、地点、产生的原因以及结果等方面收集相关资料。对行动和活动开展研究,一般把其作为因变量,考察分析单位的状态和特征、态度和意向对其所产生的影响。同时,对行动和活动的分析,还要考虑到行动之间的相互作用与相互影响关系。一些更高层次分析单位,如社会制度、社会关系、社会结构、历史文化等变量,也会对行动和活动产生影响。

研究者在具体开展研究设计时,要注意分析单位三个主要方面内容之间的相互关系。一般来说,人们的行动和活动会受到状态和特征、态度和意向的影响。社会行动中的分析单位,总是具有一定状态和特征并且持有一定态度和意向的行动单位。同时,社会行动和活动的效果,反过来也会影响到行动单位的态度和意向。态度和意向的形成,又与状态和特征存在一定的关联。三者的关系如图5-1所示①。

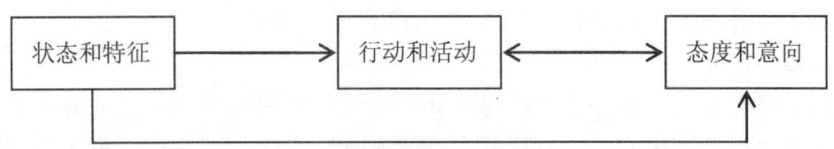

图 5-1　状态和特征、行动和活动、态度和意向三者之间的关系

三、时间维度

时间维度的选择是研究设计中另一项重要的内容。研究设计的时间维度是指研究者对于研究对象是停留在一个时间点上,还是选择几个构成序列的时间点进行调查研究。不同的时间维度也决定了研究者对于研究方法选择的差异性。民族社会学的时间维度包括两个方面——横向研究和纵向研究,也可称为横剖研究和纵贯研究。

(一)横向研究

"横向研究(cross-sectional studies)也称为横剖研究,它指的是在一个时间点上收集研究资料,并用以描述研究对象在这一时间点上的状况,或者探讨这一时间点上不同变量之间的关系。"②人口普查和民意测验是横向研究的典型例子。时间

---

① 参见仇立平著:《社会研究方法》,重庆:重庆大学出版社2008年版,第103~104页。
② 风笑天著:《社会学研究方法》,北京:中国人民大学出版社2001年版,第81页。

点可称为"时点"或者标准时点,它是研究资料的所属时间,时间点的精确性主要根据资料的变化速度而定①。对于人口普查来说,资料的变化速度很快,每一秒都会有人口的巨大变化,因此把"秒"作为单位。而职业、收入、婚姻等则有一段时间的持续性,时间点也相应较长,可以"月"或者"年"作为时间点。在民族社会学研究中,横向研究是最常见的一种形式,探索性研究和解释性研究多属于横向研究。如国外一项全国性的有关种族与信仰偏见的大型调查,调查都是针对偏见形成中的某个时点而言的②。由于解释性研究多涉及较长时间段内的社会事件或者现象的发展变化过程,作为因果链条两端的原因和结果发生的时序有先后,所以很难在同一个横断面上进行考察,因此,在一个时间点的截面上进行解释性研究存在着一定的局限性。横向研究的调查面广泛,多为一些统计调查使用。由于资料收集来自于同一时间点,也便于研究者进行描述和比较。相对于纵向研究而言,横向研究资料的深度和广度较差。

(二)纵向研究

纵向研究又称为历时研究(longitudinal study),是一种在具有一定时序的不同时点内观察社会现象的发展过程,探讨社会现象之间相互关系的研究方法。纵向研究主要有趋势研究、同期群研究和追踪研究三种类型。

1. 趋势研究

趋势研究是对一般总体在时间维度上变化趋势的研究。举例而言,为了获得现在的美国人是否比他们的前辈更多地了解政治状况,可以对20世纪40年代和50年代多次盖洛普调查的结果和1989年的调查结果进行比较;想要对新中国成立以来少数民族人口变化的趋势和状况做一番考察,则可以对中国1953年、1964年、1982年、1990年和2000年五次人口普查中有关少数民族人口的数据进行对比。趋势研究的目的是通过对一般总体在不同时段的相关资料的对比分析,以期发现和解释社会现象发展变化的趋势和规律。趋势研究可以看做是把若干次横向研究的成果进行对照研究,从而发现按照相同的测量方法进行观察的同一研究对象在时间顺序上的变化规律和趋势。

2. 同期群研究

同期群研究也称为同龄群研究、人口特征组研究,它是对同期群历时变化的研究。这里的同期群通常指同龄人人群,或者与某特定时代、事件相联系的人群。在同期群研究中,每次研究的样本并不相同,也就是说每次研究的具体对象可以是不

---

① 仇立平著:《社会研究方法》,重庆:重庆大学出版社2008年版,第50~51页。
② (美)艾尔·巴比著:《社会研究方法》(上册),邱泽奇译,北京:华夏出版社2000年版,第130页。

一样的,但是所选取的具体对象必须属于某一特殊群体。例如,出生于美国经济大萧条时期的人、日本的战中一代①、中国的"老三届"等。社会学家艾尔·巴比提到了一项在美国进行的同期群研究——每20年一次对20世纪30年代初期出生的、经历经济大萧条的人们的经济态度进行调查②。1950年时,样本的年龄在15~20岁之间,1970年时,样本的年龄在35~40岁之间,1990年时,样本的年龄则在55~60岁之间。尽管每一次的样本并不是同一批人,但每一个样本都代表了1930~1935年出生的人们③。

3. 追踪研究

追踪研究、定组研究或者同组研究,是对同一组研究对象所做的历时性研究。在追踪研究中,最初研究中所使用的样本依然被用到后续的研究中,这是它与同期群研究的区别所在。追踪研究的目的在于"探讨人们的行为、态度或意向的改变模式和变化过程,分析影响这种改变的各种因素"④。追踪研究能够反映同一批具体研究对象在一定时间阶段内的综合资料,并且对这些资料进行对比研究。但是,追踪研究面临着样本量减损的问题,即初次调查研究中的受访者,可能在后续的研究中退出或难以寻找。随着时间的推移,这种寻找最初样本中受访者的难度会越来越大,从而使不同时期的比较难以进行。

与横向研究相比,纵向研究能够以一个较长的时间段观察社会现象和事物的变化和演进过程,能够分析不同社会现象之间的因果关系,因而能够对所研究问题的因果作用机制有较为深入的了解。同时,纵向研究需要投入大量的时间、人力、物力和财力,尤其是在同期群研究和追踪研究中,所花费的成本也较大,因此,这在一定程度上导致纵向研究较少被研究者使用。

第三节 研究设计的方案

社会研究准备阶段的一个重要任务就是设计和撰写研究方案。研究方案包含着研究者对研究目的、意义、理论假设、方法等整个研究实施过程的构思和设计。研究方案是开展社会研究的指南和计划书,也是研究者申请课题和项目的重要书

---

① 所谓"战中一代",是指在第二次世界大战时期度过自己青年时代的人。参见 Kosuku Yoshino, *Cultural Nationalism in Contemporary Japan: A Sociological Enquiry*, London: Routledge, 1992, p.208.
② (美)艾尔·巴比著:《社会研究方法》(上册),邱泽奇译,北京:华夏出版社2000年版,第132页。
③ (美)艾尔·巴比著:《社会研究方法》(上册),邱泽奇译,北京:华夏出版社2000年版,第132页。
④ 风笑天著:《社会学研究方法》,北京:中国人民大学出版社2001年版,第82~83页。

面方案。下文主要从研究方案的作用、原则以及具体内容几个方面展开论述。

一、研究方案的作用和原则

研究方案对于研究课题的酝酿形成、开展实施以及顺利完成具有重大的作用。首先,研究方案是一份详细的有关研究设计准备、构建以及实施的行动指南。研究方案是研究设计的书面形式。在初步探索性研究的基础上,研究者需要明确研究的目的和意义,提出课题的理论假设或者研究设想;接下来,根据研究的需要选择合适的研究方式;此外,还需要对人员组织、经费使用、时间进度等问题做出说明。这种详细的规划指导着研究者开展相关研究。其次,研究方案是一份便于向有关机构或者部门申报研究项目和申请研究经费的书面介绍。社会科学研究需要较多的资金投入,需要研究者向有关的机构或者部门申请一定的科研经费。而一份详细的、具有很强的操作性的研究设计方案,无疑有助于项目评审专家更好地了解研究者的研究目的和意义,从而有助于项目申请的批准。最后,研究方案是一份研究者对整个研究过程进行监督、控制和管理的计划书。一项规模较大的社会研究涉及大量人员管理、资金的调配使用以及分工协调等工作。研究方案不仅要对研究设计的内容做出具体说明,而且还应是一份详细的工作计划。对于研究计划的进展、阶段性成果以及人员的选择都要作出细致地说明。这样,不仅有利于研究者本人监督、控制和管理课题研究,而且还有利于项目评审专家实施相关的监督和评议。

一份详细、合理和科学的研究计划要遵循系统性、规划性、可行性和灵活性的原则[1]。系统性是指在研究方案设计过程中要以系统论的思想为指导,把一项社会研究看成一项系统的工程,研究目的、意义、方式等要构成一个统一的整体。规划性指研究方案的设计要详细阐明每个阶段的任务、方法和目标,并要注意每个阶段的联系和衔接、研究时间的总体安排以及统一组织项目成员的各项活动等。可行性是指在方案设计时应该充分注意到方案的操作性和方案实施的具体条件,要具体分析影响研究顺利开展的主观因素和客观因素,例如,研究队伍的构成、素质、研究成果可能引起的影响等。灵活性指设计方案要留有余地,可根据情况的变动,随时修正和完善,使研究更加全面。

二、研究方案的具体内容

根据相关研究者的研究成果,本书把研究方案的具体内容分为以下六个方

---

[1] 仇立平著:《社会研究方法》,重庆:重庆大学出版社2008年版,第104~105页。

面①。同时，研究方案的内容还应包括研究的任务以及各个阶段的具体目标等。

(一)研究意义和目的

这一部分主要说明研究课题在理论和应用上究竟有什么价值，以及研究者要通过研究达到何种目的，即研究课题旨在建构一种解释社会现象的理论假设，还是描述社会生活中的现实问题并提出有针对性的对策，或者两者兼有。研究目的涉及探索、描述和解释三个方面。要具体说明本项研究课题是对社会现象或者社会事实的描述，还是要揭示社会现象的因果机制。确定研究意义和目的的关系到后续研究中研究类型、研究方式、研究内容等的选择，对于研究者顺利开展研究具有指导意义。就后一个方面而言，只有明确研究的意义和目的，研究者才能在研究设计过程中将总体目标贯彻到研究的各个环节中，最终达到预期目的。

(二)研究设想或理论假设

研究设想或理论假设是研究设计方案中最为重要的部分，即研究者通过调查研究试图描述、解释的社会现象、社会问题，或者试图验证的某种理论假设。无论研究者是要验证理论假设还是要说明一种研究设想，都需要明确本项研究的主要问题、这些问题是如何形成的，应该从哪几个方面入手进行研究，或者明确有关社会现象之间因果关系的认识。

(三)研究类型和研究方法

在这一部分主要阐述采取何种方法进行研究，并且对研究的调查范围、时间维度等加以说明。这里的研究方法包括研究方式和具体的研究技术两个方面。其中研究方式主要包括调查研究、实地研究、文献研究及实验研究等。具体研究技术主要有观察、问卷、访谈、内容分析等具体的调查方法以及一些资料分析方法。具体研究技术的选择受到研究方式的制约，如果研究方式选择不同，也会导致具体研究技术的差异。举例而言，调查研究主要以抽样调查为主，实地研究则以参与观察和非结构访谈、个案研究为主。调查研究的范围涉及所要调查的对象是总体、部分还是个体。时间维度的选择则是指采取同一时点做横断面的横向研究，还是依照具有一定时序的多个时点进行历时性的纵向研究。

(四)分析单位和研究内容

研究者要对研究中的分析单位做出明确的界定，因为这关系到后面研究中资料收集的对象和范围，以及分析对象的一致性问题，否则容易犯区群谬误或者简化

---

① 参见袁方主编：《社会研究方法教程》，北京：北京大学出版社1997年版，第157～159页；风笑天著：《社会学研究方法》，北京：中国人民大学出版社2001年版，第83～86页；(美)艾尔·巴比著：《社会研究方法》(上册)，邱泽奇译，北京：华夏出版社2000年版，第136～142页。

论的错误。对于调查研究而言,分析单位关系到抽样方法和抽样过程。研究内容也与分析单位具有密切的关系,是对分析单位属性和特征的具体描述。从另一个角度来看,研究内容实际上是理论假设或研究设想的具体化[①]。研究内容实际上是在对理论假设或者研究设想所涉及的变量进行操作化的基础上,所形成的全部测量指标或调查项目。对研究内容的说明,也就是对这些测量指标或者调查项目的描述和说明。不同的研究方式对于研究内容说明的要求是不一样的:调查研究需要尽可能具体、详细,要有可以进行观察验证的指标或者调查项目;实地研究可以随着研究的深入,逐渐丰富研究内容;文献研究则随着文献查找广度和深度的增加,不断地增加研究内容。

(五)研究人员的组成、安排和培训

社会科学研究尤其是一些大规模的调查研究项目,需要大量研究成员的参与,研究人员的构成、调查任务的组织协调、调查员的培训等一些相关的事务,就成为研究方案设计中不可或缺的组成部分。而课题研究的实际效果也在很大程度上取决于研究人员的选择、调查员的素质以及组织安排的有效性等因素。在研究方案设计中,课题研究人员的构成要科学、合理,尽可能吸收符合研究课题需要、能力素质高的骨干人员参与研究,同时,要对研究课题组成人员所承担的任务作出明确分工,制定详细、操作性强的组织管理规章制度,研究成员的相关研究活动都要纳入到统一的组织和管理当中。在调查研究中,调查员的选择和培训要做好事前规划,制定出科学、合理的培训计划,以确保调查工作的顺利进行。

(六)时间进度及其他安排

一般而言,课题研究都具有一定的时效性,从确定课题到最终完成研究报告,要有一个大致的时间限定。研究者需要根据研究时间的限定,统筹规划各个研究阶段的时间进度和在不同的阶段所要完成的任务,并且对一些课题参与人员的工作进度进行督促和管理。在具体时间的分配上,根据实际研究经验,应该给研究设计和准备阶段多一些时间,不要急于调查、收集资料;同时,研究者还要尽可能多地参考相关研究的理论成果,完善自身的研究设计,避免不必要的重复和错误。此外,在科研经费和物质设备的使用上也要做出合理的安排。

---

① 仇立平著:《社会研究方法》,重庆:重庆大学出版社 2008 年版,第 106 页。

《民族社会学概论》

第三部分 民族社会结构

第六章 民族社会分层 第七章 民族社区

第三部分　民族社会结构

第六章　民族社会分层

在西方,由于经济收入、社会地位、受教育程度等方面的差异,生活在同一社会框架下的各个群体在社会体系中处于不同的位置,形成了社会分层现象。在多民族社会中,各个民族群体之间由于占有社会资源的不平衡而呈现出结构性差异,形成了一种特殊的社会分层形式——民族分层。研究西方民族社会的分层现象,有助于认识和分析民族社会及其社会结构,完整地把握民族社会运行状态。本章将简要介绍西方民族社会分层研究的相关概念和理论。

第一节　民族社会分层的相关概念

为了更好地把握民族社会分层现象,需要对与民族社会分层相关的几个概念做出清晰的界定。在民族社会分层研究中,社会结构、社会分层和民族分层是三个基本概念。

一、社会结构

社会结构是民族社会最为重要的现象之一。民族社会的各种组成要素之间形成了相对稳定的关系,产生了各种各样的社会结构形式。社会结构显示出了民族社会群体之间的相互依赖关系,是透析民族社会现象的钥匙。

(一)社会结构的含义

结构原为自然科学研究领域中的一个常用术语。简单来说,结构就是指一种事物的存在形式,是事物内部的构造形式。结构包含着相互关联的两层意思:一是任何一个具有完整意义的事物都由若干要素组合而成;二是各组成要素之间的关系。这些要素按照确定的方式结合起来,彼此之间形成相对稳定的关系。因此,在理解结构概念时,需要把握两方面的内容:组成要素和要素间的关系。

社会学研究者从自然科学领域中借用了结构概念来对社会进行结构分析,从而形成了社会结构概念。对于社会学研究中的结构概念,大致存在三种不同的看法。第一种观点将结构视为社会关系的性质之一,持这种观点的研究者认为,社会结构产生于人类行动。第二种观点同样将结构视为社会关系的性质之一,持这种观点的研究者认为,社会结构影响、决定着人们的行动。第三种观点将结构视为分析性的概念,持这种观点的研究者认为,社会结构是在理解社会生活时所形成的一个分析范畴。

社会结构是指社会各组成要素以及各要素之间根据一定秩序而形成的相对稳定的关系。作为"一个群体或一个社会中的各要素相互关联的方式"[1],社会结构具有相对的稳定性,深刻地影响着人们的行为。其一,社会结构由若干要素组成。从社会存在和发展的基本生活条件的角度来看,社会结构的组成要素包括自然地理环境、人口和文化。从社会形态的角度来看,社会结构的组成要素包括经济基础、上层建筑、意识形态三大类,或者说经济领域、政治领域和文化领域三个基本活动领域。从构成社会的人群类型来看,社会结构的组成要素包括家庭、阶级(阶层)、种族、民族、组织、社区等。其二,各组成要素处于特定的关系之中,形成了不同的社会结构形态。以社会结构的状态区分,社会结构可分为静态的社会结构和动态的社会结构。静态的社会结构指各组成要素之间的关系,动态的社会结构指各组成要素之间的互动。以社会结构的层次区分,社会结构可以分为狭义的社会结构和广义的社会结构。狭义的社会结构是指人们在各组成要素中所处的社会地位和所承担社会角色之间的关系模式,是指个人在社会关系空间上的相对位置,以及围绕着这一位置所形成的一系列权利和义务。广义的社会结构是指各组成要素之间持久、稳定的相互关系,是指高度模式化、制度化的社会关系。组成要素的多样性和各要素间关系的复杂性要求人们在运用社会结构概念时,应根据研究对象、研究兴趣、选取角度的不同做具体分析。

(二)社会结构的基本分析单位

社会地位、社会角色、社会群体和社会制度反映了社会结构的各个方面,决定着社会结构的基本面貌,是社会结构的基本分析单位。根据需要选取特定的分析单位有助于从不同角度或侧面来研究社会结构。

---

[1] (美)戴维·波普诺著:《社会学》(第10版),李强等译,北京:中国人民大学出版社1999年版,第94页。

1. 社会地位

在一个特定社会中,任何一个成员都在社会关系体系中占据一个或多个位置,个人所处的这种位置就是社会地位。一般来说,社会地位反映了社会成员在财富、权力、声望、受教育程度等方面的差异,社会地位是社会根据声望、受教育程度等标准对社会成员所做出的一种层级排序。社会地位能够揭示出一个社会结构的多种特征,是社会结构分析的一个基本单位。

根据发生领域的不同,人们的社会地位划分为经济地位、政治地位、职业地位、阶级地位、声望地位等多种序列。根据获得地位途径的不同,人们的社会地位可以分为先赋和自致两类。先赋地位是指通过血缘、遗传、民族等先天因素而获得的地位等。自致地位是指主要通过后天努力获取的地位,现代社会中的绝大多数职业地位都是自致地位。

2. 社会角色

每个人在社会体系中都占据着特定的社会地位,每一种地位都具有一套社会所期望的行为模式。社会角色是人们对处于特定社会地位上的人们的行为期望,是一套与社会地位相符合的权利、义务规范和行为模式。社会角色与社会地位密切联系,社会地位是社会角色的基础,社会角色是社会地位的动态表现。个人总要生活在一定的社会关系之中,必然要占据一定的社会地位。当人们按照期望的行为模式来行事的时候,人们就在充当着特定的角色。

根据获得方式的不同,社会角色可以划分为先赋角色和自致角色。先赋角色是指无须经过个人努力而在个人成长过程中自然获得的角色。先赋角色包含两种基本情况:一种是自然性先赋角色,是指那些建立在血缘、肤色、种族等自然因素基础上的角色;另一种是制度性先赋角色,是指那些建立在社会制度基础上的角色。随着现代化程度的提高,先赋性角色越来越少。自致角色是指必须经过个人努力才能获得的角色。自致角色的获得是在特定社会条件下,个人努力奋斗、积极改变自己社会地位的过程。

3. 社会群体

社会群体是指人们通过一定的社会关系结合起来进行共同活动而形成的稳定集体。在这里,人是指处于一定社会地位并且承担一定社会角色的人。因此,在某种意义上可以说,社会群体就是指社会地位和社会角色相互关联的人们集合体。社会群体是个人生活的基本单元,个人生存和发展的各种需要(如安全、精神、自我实现等)只能在社会群体生活中才能得到满足。社会群体又是社会存在的基本形式之一。群体生活为个人接受和完成社会化提供了必要的活动场所,从而将分散的个人整合为统一的社会群体。社会群体的性质、活动以及组合方式,都深刻影响着社会结构,推动着社会各领域活动的开展。

根据群体的规模,社会群体可以划分为大群体和小群体两种类型。大群体是指具有一定规模的社会群体,包括职业群体、性别群体、年龄群体等基本形式。小群体是指成员人数较少且成员个体之间能够直接发生互动的群体,包括家庭等基本形式。根据群体中人际关系的联系,社会群体可以划分为初级社会群体和次级社会群体两大类。根据群体间的结构性差异,社会群体可以划分为具有不同层级的若干种类型。处于同一社会制度下的人们由于在财富、权力和声望等方面处于不同的位置,而产生了"社会分层"现象。由于社会分层的存在,社会成员在社会位置上分别属于不同的层级,形成了层级化的社会群体,这种类型的社会群体主要包括社会阶级、阶层等基本形式。

4. 社会制度

任何社会都有自己的社会制度。社会角色之间、社会群体之间的互动都必须遵循一定的行为规范,这些行为规范的总和就构成了一个社会的社会制度。社会制度是维系人类群体生活和社会关系的行为规范体系。首先,社会制度是为了满足人们的某种需要而产生的一种比较稳定的社会结构。由于人们需要的多样性,社会制度也具有多样性,包括满足生产和服务需要的经济制度、满足权力分配的政治制度等。其次,社会制度是人们社会活动的规范体系,具有普遍的约束力和稳定的规则。这些规范体系在人们的社会活动中形成,并且得到人们的承认和遵守。最后,社会制度是一定历史条件的产物。社会制度的产生、发展和适用都不能脱离特定的历史和社会条件,并且会随着条件的变化而变化。

根据人类生活的基本需要,社会制度可以划分为家庭制度、教育制度、经济制度、政治制度和宗教制度等。家庭制度、教育制度、经济制度、政治制度和宗教制度普遍存在于人类社会,并且深刻地影响着人类的社会生活。根据产生方式的不同,社会制度可以划分为原生制度和派生制度。原生制度在人类争取生存与延续的过程中产生,出现得比较早,而且它们同时也是其他社会制度产生的母体。派生制度从原生制度中生长、演化和发展而来。在人类社会五种基本社会制度中,家庭制度和经济制度属于原生制度,政治制度、教育制度和宗教制度等属于派生制度。

二、社会分层

社会分层,通俗地讲就是指社会的阶级、阶层结构。分层原为地质学研究中的一个概念,用来指地质构造的不同层面。社会学家在研究社会现象时发现,社会生活中各个群体之间也存在着类似地层构造的现象,呈现出高低有序的若干层次。因此,社会学家借用"分层"概念来分析社会结构,从而形成了"社会分层"的概念。

(一)社会分层的含义

社会分层是指根据一定的标准,将一个国家或社会内部的社会群体划分为高低有序的层级(层次)的过程与现象。社会成员在社会生活中由于获取社会资源的能力和机会的不同,而在社会结构中处于特定的位置。社会分层的存在表明了一个社会中的不同群体在财富和权力拥有上的不平等[1],正是这种不平等使人们具有了不同的社会地位,从而在社会结构中处于不同的层级。

社会分层的根源在于社会分工。这一观点最早是由涂尔干提出的,他认为社会分工是一种客观事实,"在大多数的社会领域里都产生了广泛影响"[2]。社会分工和社会分层都与职业具有关联性。社会分工是人类从事某种劳动的社会划分及其独立化、专业化。分工本质上是一种劳动分工,包括社会分工和技术分工。职业可以看成是个人劳动分工的位置,其内容和构成由社会分工和技术分工的形态共同决定。职业声望是社会分层的重要标准,包括劳动技能等多种要素。

阶级和阶层是社会分层研究中两个经常使用的概念,在很多时候两者可以互相替换。在马克思主义经典作家的论述中,阶级是大于阶层的基本社会利益群体,而阶层则是小于并附属于阶级的社会利益群体,但有时阶级和阶层也会交替使用。在西方社会分层研究中,阶层的含义要比阶级更为广泛,阶级只是社会分层中的一种基本类型。社会分层研究创始人之一韦伯(Weber,Max,1864—1920)经常将社会阶级和社会阶层当做同一个概念来使用[3],当代社会学家布劳(Blau,Peter Michael,1918—2002)也经常将阶级和阶层当做相同的概念来使用[4]。

(二)社会分化与社会分层

社会分化与社会分层讨论的主题都是社会由哪些要素组成及这些要素之间是什么样的关系。社会分化也可称为功能分化、结构分化、横向分化或纵向分化。社会分层关注一个社会群体处于另外一个或多个社会群体之上而形成的层级结构,用来描述和说明阶级、利益群体、地位、民族及性别的不平等现象。社会分层是社会分化的结果,社会分化是对社会分层结构的重组。社会分化侧重于关注社会结构变迁的动态过程,社会分层侧重于关注社会结构的静态表现。随着社会结构的

---

[1] S. K. Sanderson, *Macrosociology: An Introduction to Human Society* (second edition), New York: Harper Collins Publishers Inc. , 1991, p. 48.

[2] (法)埃米尔·涂尔干著:《社会分工论》,渠东译,北京:生活·读书·新知三联书店 2000 年版,第 2 页。

[3] (德)马克斯·韦伯著:《经济与社会》(上卷),林荣远译,北京:商务印书馆 1997 年版,第 333~342 页。

[4] (美)彼特·布劳著:《不平等和异质性》,王春光译,北京:中国社会科学出版社 1991 年版,第 69~115 页。

不断分化,社会分层也会随之发生变化。因此,研究社会分层必然会涉及社会分化。

社会分化与社会分层是并列的两个理论领域,各自具有不同的理论特性①。社会分化的理论特性包括:(1)社会变迁的方向始终是社会分化程度日渐加深。(2)社会分化意味着社会结构各个群体之间的分离,各个群体在时间和空间上定位各异。(3)劳动分工是社会分化的一个关键领域,集中表现在两个方面,一是社会劳动分工,即各种社会角色在具体人员之间的配置;二是技术劳动分工,即各项任务在何等程度上逐渐在各个角色中专门化。(4)社会分化带来了社会整合问题。(5)社会分化关注各个社会群体之间的资源交换,以及这些交换的中介方式与调控方式。(6)社会变迁过程会经历一系列的阶段,且每一阶段都将在物质方面比前一阶段有所发展。社会分层的理论特性包括:(1)所有社会都表现为多种不平衡模式,形成为社会层级秩序。(2)社会分层将社会划分为许多部分,且各部分之间彼此隔绝。(3)社会分层始终会牵涉到财产所有权和获取物质报酬的渠道方面的差异。(4)社会分层始终具有权力方面的特性。(5)社会分层具有地位方面的特性,牵涉到以规范或道德的形式给予的认同。(6)社会分层的各种模式一般具有相当的稳定性。(7)社会分层体系一般都会突出表现为争夺或斗争。

(三)社会分层与社会流动

社会分层是一种普遍的社会结构形态,使得社会成员分属不同的社会阶层,各阶层在社会地位和资源配置等方面存在着事实上的不平衡,而社会流动则为社会良性运行提供了重要的协调机制,推动着社会分层结构的变动。1927 年,美国社会学家索罗金(Sorokin, Pitirlm Alexandrovitch, 1889—1968)出版了《社会流动》(*Social Mobility*, 1927)一书,开启了社会流动研究。自此以后,关于社会流动的研究特别是定量研究得到了较快发展,成为社会学研究的一个重要领域。1967 年,布劳和邓肯(Duncan, Otis Dudley, 1921—2004)出版了《美国的职业结构》(*The American Occupational Structure*, 1967)一书,提出了著名的"布劳-邓肯地位获得模型",成为社会流动研究中的经典理论。

社会流动就是指个人或群体从一个社会位置向另一个社会位置移动的现象。根据不同的标准,社会流动可以划分为不同的类型。根据流动的方向,社会流动划分为垂直流动与水平流动。垂直流动是指个人或群体在不同层级的社会位置之间的变动,它既包括向更高社会地位层级的向上流动,也包括向更低层级的向下流

---

① (澳)马尔科姆·沃特斯著:《现代社会学理论》(第 2 版),杨善华、李康、汪洪波、郭金华、毕向阳译,北京:华夏出版社 2000 年版,第 312~313 页。

动。垂直流动不仅取决于个人的先赋条件和自致条件等个人因素,而且要受制于就业制度、资源配置等客观社会因素。水平流动是指个人或群体在同一层级社会地位间的流动,流动前后的社会位置在经济收入、政治地位、社会声望等方面基本相同。生产力发展导致的职业结构变化是引起水平流动的最重要因素。根据社会地位获得的稳定情况,社会流动可以划分为代内流动与代际流动。代内流动是指相当长时间内社会成员社会地位所发生的变化,它用来记录和研究社会成员社会地位的变化方向和速度等情况。代际流动是指同一家庭中上下两代人之间社会位置的异同和变动规律。根据流动的原因,社会流动可以划分为结构性流动与非结构性流动。结构性流动是指由社会结构变迁引起的社会流动,这种社会流动具有规模大、速度快、变化急促等特点。非结构性流动指由于个人原因(主要是个人努力)造成的社会流动,这种流动的规模较小、变化较慢、影响范围较小。

社会分层与社会流动之间存在着显著差异。首先,研究对象不同。社会分层的研究对象是群体,社会流动的研究对象是个体,偏于考察个体在社会分层体系中的位置变动情况。其次,研究内容不同。社会分层研究主要分析和勾画社会结构分化的状态、形式与性质,以及社会各阶层之间的互动关系和秩序,是一种静态的描述;社会流动则致力于考察社会层次结构分化的时空范围、方向、速度及其机制,是一种动态的把握。最后,方法论与研究技术不同。从方法论的角度看,社会分层研究以群体为出发点,社会流动研究则以个体为出发点。在具体的研究技术上,社会分层研究常用的方法有职业声望比较法、经济学的基尼系数和回归分析的方法;社会流动研究更多是通过模型建构和路径分析研究个人的地位升迁或职业流动情况,主要运用的是数理方法。

三、民族分层

民族分层是一种特殊的社会分层形式。多民族社会的发展过程是一个社会资源在不同民族群体之间进行配置的过程,不同民族群体由于在资源获得机会方面存在着较大的差异而在社会地位、经济收入等方面表现不一,形成了一种分层关系结构。

(一)民族分层的含义

民族分层概念转借于社会学中的社会分层概念,用来分析处于同一社会制度下的不同民族群体之间由于其结构性差异而引起的不平衡关系。所谓的民族分层就是指不同民族群体之间由于受教育程度、职业分布、文化传统、风俗习惯等方面的不同而形成的结构性差异。在一定程度上,民族分层反映的是不同民族之间的不平衡关系,以及不同民族成员在社会流动机会获得上的差异。

在民族分层中,民族是一个重要因素,与阶级阶层因素相互交叉。阶级阶层因素和民族因素之间相互交叉，使得社会分层现象极具复杂性。早期的分层研究往往忽视阶级阶层因素与民族因素之间的关系：要么认为阶级和民族因素是阶层结构根源的两个互不相关的因素，要么认为民族只是包括在社会阶级中的一个次要类型[①]。民族分层则生动体现了民族因素和阶级阶层因素的密切联系。不同民族群体之间的地位差异和行动特点反映了阶级因素，而民族群体内部的阶级阶层构成及变化也深刻影响着民族群体之间的关系。

民族分层是一种从属性的社会分层，反映了一种先赋性不平衡。"所有形式的从属性分层都有某些共同特征：从定义上看，它们基于那些一出生就注定并且个人一般无法改变的标准，提供给个人不同的机会、回报、特权和权力。"[②]民族分层之所以具有从属性，根源在于民族因素是一种先赋性因素。民族因素通常建立在血缘、遗传、生理等自然因素以及历史文化因素基础之上。随着现代政治、社会和经济的巨大变迁，传统的民族因素在社会各领域中的影响力正在发生着变化。就社会分层来说，民族因素更多地是体现在结果而非原因上，民族因素对某一民族群体成员的影响主要体现为对这一民族群体中处于不同层级地位的成员的影响。

（二）民族分层的划分标准

民族分层的划分标准是指民族分层的客观依据，即对民族之间的结构性差异所做出的概括与抽象，以及在此基础上制定的可供操作的指标。在西方民族社会学研究中，民族分层划分比较常见的指标有收入、权力、教育、职业、声望和自我认定等。

收入能够反映出不同民族群体及其成员在财富分配上的差别，并且具有显著的数量特征，因而，民族收入水平和不同民族间收入水平的差距成为西方民族分层划分的一个重要指标。在收入标准中，比较常用的指标包括家庭平均收入、基尼系数、工资报酬水平、贫困线以下的人口数量或比例等。

权力包括运用资源的能力和制约他人的能力等多个方面。权力差异反映出不同民族群体对政治、经济和社会事务的参与程度、决策能力和向其他社会成员施加影响的能力，同时，不同民族群体基于特定的权力还会形成特定的社会声望等。这些差别就构成了不同民族群体在社会政治地位上的差别，并且这些差别往往还会影响到其他社会差别。因此，在西方民族社会学研究中权力是划分民族分层的一项不可或缺的标准。

---

① （美）F.科普林、C.格德沙尔德：《民族分层》，纪秋发译，载马戎编：《西方民族社会学的理论与方法》，天津：天津人民出版社1997年版，第168~169页。

② （美）戴维·格伦斯基编：《社会分层》（第2版），王俊等译，北京：华夏出版社2005年版，第688页。

教育是获得较高职位、收入、权力、职业声望和特定生活方式的一种必要条件，在确定不同民族的社会地位上具有重要意义。在现代社会中，复杂劳动通常由具有较高受教育水平的人来承担，因此，受教育程度成为人才选拔和录用过程中一项比较合理的客观标准。可以说，受教育程度对一个民族的社会地位具有本质性的影响。整体教育水平标志着一个民族的劳动力整体素质和能力。具体来说，受教育程度的衡量指标包括学龄者入学率和毕业率；学校的教育质量；专业领域的分布等[1]。

职业与各民族群体的社会地位密切相关。一般来说，职业能够反映出不同民族群体收入的主要来源。职业反映出不同民族在社会分工体系中所处的地位，人们的收入、权力、声望等大多建立在职业基础之上，获得某种职业，意味着同时也就获得了相应的社会地位。因此，分析各个民族的劳动力的职业结构，可以在很大程度上考察民族分层现象。职业标准的具体指标包括职业性质、职业环境、职业声望、职业活动范围、就业率、失业率等。

声望是指某个民族群体从其他民族群体或者个人获得的良好评价和社会公认。相对于收入、权力、教育等客观标准，声望是一种主观标准，声望地位的衡量比较困难。声望地位的衡量涉及他人的主观评价，带有较强的随意性。在确定声望地位时，一般通过声望调查来完成，在声望调查中，最常用的是职业声望测量。

自我认定是指各民族群体对其社会地位的主观认定，这也是衡量民族分层的重要指标之一。自我认定之所以能够成为民族分层的衡量指标，原因就在于人们对其地位的主观评定与现实之间存在着一定的距离。在西方社会，有些民族群体虽然实际社会地位比较低，处于社会下层，但是他们有可能认为自己属于中产阶级，自我感觉比较良好。自我认定虽然对于衡量民族分层具有一定的意义，但是也有其限度，即客观的物质差距不能过大。

西方民族分层具有多元的衡量标准，采用不同的分层标准会得出不同的民族分层结构。单一的标准只能反映民族间社会地位差异的某一方面。欲全面地反映民族分层的状况，综合性的民族分层标准要比单一的分层标准更为有效。在民族分层研究中通常采用的综合性指标是社会经济地位，即通过测量不同民族群体及其成员的收入水平、受教育程度和职业结构来反映民族分层现象。此外，需要注意的是，由于社会制度、历史传统、民族文化等方面的差别，在分析不同国家和地区的民族分层现象时，应视具体情况选取合适的分析指标。

---

[1] 马戎编著：《民族社会学——社会学的族群关系研究》，北京：北京大学出版社 2004 年版，第 237～241 页。

第二节 民族社会分层的理论视角

众多学者从不同角度等对社会分层现象进行了大量研究,并形成了流派众多、方法多样、内容复杂的社会分层理论体系。马克思的阶级分层理论、帕累托(Pareto, Vilfredo Federico Damaso,1848—1923)和莫斯卡(Mosca, Gaetano,1858—1941)的精英阶级分层理论、韦伯的多元分层理论、戴维斯(Davis, Kingsley,1908—1997)和摩尔(Moore, Wilbert Ellis,1914—1987)的功能分层理论等是其中几个较有代表性的理论。

一、马克思的阶级分层理论

马克思深刻阐述了社会分层体系的经济基础,认为阶级分层是阶级社会中社会分层的根本特点。

阶级是一种社会历史现象,是生产力发展到一定阶段的产物,以剩余产品出现为前提。马克思从历史和经济的角度详细阐述了社会阶级产生和存在的根源。阶级是由社会生产发展状况所决定的生产关系的产物,"以生产的不足为基础"[1]。阶级产生的根源在于人类社会经济生活领域内的变化,这种变化主要体现在社会分工和生产资料所有制两个方面。社会分工与生产资料所有制是人类社会经济活动的两个不同方面,一个侧重于经济活动本身,一个侧重于经济活动的产物。马克思明确指出,社会分工的发展程度是生产力发展水平最重要的体现,社会分工的具体状况决定着生产资料所有制的具体状况,决定着社会成员与劳动资料和劳动产品的相互关系。

马克思认为,在阶级社会里,社会分层首先表现为阶级分层,但是除阶级分层之外,社会中还存在着多种非阶级的社会分层结构。每一个阶级内部都可以分为若干阶层,并且各个阶层在经济利益、政治倾向、价值观念和生活方式等方面都存在着差异。在《共产党宣言》(1848)中,马克思在阶级分析的框架下,对阶级内部的阶层进行了深入的分析。阶级是阶级社会中不平等现象的主要表现形式,只有借助阶级分析,才能科学地解释阶级社会的分层体系。

在私有制条件下,阶级斗争和社会革命是社会结构变迁和社会发展的动力。马克思在《共产党宣言》中创立了"阶级高于一切"的分析方式。他认为,阶级社会具有内在的不稳定性,阶级斗争是历史发展的动力和社会变迁的根源。阶级斗争

---

[1] 《马克思恩格斯选集》第3卷,北京:人民出版社1995年第2版,第632页。

和阶级冲突源于社会经济变迁,新型生产方式的出现会带来新型阶级和阶级关系的出现。在《路易·波拿巴的雾月十八日》(1852)一文中,马克思提出了"阶级互动"的分析模式。他注意到了不同阶级和阶级内部不同利益群体之间复杂的利益交换与相互妥协。相比于阶级斗争分析,阶级互动分析方式更加强调阶级关系与非阶级关系之间的复杂联系,阶级虽然是一个重要因素,但是它必须与非阶级因素互动才能变成政治机制。

二、帕累托和莫斯卡的精英阶级分层理论

精英阶级分层理论认为,人类社会由少数人实行统治,而多数人则处于被统治地位。统治阶级由那些掌握权力和财富的人来组成,并且统治阶级的成员会不断地更新,或者通过录用社会下层成员,或者由新的精英来取代旧的精英。

(一)帕累托的精英阶级分层理论

帕累托的社会分层理论建立在"精英"概念基础之上。帕累托认为,社会系统由社会情绪、经济生产和政治组织三个子系统构成,具有异质性,"无论理论家喜欢与否,事实上人类社会是不同质的,人们在身体、道德、智力上千差万别"[①]。为了分析社会异质性与各组成部分之间的循环,帕累托提出了一个假设,即在每一项人类活动中,对每个人的能力打一个类似考试时得的分数,然后根据得分高低划分出不同的阶级。那些在自己活动领域内获得高分的人就属于精英阶级,其他的人则属于非精英阶级。帕累托提出的"精英阶级"(精英)是个中性概念,泛指社会中的杰出人才。精英阶级可以一分为二,包括执政的精英阶级和不执政的精英阶级。但是,精英阶级的构成及其地位并非固定不变,随着时间推移,社会中个人的升迁或沦落都可能发生,社会平衡状态就在这种变动中得到维持并保持稳定。

帕累托提出了精英循环理论,并用它来解释精英更新现象。他指出:"根据一条重要的生理学定理,精英不可能持久不变。因此,人类的历史乃是某些精英不断更替的历史:某些人上升了,另一些人则衰落了"[②]。人类历史就是精英不断更替的过程,下层阶级的优秀分子替代上层阶级的低劣分子,构成了精英循环运动的特征。通过循环,精英在数量和质量上都得到了恢复。历史是精英争夺权力的历史,大众的兴起仅仅推动了旧精英的衰落和新精英的兴起。

(二)莫斯卡的统治阶级理论

意大利政治理论家莫斯卡的代表作是《统治阶级》(1896),他的社会分层理论

---

① (意)帕累托著:《普通社会学纲要》,田时纲等译,北京:生活·读书·新知三联书店2001年版,第296页。

② (意)帕累托著:《精英的兴衰》,刘北成译,上海:上海人民出版社2003年版,第13~14页。

是围绕着其"统治阶级"的概念而建立起来的。关于"统治阶级",莫斯卡有一段著名论述:"在所有政治有机体中,存在这样一种持久的事实和倾向:一切社会,从非常原始、文明尚未成形的社会到高度发展、实力雄厚的社会,都会形成两个人们的集团,即统治阶级和被统治阶级。前一个阶级总是人数较少,他们行使一切政治职能,垄断所有权力,享有权力带来的诸多特权;而被统治阶级在人数上处于多数,他们受到前一阶级的指导和控制,这种指导和控制有时通过不同程度合法的手段,有时则通过一定程度的专断和暴力手段实现"[①]。莫斯卡认为,在一切社会中,过去、现在和将来都存在着两个阶级,即统治阶级和被统治阶级。组成统治阶级的人都具有优良的素质,这些素质包括财富、知识或者道德。在莫斯卡的社会分层体系中,"政治阶级"是一个同"统治阶级"既有重合又有区别的概念。"统治阶级"是指在所有领域内居于统治地位的人,包括政治、经济、社会、宗教、知识、技术、军事等等,而"政治阶级"只是"统治阶级"的一个亚种,是指行使政治权力、执行公共责任的阶级。

莫斯卡把历史看做是统治阶级循环的历史。他指出,精英循环主要通过两种形式来进行:一种形式是精英之间的斗争和新精英取代老精英;另一种形式是来自下层的阶级进入现存的精英,从而使其得到更新。与帕累托将精英循环归因于统治阶级自身的变化不同,莫斯卡将精英循环归因于技术和文化的变化。

三、韦伯的多元分层理论

韦伯强调社会分层划分的多个标准,特别是财富(阶级)、声望(地位)和权力(党派),这也是其社会分层理论的核心。韦伯的社会分层理论开始向人们揭示错综复杂的分层现实。

(一)经济标准

财富是社会分层划分中的经济标准。韦伯认为,财富是指社会成员在经济市场中的生活机遇,这种机遇实际上是个人利用其经济收入来交换商品和劳务的能力,或者说是满足自己需要的能力。以此为标准,那些具有较多财富的人在市场上同样具有较大的优势,处于较有利的地位。根据财富占有情况,社会成员可以划分为有产者与无产者两个基本阶级。

韦伯的"阶级"概念与马克思的"阶级"概念有相似之处。他们都认为阶级同人们对生产资料的所有权有关,但是韦伯并不强调阶级的整体性,并不把阶级视为社会实体。在韦伯看来,阶级由阶级处境来决定,是任何一群处于相同阶级处境的人

[①] (意)加埃塔诺·莫斯卡著:《政治科学要义》,任军锋、宋国友、包军译,上海:上海人民出版社 2005 年版,第 119 页。

们的集合。

韦伯所说的"阶级处境"是指人们获取物品、生活地位以及主观满足感的可能性,这种可能性来源于人们在特定经济秩序中对财产和技术的控制与创造收入的能力。一个"阶级"如能够称之为"阶级",应该符合下述情况:"1.对于为数众多的人来说,某一种特殊的、构成原因的生存机会的因素是共同的;2.只要这种因素仅仅通过经济的货物占有利益和获利利益来表现;3.即它是在(商品和劳务)市场的条件下表现的(阶级状况)"①。根据"阶级处境"的不同,阶级可以区别出三种类型②:一是财产阶级,阶级成员的阶级处境由财产拥有状况来决定的时候,该阶级就是财产阶级;二是获利阶级,当阶级成员的阶级处境首先由他们在市场上剥削他人服务的机会来决定的时候,该阶级就是获利阶级;三是社会阶级,阶级成员的个人流动和代际流动既容易又典型,处在这样的阶级处境的人们所构成的阶级就是社会阶级。韦伯试图通过对阶级类型的分析来全面反映社会阶级分层的事实。这样看来,在阶级之间较难划分出一条清晰的界线,特别是由于市场因素的作用,阶级时刻处于分化之中,较难形成一个统一整体。

(二)社会标准

声望是社会分层划分中的社会标准。在韦伯看来,声望主要是指个人在其所处社会环境中所得到的声誉和尊敬,它与个人的受教育程度、生活方式、职业和身份等有关。依据声望标准,韦伯把社会成员划分成不同的地位群体。

地位群体就是指那些具有相同或相似的生活方式和身份,并且在社会声誉或特权方面得到相似评价的人所组成的群体。不同地位群体的人在社会生活中具有不同的社会地位。韦伯提到过三种地位群体,分别是职业的地位群体、世袭的地位群体和宗教的地位群体。地位群体既可以存在于阶级内部,也可以横跨阶级而存在。韦伯认为,"地位"可以基于清晰的或模糊的阶级身份,然而,它并非单独地由阶级身份来决定。相反,地位可以影响一种阶级身份并与之相一致。在地位分层中,传统习惯起决定性作用;在阶级分层中,市场条件起决定作用。由于阶级之间、阶级与地位群体之间交错复杂的关系,分层现象中的利益分野并非清晰可辨、整齐划一。

(三)政治标准

权力是社会分层划分中的政治标准。在韦伯看来,权力就是指个人或群体对他人或群体的行动施加影响的能力,即使在遇到反对时也能实现自己的意志。

权力的来源有多种,可以来源于对生产资料的控制,可以来源于个人或群体在

---

① (德)马克斯·韦伯著:《经济与社会》(下卷),林荣远译,北京:商务印书馆1997年版,第247页。
② (美)戴维·格伦斯基编:《社会分层》(第2版),王俊等译,北京:华夏出版社2005年版,第119页。

科层组织中的地位,可以来源于社会声誉,还可以来源于法律秩序等。由于在西方社会中政治权力的斗争通常会采取政党竞争的方式,因此,韦伯认为权力差别产生政党。政党可以代表某一阶级的利益,也可以代表某一地位群体的利益,但是政党与阶级、地位群体之间并无必然的利益联系,政党本身就是一种利益群体。

韦伯强调指出,所有社会分层都建立在财富、声望和权力三个维度的基础之上,但是这三个维度在人类历史各阶段中的重要性并不相同。在资本主义早期阶段,财富维度比较重要;在种姓社会中,声望维度至高无上;在现代社会中,权力维度的重要性增强。财富、声望、权力三个维度之间存在着很大程度上的重叠。如果一个人在某一维度中的位置比较高,通常情况下他在其他维度中也能获得较高位置,对于那些处于社会分层体系顶端的人来说,三个维度的重叠提高了他们在社会分层体系中的地位。

四、戴维斯和摩尔的功能分层理论

戴维斯和摩尔继承了涂尔干关于社会有机体的观点,他们认为,社会分层的出现是为了满足复杂社会系统的需要。1945年,戴维斯和摩尔合作发表了著名的《分层的一些原则》(1945)一文,阐述了功能主义的社会分层观点——强调社会分层与社会不平等的正功能[1]。他们指出,社会系统要想正常运转,就必须能够确保那些最重要的工作由那些最有能力的人来承担,而社会分层正好就是能够保证这种需求得以实现的机制。

戴维斯和摩尔关于社会分层的基本观点包括七个方面的内容[2]。第一,在任何社会中都会有某些位置在功能上比其他位置更重要,而且需要由具有特殊技能的人来担任。第二,只有少数具有天赋的人在经过训练以后,才有可能掌握胜任这些职位所需的技能。第三,具有天赋的人要转变为掌握特殊技能的人,需要经过一定时期的训练。在训练时期,接受训练者要承受一定程度的损失,做出某种牺牲。第四,为使拥有天赋的人愿意做出牺牲并接受训练,就必须使他们将来所占据的位置拥有特殊的利益和吸引人的价值。这些人将会享有获得稀缺资源和高报酬的特权。第五,社会需要给各种职位配置相应的报酬,这些报酬主要是指具有稀缺性且人们渴望得到的物品,由组成这些职位的各种权利和各种先决条件组成。第六,社会成员有差别地获得社会的基本报酬,这也使得社会成员在地位和声望方面存在

---

[1] Kingsley Davis and Wilbert E. Moore, Some Principles of Stratification, *American Sociological Review*, 1945, Vol. 10, No. 2, pp. 242-249.

[2] Kingsley Davis and Wilbert E. Moore, Some Principles of Stratification, *American Sociological Review*, 1945, Vol. 10, No. 2, pp. 242-249.

着差别,从而营造出制度化的社会不平等。这种制度化的社会不平等就是社会分层。第七,由获得报酬、地位和声望的差异所形成的社会分层是社会劳动分工不可避免的产物,它有助于维持社会稳定,对社会具有积极功能。

戴维斯和摩尔指出,由于环境和发展程度的不同,在一个社会里重要的职位在另外一个社会里并不一定重要。但是,一定的功能对于任何社会来说都具有重要性。这些功能通过宗教、政府和技术等来实现。宗教根据情感、信仰和仪式,通过沟通和道德来引导人们接受终极价值和目标,从而实现社会整合。政府通过法律和权威来组织社会,对内执行规则、裁决冲突和指导社会,对外开展外交和战争。作为社会的代理人,政府垄断着暴力的使用。对于复杂社会来说,技术人员或者说技师是一个关键位置,他们可以解决特殊领域内的疑难问题。由于承担这类工作必须要经过长期而严格的训练,因此,社会应该提供优厚的报酬来鼓励人们接受训练。

戴维斯和摩尔认为,根据特定的变化模式,社会分层体系可分为不同的类型。根据专业化程度的不同,社会分层体系可以分为专业化和非专业化两种极端类型;根据强调的功能性质的不同,社会分层体系可以分为家族主义、独裁主义和资本主义三种主要类型;根据不平等程度的不同,社会分层体系可以分为平等和不平等两种极端类型;根据机会获得程度的不同,社会分层体系可以分为流动(开放)和非流动(封闭)两种极端类型;根据阶层团结程度的不同,社会分层体系可以分为有组织和无组织两种类型。

戴维斯和摩尔的功能分层理论过分强调社会分层的正功能,受到了学术界的批评。杜闵(Melvin E. Tumin)对功能主义分层理论的缺陷进行了系统总结,他提出,社会分层不仅具有正功能,而且还具有负功能[1]。由于社会成员在竞争机制和晋升途径的进入机会方面存在着不平等,社会分层限制了对具有天赋者的发现,从而也就限制了扩大社会生产资源的可能性。社会分层体系具有维持现存制度的功能,赋予社会精英以政治权力,反过来,社会精英会运用政治权力使现存制度更为合理化,从而使得现存的一切永远合理。社会分层系统使得社会报酬在成员间不平等配置,制造出了社会不平等,限制了社会整合。

第三节 民族分层的分析模型

民族分层研究在社会分层理论的框架下进行,是西方民族社会学研究中的一

---

[1] Melvin E. Tumin, Some Principles of Stratification: A Critical Analysis, *American Sociological Review*, 1953, Vol. 18, No. 4, pp. 387-394.

个重要课题。围绕着民族分层如何形成和维持,研究者们发展出了若干分析模型。

一、社会分层理论在民族关系研究中的价值

在社会分层理论中,马克思和韦伯提供了两种基本的理论模式和分析框架,即阶级分析和阶层分析,它们分别对社会分层的本质、决定要素、形式等做出了不同的解释。阶级分析在研究社会分层现象时坚持冲突取向,认为社会分层在社会群体相互竞争、相互冲突中产生,社会分层的目的在于满足处于社会上层的强势群体的需要。由于社会分层对群体和个人的生活具有深刻的影响,因此,社会分层经常需要依靠强力来维持,同时社会分层也须由社会革命来改变。阶层分析在研究社会分层现象时坚持功能取向,认为社会分层是为了满足社会的需要,对社会发挥着整合、协调和团结的功能。在阶层分析模式看来,人们在地位、收入等方面存在差异是一种长期存在的普遍现象,社会分层的目的就是为了满足社会的某种需求。阶级分析和阶层分析对于民族关系研究都具有重要的价值。

持阶级分析观点的研究者认为,阶级与民族都是一定历史社会的结构成分,都以各自特定的活动规律同一定的社会经济形态相联系。在阶级社会,每个民族内部都分化为不同的阶级,每个民族的成员都分属于不同的阶级;虽然来自不同民族的成员具有不同的文化传统,但由于其在一定社会经济结构中处于相似的地位而属于同一个阶级。在历史上,阶级与民族之间存在着密切联系,阶级利益是民族利益的重要表现形式,阶级关系是影响民族关系发展的重要因素。阶级结构是民族关系建立和运行的基础,规定了民族关系的基本格局。

与阶级分析模式不同,西方研究者在运用阶层分析模式研究民族关系时,立足于各民族社会分化的历史背景,观察并分析社会资源在不同民族群体及其地位获得过程中的分配关系和实际分布状况,从而揭示出各民族群体地位分配的机制。阶层分析的主要观点是将社会不平衡理解为"分化"或"差别",而不是冲突或冲突潜能。

西方采用阶层分析模式的研究者认为,不同民族群体之间的关系实际上是社会资源的配置关系。一是权力授予关系,指社会资源由国家行政权力及其一系列制度安排所配置,不同民族群体及其地位获得均受到这种关系的支配和制约。二是市场交换关系,指社会资源主要依据商品交换及其市场规则进行分配,不同民族群体的地位获得主要依赖市场交换关系。市场交换关系的制度安排结果主要是基于契约关系的职业(职位)系统及其地位评价,主要特征是成员流动性高,结构呈开放性。三是社会关系网络,指将人们之间亲密的和特定的社会关系视为一种社会资源,借助各种特殊的社会关系机制,作用于不同群体间的地位分配及其地位获得。当身处社会结构转型期时,社会成员会在受到制度安排的约束的同时,去寻找

一种具有亲和力的、可直接把握的非制度因素作为补偿。

二、西方民族分层的分析模型

在民族分层的众多分析模型中,比较有代表性的有过程模型、中间人民族模型和分割的劳动力市场模型等。

(一)过程模型

1965年,美国社会学家涩谷保(Shibutani,Tamotsu)等出版了《民族分层:比较方法》(*Ethnic Stratification: A Comparative Approach*,1965)一书,这是最早对民族分层展开研究的著作,书中提出了一个民族分层的过程模型,核心观点是民族分层应该是一个正在进行的过程,而不是一个结构[①]。涩谷保等通过整合社会分层理论、符号互动理论和种族关系循环理论,提出了一种新的分层理论,以期能对世界范围内的民族关系形成一个全新的认识。在他们的理论体系中,肤色界线(color line)是一个特殊的社会分层维度。

在对各种资料进行归纳的基础上,涩谷保等建立了一个包含分化(differentiating)、维持(sustaining)、分离(disjunctive)和整合(integrative)四个基本过程的民族分层模型。分化过程勾勒出了肤色(种族)界限如何出现以及不同民族间稳固的地位关系。维持过程描述了种族界限的维持和延续——尽管面临着压力。分离过程解释了民族冲突的各种表现形式,以及冲突解决的途径。整合过程解释了一旦种族界限崩溃,来自不同民族的人们如何来找到彼此的相似点,实现文化适应,进而形成新的民族。分化、维持、分离和整合是民族分层过程的四个方面,彼此互补。在民族交往过程中,认同、地位和权力等影响着民族关系的发展,进而推动着民族分层的过程。

(二)中间人民族模型

中间人民族模型认为,在现实生活中,有些民族占据着较高的社会经济地位,有些民族占据着较低的社会经济地位,同时,还有一些民族占据着中间层次的社会经济地位。在民族关系的多种形式中,有些民族扮演着"中间人少数群体"(middleman minority)的角色[②]。对于"中间人少数群体"角色,研究者们有多种认识,

---

[①] Tamotsu Shibutani and Kian M. Kwan, *Ethnic Stratification: A Comparative Approach*, New York: The Macmillan Company, 1965, p.131.

[②] Edna Bonacich, A Theory of Middleman Minorities, *American Sociological Review*, 1973, Vol.38, No.5, pp.583-594. Michael Hout, Opportunity and the Minority Middle Class: A Comparison of Blacks in the United States and Catholics in Northern Ireland, *American Sociological Review*, 1986, Vol.51, No.2, pp.214-223.

包括边际贸易人(marginal trading peoples)、中间贸易人(middlemen traders)[1]和移民仲裁人(migrant intermediation)[2]等。虽然研究者们并未对某些民族所扮演的这一角色做出精确的定义,但是,已有一个大致的理解,那就是某些民族在社会结构中处于相似的位置,在经济生活中扮演着相似的角色。

与大多数少数民族群体相反,某些民族群体在社会经济中占据着一个居间的位置,而不是较低的社会位置。这些民族群体倾向于集中在特定的职业领域内,这些职业领域包括贸易、商业以及一些中介职业,例如,代理人、劳动承包、出租人、借贷人和经纪人。他们在生产者和消费者、雇主和雇员、所有者和承租者、精英和大众之间发挥着中间人的角色,为双方提供服务。

(三)分割的劳动力市场模型

分割的劳动力市场模型从经济根源来解释民族分层[3]。在将分割的劳动力市场理论应用于民族分层研究过程中,博纳西奇(Bonacich, Edna)做出了重要贡献[4]。分割的劳动力市场模型强调劳动力市场沿着民族界限分割为不同的部分,特定民族的成员在劳动力市场上从事某些特定的职业,有些民族垄断着那些收入高、福利好的职位,并且禁止其他民族的成员获得这样的职位。分割的劳动力市场模型认为,劳动力市场沿着民族边界分割并且形成制度化的安排,是造成民族分层和民族冲突的首要原因。分割的劳动力市场上的压力来自那些居于优势地位的高价劳工,他们担心如果向别的民族开放劳动力市场会失去其自身具有的优势。

劳动力的起始价格常常沿着民族界限出现差异。第一,企业与新劳工群体之间的工资协议在劳工群体的出发地签署,这就使得工资协议本身具有了民族背景,这些民族背景将会成为劳动力市场的民族因素。人们因此会认为,同一民族的劳工,其起始工资价格应该相似。第二,生活上相互分割的各个民族将倾向于产生不

---

[1] Sheldon, Stryker, Social Structure and Prejudice, *Social Problems*, 1959, Vol. 6, No. 4, pp, 340-354.

[2] R. A. Schermerhorn, *Comparative Ethnic Relations: A Framework for Theory and Research*, New York: Random House, 1970, pp. 74-76.

[3] Terry E. Boswell, A Split Labor Market Analysis of Discrimination Against Chinese Immigrants, 1850-1882, *American Sociological Review*, 1986, Vol. 51, No. 3, pp. 352-371.

[4] Edna Bonacich, A Theory of Ethnic Antagonism: The Split Labor Market, *American Sociological Review*, 1972, Vol. 37, No. 5, pp. 547-559; Edna Bonacich, Abolition, the Extension of Slavery, and the Position of Free Blacks: A Study of Split Labor Markets in the United States, 1830-1863, *The American Journal of Sociological*, 1975, Vol. 81, No. 3, pp. 601-628; Edna Bonacich, Advanced Capitalism and Black/White Race Relations in the United States: A Split Labor Market Interpretation, *American Sociological Review*, 1976, Vol. 41, No. 1, pp. 34-51.

同的就业动机和获取不同水平的资源(财富、组织、交流渠道),影响劳动力价格的因素在不同民族之间存在着差异。无论劳工的种族和民族特征如何,企业主都试图尽可能少地支付工资,而企业主的这种企图受到劳动群体所拥有的政治资源和动机的制约。

分割的劳动力市场中存在着企业主、高价劳工和低价劳工三个主要阶级,每个阶级都有自己的利益,彼此之间存在着冲突。企业主希望获得廉价的劳动力,这样就可以降低生产成本,在与其他企业进行竞争时就会处于优势地位。高价劳工要求提高工资、避免被裁减,维持自己的独立创业者地位,他们担心低价劳工的引入会迫使他们离开本行业或降为廉价劳工。低价劳工的目的就是为了获得一份工作,既无法拒绝雇主,也无意损害高价劳工的利益。雇主们雇用低价劳工在一定程度上可以破坏高价劳工的罢工和削减高价劳工的工资。如果劳动力市场沿着民族界限来分割,那么,阶级对抗将以民族对抗的形式出现。企业主在雇用劳工时并不必然以民族界限为依据,因为雇用某一民族或另一民族并不会给雇主带来什么好处。不管民族背景如何,大家都在竞争相对稀缺的工作岗位。当劳动力市场处于分割状态并且一个民族的劳工明显比另一个民族的劳工更为廉价时,高价劳工面临着低价劳工的冲击。

在企业主、高价劳工和低价劳工的冲突中,拥有强大力量的高价劳工往往会取得胜利。高价劳工通常会建立一套完备的法律、习俗和信仰工具来防止雇主削减高价劳工工资的行动。当大多数低价劳工聚居于某一特定地区或特定行业的外围并希望获准进入时,针对低价劳工的排斥运动就会发生,其目的就是要阻止低价劳工出现在特定行业和地区,避免由高价劳工组成的劳动力市场遭到分割。当劳动力市场的分割不可避免时,高价劳工将会寻求建立在排外基础之上的特权安排,通过这种特权安排将低价劳工排斥在某类工作之外。高价劳工垄断某类工作并获得较高工资,低价劳工只能从事另外的工作并接受较低的工资。由于高价劳工与低价劳工在从事不同的工作,劳动力市场分割的情况被掩盖起来。这种特权安排制度保留了高价劳工与低价劳工工资差异的现实,即使那些低价劳工要去抢占高价劳工的工作岗位,他们也只能得到较低的工资。

第三部分　民族社会结构

第七章　民族社区

民族社区是一种以一个或多个民族群体为构成主体，在文化上表现出鲜明民族特色的社区类型。西方研究者在西方社会现代化、城市化过程中进行了大量关于社区的理论研究，从不同角度对民族社区进行了探讨，如社区的类型、功能主义分析、居民与城市环境的互动关系、城市特有的生活方式以及社区的权力结构等，他们的理论贡献为我们认识民族社区提供了很好的参照和借鉴。对民族社区的考察应综合分析社区的结构及其发展和变迁的过程。

第一节　民族社区的含义

社会学研究社会的结构、功能及变迁，通常要以一个具体的、微观的地域社会为观察视角和切入点，而社区往往在社会学研究中扮演了这一角色。民族社区是一种以民族成员为构成主体，兼具社会性和民族性的特殊的社区类型。

一、"社区"一词的演变

"社区"一词是外来词汇，经历了由德文"Gemeinschaft"，到英文"community"，再到中文"社区"的转译过程。在演变过程中，"社区"一词的内涵并不是固定不变的，而是因应社会发展的实践及理论研究的需要，表现出动态变化的特征。

（一）滕尼斯的"Gemeinschaft"

追溯"社区"概念产生和演化的历史，首先应该提到的是德国社会学家 F. 滕尼斯（Tönnies, Ferdinand, 1855—1936）出版于 1887 年的著作 *Gemeinschaft und*

Gesellschaft（1887，中文译为《社区和社会》，又译作《共同体与社会》）[①]。在这本书中，他详细讨论了"社区"的内涵和特征，对"社区"与"社会"进行了类型学上的区分，并分析了社区与社会两种不同社会形态的特点与差异等。

滕尼斯认为"Gemeinschaft"是一种基于自然意志而形成的社会生活形态或者社会联合方式，与这种社会生活形态相对应的共同体类型主要有家庭、宗教团体、乡村以及建立在情感、伦理、宗教基础之上的小城镇。社会生活形态或者社会联合方式的差异，源于将人们联系在一起的共同意志的不同。"Gemeinschaft"产生于自然意志，这种自然意志基于情感的动机，在传统和自然情感的纽带之下形成了社会生活的一致性和整体性。与这种自然意志相对应的是人口同质性较强、具有一致价值认同和情感归属的社会共同体形式。"'Gemeinschaft'的特征表现为对社区的强烈认同、富有情感、传统主义和以整体观念对待社区中的其他人。"[②]"Gesellschaft"源于选择意志的作用，基于思想和理性的考虑，通过理性计算、契约关系和社会分工建立的社会纽带，与这种社会生活形式相对应的共同体类型主要是工业社会中的大城市。这是一种人口异质性较强、价值取向多元，社会中的人际关系缺乏情感关怀的社会共同体。总之，在滕尼斯看来，"Gemeinschaft"更多的是一种具有情感归属和价值认同的社会生活形态，生活于其中的人们互助友爱、相互关照，具有浓厚的人情味。

（二）社会学芝加哥学派的"community"

此后，*Gemeinschaft und Gesellschaft* 一书由美国学者查尔斯·罗密斯（Loomis, C. P.）翻译成英文，书名为 *Community and Society*。"社区"一词的广泛应用及社区理论的系统化要归功于20世纪二三十年代享誉美国社会学界的芝加哥学派。以帕克（Park, Robert Ezra, 1864—1944）、伯吉斯（Burgess, Ernest Watson, 1886—1966）、麦肯齐（Mckenzie, R. D.）为代表的芝加哥学派社会学家，以都市社区为研究对象，对社区一词的内涵进行了重新阐释，并且发展出一系列的社区研究理论。

"community"意为"公社"、"团体"、"共同体"，泛指一切基于某种利益、原则、目的等共同性而结成的人类群体，如生活在一个城市中的犹太人可以组成一个犹太人社区，具有某种宗教信仰的人也可以形成一个宗教社区。"community"的本

[①] （德）斐迪南·滕尼斯著:《共同体与社会——纯粹社会学的基本概念》，林荣远译，北京：商务印书馆1999年版。

[②] Larry Lyon, Robyn Bateman Driskell, Are Virtual Communities True Communities? Examining the Environments and Elements of Community, *City and Community*, 2002, Vol. 1, No. 4, p. 378.

义不仅与滕尼斯所指称的建立在情感、传统纽带之上具有情感归属和价值认同的"gemeinschaft"之意不同,而且也并不具有地域的含义。帕克等人在对城市社区结构、城市问题进行研究的过程中,根据自己的理论需要和美国城市社会的状况,赋予"community"地域性内涵,并且以"community"为单位开展了深入细致的研究工作。帕克对社区内涵的理解对后来的社区研究产生了深远影响。他认为,社区是:"(1)一个按照地域组织起来的人群;(2)这个人群或多或少地根植于其所占有的土地之上;(3)人群中的个体生活在一种相互依赖的关系之中"[1]。帕克等人对地域因素的强调,发展了滕尼斯的社区定义,社区作为一个兼具人群要素和地域要素的社会共同体逐渐被建构起来。

(三) 中国社会学派的"社区"

"社区"一词在中国的出现,开始于20世纪30年代初以费孝通为代表的一些燕京大学社会学系学生的转译和使用。费孝通等人在翻译帕克的"community"和"society"两个概念时,当"community"一词不是表达"society"(社会)的意思时,把"community"以前的翻译"地方社会",用"社区"进行了替换,并且得到了大家的认可和援用[2]。中国学者对"社区"的理解深受帕克社区理论的影响,同时也为了配合在功能主义理论指导下开展社区研究的需要,通常把"社区"理解为具有一定地理边界的"地域社会"。费孝通的这段话很具有代表性,"以全盘社会结构的格式作为研究对象,这对象并不能是概然性的,必须是具体的社区,因为联系着各个社会制度的是人们的生活,人们的生活有时空的坐落,这就是社区"[3]。开展社区研究,就是要通过全方位考察社区结构的方方面面,探求社区各部分的功能及文化变迁的规律,并以此来寻找社会发展的一般性通则。吴文藻指出,社区包括人民、人民所居住的地域、人民生活的方式或文化三个要素,其中文化是社区研究的核心,了解了社区中的文化,也就了解了社会[4]。把文化视为社区的核心组成部分,系统地考察社区中的文化结构及其发挥的功能,以及文化变迁的趋势和性质,成为中国社会学派社区研究的共同着力点。

(四) 日益泛化的"社区"

进入20世纪80年代后,随着中国社会结构的转型和变迁,社区概念被赋予了

---

[1] Robert Ezra Park, Human Ecology, *The American Journal of Sociology*, 1936, Vol. 42, No. 1, p. 3.

[2] 费孝通:《二十年来之中国社区研究》,参见费孝通著:《费孝通文集》第5卷,北京:群言出版社1999年版,第530页。

[3] 费孝通著:《乡土中国 生育制度》,北京:北京大学出版社1998年版,第91~92页。

[4] 吴文藻著:《吴文藻人类学社会学研究文集》,北京:民族出版社1990年版,第144~145页。

更多具有本土特色的内涵。中国的改革开放推动了社会经济体制的变革,进而导致了社会结构的转型。在此过程中,原来作为社会基本细胞的"单位"开始解体和重构,越来越多的"单位人"成为游离于社会整合体系之外的"社会人"。以前由单位承担的保障、整合和控制等社会功能,也逐渐向基层社会转移。在政府的推动下,一场以社区服务和基层社会管理为主要内容的社区建设运动开始在中国兴起,并且受到政府和学界的高度关注,一系列社区建设实践也在城市化快速发展的中国如火如荼地开展起来。作为建设和实施载体的社区,更多的是一种基于行政区划的地域单元或者行政辖区,而不强调社区认同感和情感归属的培养,所谓的"社区"也只是"单位制"解体之后执行基层社会管理的新的地域性单元。

同时,伴随着信息产业的发展和网络技术的日新月异,一种新的社区形式开始出现,这就是以互联网为交流平台,超越时空、模糊地理边界的"虚拟社区"(Virtual community)。与具有明确地域边界的"实体社区"不同,"虚拟社区"强调一定数量的网民基于共同的利益诉求和价值认同,进行频繁的情感交流和信息沟通。虚拟社区的出现,挑战了人们对社区作为地域性社会的认知。一些研究者认为,虚拟社区的出现使得在工业社会中失落已久的社区本质特征,如情感、认同和归属意识,重新获得生命力[1]。在国外,围绕因特网和信息技术对社区的影响展开了激烈的争论,主要形成了社区弱化论、社区转变论和社区增强论三种观点[2]。这些观点对社区的本质和构成要素有不同认识,但毋庸置疑的是,信息和网络技术的进一步发展,带来的将不仅是技术革命,而且也将对人类交往互动、社会生活的状态以及共同的联结纽带发生影响,这会促使人们不断更新对社区的认识。

综上所述,"社区"从一个具有精神和情感内涵的"社会类型",逐渐演变成了以文化为核心、具有地域内涵的"地域性社会",并且在新的社会实践形式下出现了多样化的形态,其内涵也有泛化的趋势。在社区发展和演变的过程中,"社区"的概念并非一成不变,而是随着社会实践的发展及社区研究的深入,呈现出持续变动的状态,社区概念中的精神和认同因素、文化因素、地域因素等构成要素,成为后续社区研究者反复讨论的重点。

二、多种视角下的民族社区

从语义学的角度考察"社区"一词的演变过程,是认识社区含义的一种重要手段。同时,还可以根据人们使用社区的不同层面、领域及目的,归纳出多种视角下

---

[1] 胡鸿保、姜振华:《从"社区"的语词历程看一个社会学概念内涵的演化》,《学术论坛》2002 年第 5 期。
[2] Keith Hampton, Barry Wellman, Neighboring in Netville: How the Internet Supports Community and Social Capital in a Wired Suburb. *City and Community*, 2003, Vol. 2, No. 4, pp. 277-311.

的民族社区。在不同的视角下,民族社区在产生(或提出)时间、社区要素、社区规模、社区形态四个主要维度上存在差异(见表7-1)。

表7-1 四种视角下民族社区的特征比较

社区类型 \ 社区维度	产生(或提出)时间	社区要素	社区规模	社区形态
社会现象意义上的民族社区	与民族同时产生	地域、协作与互动	可大可小	乡村、城市、民族、国家等
社会类型意义上的民族社区	18世纪后半叶	精神内涵(认同、价值、情感)	小型血缘、地缘、宗教共同体	家庭、宗族、乡村、小城镇等
研究方法意义上的民族社区	20世纪初	地域、文化	具体而微型	乡村、小城镇、街角、街区等
行动对象意义上的民族社区	20世纪中叶	地域、互动关系	规模适中,依行动规划而定	几个邻里,小城镇、城市中一个自然区域

(一)社会现象意义上的民族社区

作为一种社会现象的民族社区,是指民族成员由于群居的本性而形成的一种地域性社会,这表明了人们对以民族为单位的人类地缘性空间关系的一种关注。作为民族成员聚居地的民族社区是一种历史范畴,自民族产生之后就开始形成,并且随着历史的发展表现出不同的形态。民族社区作为民族成员的聚居地,根源于人类的本性。在原始社会,人类为了生存的需要,不仅需要依据血缘、姻亲关系结成各种血缘性的团体,如家庭、氏族、部落等,而且还要依据空间上的聚集关系,结成各种地缘性的团体,并且在其中发生各种协作和分工关系。

民族社区历史发展阶段表现出不同的形态。人类的社会历史发展经历了前农业社会(以采集、渔猎为主的阶段)、农业社会、工业社会、现代信息社会的演变,而民族社区也由小型的原始民族社区、较大的商业集镇,发展到横跨国家乃至洲际的世界性民族社区。人们所说的"民族"社区一词所指称对象的规模具有很大的弹性。

(二)社会类型意义上的民族社区

作为社会类型的民族社区来自滕尼斯等早期社会学家的理论贡献,滕尼斯通过构建两分的类型模型论述了作为一种"社会类型"或者社会共同体形态的社区。这种类型的社区建立在人们的自然意志之上,通过传统和情感等自然的联系纽带形成具有一致价值认同和情感归属的社会共同体形式。在滕尼斯看来,作为一种"社会类型"的社区,其本质的特征在于情感联结和心理认同,而与地域性无关。与这种社区的本质特征相一致的类型,主要包括家庭、宗族、村庄、小城镇等①。滕尼斯的这种认识,即把情感归属、价值认同、利益目标的一致性作为社区的本质特征,深刻影响了此后人们对社区的定义以及对社区现象的认知。

在当今流行的关于社区的概念中,有一类强调精神内涵或者心理互动关系的观点②,他们把社区视为一种精神社区(Spring community)或者利益社区,强调生活在其中的人们基于利益、目标、背景方面的共同性而产生的共同的情感意识和认同归属。在这种社区定义下,一些具有相同文化、职业、利益的人们群体不论其是否居住在共同的地域,都可以视为社区。作为民族社区的典型,主要有生活在某一个国家中的民族成员基于民族文化的联结形成的精神社区,如美国的犹太人社区、华人社区等。这种视角下的民族社区强调社区精神或者情感构成要素,以此延伸出一些基于心理和情感认同的社区类型。

(三)研究方法意义上的民族社区

社区不仅可以作为人们基于地缘性发生各种社会交往和社会关系的场所,而且还被社会学和人类学自觉运用为一种观察和透视社会形态、性质和变迁的研究方法。社区研究方法源自于人类学家对一些发展程度较低的封闭性民族社区的研究,后来则在以帕克为代表的美国芝加哥学派的大力推动和传播下,成为社会学家观察城市社区的一种理论方法。20世纪30年代,帕克应邀来华讲学,促进了社区研究方法在中国的推广。一批中国社会学者以中国经济发展程度较高的社区及民族社区为研究对象,以社区研究为理论方法开始了社会学中国化的历程。费孝通在介绍帕克时提到,帕克"主张理论应当密切联系实际,而且提倡实地调查的方法:就是研究者必须亲自深入社会生活;进行详细观察;亲自体会和了解被研究者的行为和心态,然后通过分析、比较、总结事实,提高到理论水平。这种实地调查方法是从社会人类学里移植过来的。社会人类学用于土著民族,社会学则用之于城市居民。芝加哥大学社会学系就是以这种方法研究芝加哥城市各种居民区而著名的。他也称这种研究作'Community study',我们把它翻译作'社区研究'"③。

作为社区研究方法的民族社区是一种"具体而微型"的"地域社会"。"具体"指社区有明确的时空坐标,有自己的地理位置、地域范围以及可资观察的社会制度和结构,"微型"则要求社区具有较小的规模,并同时具有进行个案研究的典型性。根

---

① (德)斐迪南·滕尼斯著:《共同体与社会——纯粹社会学的基本概念》,林荣远译,北京:商务印书馆1999年版,第2页(译者前言)。
② 徐震著:《社区与社区发展》,台北:正中书局1980年版,第31页。
③ 费孝通:《略谈中国的社会学》,《社会学研究》1994年第1期。

据社区研究的实践,这样的社区往往是一个村落、小城镇,或者是都市中的一个街区、街角。社区研究要求研究者深入到实地展开参与式的观察研究,这就需要以一定的地域及其中的组织结构、人们的相互关系为观察对象。同时,对社区文化结构作整体性和系统性的考察,需要社区具有较小的规模及典型性特征。因此,"具体而微型"的社区既便于观察访问、收集资料,也使社区整体结构的分析成为可能。被公认为民族社区研究的经典著作——怀特(Whyte,William Foote,1914—2000)的《街角社会——一个意大利贫民区的社会结构》(Street Corner Society—The Social Structure of An Italian Slum 1943,①),正是成功运用社区研究的方法对波士顿市一个意大利贫民社区的社会结构进行的全面考察。

(四)行动对象意义上的民族社区

作为行动对象的民族社区是随着社区发展实践逐渐形成和发展起来的。社区发展始于率先启动工业化发展的西欧国家,其目的在于动员和整合社区资源和力量,发挥社区成员的自治精神和互助精神,以解决城市发展所带来的问题。社区发展被广泛推广并成为一项世界性的运动,则源于二战之后联合国的极力倡议和大力推动。作为行动对象的社区,指"有社会组织与发展计划之社区的通称"②,或者如有的学者提到的是一种具有社区建设意义上的社区③。这种意义上的民族社区,与社区建设的实践活动相互关联,以一定的地域为行动单位,强调社区内的成员通过互助、参与、协作等互动形式,采取共同和一致的社会行动,以达到社区服务提供、归属意识培养以及社区问题解决等目标。作为行动对象的民族社区,规模不能太小,否则社区功能不齐全;同时规模也不能太大,否则不利于社区共同行动的开展。适度的类型主要有几个邻里、小城镇或城市中的一个自然区域,同时也视工作开展的便利及社区建设的具体计划而定。在中国,为了便于社区建设的开展,民族社区一般与行政区划相吻合,在农村为行政村或自然村,在城市指的是街道办事处辖区或居委会辖区。

综上所述,研究民族社区应该注意以下几个方面的问题:首先,要肯定民族社区是一种社会现象,是民族成员基于地缘关系而产生的聚居形式,地域因素在民族社区构成中必不可少;其次,要注意民族社区的精神和情感层面,而认同、归属、情感等精神内涵是社区之所以为社区的本质特征,这些精神内涵的形成要以适度的

---

① William Foote Whyte, Street Corner Society—The Social Structure Of An Italian Slum. Chicago: The University of Chicago Press, 1943.
② 徐震著:《社区与社区发展》,台北:正中书局1980年版,第32页。
③ 丁元竹著:《社区的基本理论与方法》,北京:北京师范大学出版社2009年版,导言,第2页。

社区规模为基础;再次,为了社区研究的需要,民族社区应该是"具体而微型"的,通常具有一定的文化结构和民族特色,能够使研究者对社区作整体性和系统性的考察;最后,社区建设实践的开展以及社区意识的培养,也需要民族社区具有一定的地域范围以及适度的规模。

三、民族社区的概念

"社区作为一种以地域为基础的社会生活的共同体,是一种社会性的存在。"[1]社区是一种社会性的生活共同体,而民族社区除具有社区一般性特征即社会性的同时,还具有特殊的规定性——民族性和民族文化属性。民族社区的民族性和民族文化属性通过与一般社会性要素发生关系,紧密地散布于民族社区之中,成为民族社区结构的本质特征。从民族社区的社会性和民族性两种特性出发,本书对民族社区做如下定义:以少数民族社会成员为构成主体,以民族社会成员的共同的地缘和紧密的日常生活为基础的民族区域性社会,是一个兼具社会性和民族性的社会共同体。为了便于大家更加具体地认识民族社区的概念,我们把民族社区的内涵分为地域、人群、社会交往和社会关系以及社区文化和意识四个要素分别进行论述。

(一)一定的地域

费孝通认为,研究人们的生活以及与之相联系的社会制度需要在具有时空坐落的社区中进行,在这里,"时空坐落"就是指社区的地域要素。地域是生活在一定社区中的人们进行社会活动、发生社会关系的物质载体或者地理空间,包括社区内各种自然资源、物质设施以及各种组织机构的地理分布等因素。社区的地域界限可以是明确的也可以是模糊的。这种界限既可以来自于人们社会活动的幅度和范围,也可以通过行政区划进行人为设定。根据社区研究的需要,研究者一般把自然形成的民族村社、规模较小的城镇以及城市中的少数民族聚居区作为民族社区的主要类型。

社区的地域不仅仅是一种自然地理概念,而且还具有丰富的人文内涵,对于社区内民族成员的生活方式、民族文化的形成都具有重要的影响。美国芝加哥学派的研究者们通过研究人们与其生活的社区之间的相互关系,提出了人类生态学理论。在伯吉斯的"同心圆"理论中,由于城市发展中的侵入和继替过程,在都市社区核心的边缘往往会形成一个过渡区[2]。由于这个地区较低的房租水平、先前族群

---

[1] 孙立平:《社区、社会资本与社区发育》,《学海》2001年第4期。

[2] (美)伯吉斯著:《城市发展:一项研究计划的导言》,参见:(美)帕克、伯吉斯、麦肯齐等著:《城市社会学——芝加哥学派城市研究文集》,宋俊岭、吴建华、王登斌译,北京:华夏出版社1987年版,第54~58页。

移民集团的存在,往往吸引了大量后来移民的涌入,形成了诸如小西西里、希腊街、唐人街、犹太人等聚居区。这些民族社区往往是城市中民族居住隔离、民族文化团体,甚至包括某些社会消极现象的集中分布区域。民族学家提到的"经济文化类型",也表明了地域与民族文化之间的密切关系。地域通过地理环境和物产资源等因素,影响到民族成员的生产生活方式,从而在一定程度上塑造了民族社区的组织方式和结构,塑造了民族成员之间发生关系的本质和特征。这种本质和特征不仅体现为民族成员风俗习惯、饮食起居等方面的差异,而且还深刻地影响到民族成员的思维习惯、行为方式和心理素质。

(二)以少数民族为主体的人群

人群要素是指在一定地域空间内进行社会活动、发生各种社会关系的一定数量的人群,而这些人群则是各种社会活动和社会互动的承担者。社区中的人群并不是一群无目的性、无关联的"原子化"个体,他们通过分享共同的价值观念和利益目标,成为某种社会生活共同体。社会学研究民族社区的人群要素,主要是从人口的数量、构成、分布、素质等方面进行考察。人口数量是指民族社区内人口的多少;人口构成是指民族社区中人口类型和特点上的状况;人口分布指人口自然或地理散布的状态和方式;民族素质即民族成员体质和文化上的特征和水平。民族社区区别于一般社区的一个重要的特征,或者说民族社区民族性的一个重要体现,就是民族社区的人口结构应该以某一个或者多个民族的成员为主体。只有在民族社区以民族成员为构成主体的情况下,社区的文化才能够表现出民族性。按照民族社区中民族人口结构的不同,即民族社区内主体民族的数量及与之相关的民族文化的特征,可以分为单一民族社区和多民族社区。单一民族社区指以某一个民族及其文化为主体的民族社区,多民族社区则是多个民族混杂居住,社区文化表现为多民族特征糅合的形态。单一民族社区往往存在于一些相对封闭的传统乡村民族社会,在一些大都市中也会形成一些少数民族的聚集地带,如美国城市中的"唐人街"、"犹太人聚居区"等。随着城市化的发展、人口流动的加剧,具有多种民族特色的多民族社区逐渐成为了民族社区的主要存在形态,如建于1974年的纽约布鲁克林社区聚居着30多个民族[1]。

(三)社会交往和社会关系

社区的社会性集中体现在社会交往和社会关系等方面。一定规模的人群在特定地域空间中进行持续的关系互动是社区的本质内容,正如一些学者指出的:"社

---

[1] 高永久主编:《西北少数民族地区城市化及社区研究》,北京:民族出版社2005年版,第38~39页。

区的核心内容是社区中人们的各种社会活动及其互动关系"①;"民族社区中的成员在人类活动的许多领域相互作用、相互影响,民族社区也因为这些大量社会纽带的存在联系为一个整体"②。人类是一种具有社会性的群居共同体,在从事经济生产和生活过程中,发生了各种人与人、人与自然之间的关系。在社会交往和社会关系中,人们形成了一致的利益追求和发生了各种社会联系,形成了保障、维系社区正常运行所必需的规范和制度,而一定的规范和制度也为人们从事社会活动提供了行为准则和目标预期。同时也形成了为一个社区成员所认同、共享和实践的文化。

人群既可以个体的形式发生关系和互动,也可以群体的方式交往互动。当人们为了一定的目的发生持续、固定的关系之时,就形成了组织。在社区中,更多的社会交往与社会关系是以组织的形式出现,不同的个体通过各种形式的组织整合到社区的整体结构和文化生活当中。社区组织是社区社会性的一个重要方面,社区的发育在很大程度上意味着社区组织的发展③。社区中的组织通过承担一定的功能,满足社区成员的需要,对于社区的有序运行发挥着重大作用。按照不同的标准,民族社区中的组织可以分为社区管理组织和志愿团体、正式组织和非正式组织等。在民族社区中,除了存在大量执行社区管理职能的正式组织之外,一些民族性、宗教性的非正式组织也在民族社区生活组织和管理中发挥着辅助的作用,民族社区的民族性也正是通过这些组织的作用发挥展现出来。

(四)社区文化和社区意识

社区文化是社区中的人群在关系互动中形成的一整套为本社区成员所共同认同和享有的价值观念、行为准则和思维方式等的模式,通过社会化过程持续不断地传播,是维系社区存在的持久动力。在民族社区中,社区的文化和生活具有显著的民族特色,这一点是其与非民族社区相区别的特殊性。虽然一些社区聚集了大量流动的少数民族成员,但其社区文化和生活是非民族特色的,就不能称其为民族社区。宗教在民族形成和社会发展过程中发挥着重要的作用,宗教可以凝聚民族成员、增强民族成员的认同感和归属感,民族的特色和文化也往往以宗教的形式和内容表现出来。宗教既可以作为民族文化的一种组成要素体现在社区生活之中,也可以作为社区的组织和构建的主导精神发挥作用。回族穆斯林围绕清真寺聚居形

---

① 郑杭生主编:《社会学概论新修》(精编版),北京:中国人民大学出版社2009年版,第224页。
② Mary C. Sengstock, Developing an Index of Ethnic Community Participation, *International Migration Review*, 1978, Vol. 12, No. 1, p. 55.
③ 孙立平:《社区、社会资本与社区发育》,《学海》2001年第4期。

成的具有同心圆结构的"坊",便是按照宗教精神和原则进行构建民族社区的实例。社会成员在关系互动中,通过分享一致的认同和利益,时刻体验社区的物质设施和服务,久而久之,便会产生对本社区的价值认同和情感依附,这就是社区的意识。是否具有一定的社区意识,是衡量社区发育程度的重要标志。民族社区民族性的另一个重要表现方面,就是形成了区别于其他民族社区的社区意识,这种社区意识往往与民族文化认同紧密联系在一起。

第二节 民族社区研究的相关理论

社区理论是社会学理论体系的重要组成部分,社区研究是社会学研究社会结构和社会关系的重要视角。世界各个国家和地区都包含着一定数量形态各异的民族社区,它们是民族社会的重要组成单元。因此,对于民族社区的理论研究,贯穿于民族社会学形成和发展的始终。回顾民族社区的研究历程及其具有代表性的理论观点,总结其中的发展线索,无疑能够为我们更好地认识民族社区、开展民族社区研究提供理论指导。

一、古典类型学理论

18世纪中期,工业革命发端于英国,并逐渐向欧洲其他国家扩散。工业革命所带来的工业化和城市化进程,导致了欧洲社会秩序和社会结构的巨大变革,人与人之间互动的性质和状态、社会联系的纽带、人们之间的情感关系等都发生了深刻的变化。这种社会变化为当时的社会学家所洞察。他们从社会结构变迁的宏观理论视角,通过构建两分的理想类型模型,对这种社会变化的性质、状态和发展趋势,以及由此产生的城市社会的本质特征作出了理论分析。

(一)滕尼斯:礼俗社会与法理社会

滕尼斯是最早对社区本质和特征进行论述的社会学家。在《社区与社会》一书中,他把对社区的分析置于礼俗社会与法理社会或社区与社会两分的类型模型之中,通过两者的比较归结出了乡村社区与城市社区的差异以及社会由乡村社区向城市社区发展的必然趋势。

滕尼斯根据人们联系在一起的共同意志的不同,对社会共同生活的形式作出了区分。他认为,人们的共同意志可以分为自然意志和选择意志两种,前者基于自然的情感流露,建立在相互了解、相互知悉的血缘、情感纽带之上,后者则是基于利益考虑和功利目的,建立在社会分工、契约关系之上。这两种意志分别与人们共同生活的两种不同类型相对应,自然意志存在于社区(礼俗社会)当中,选择意志则是社会(法理社会)的主要特征。在两种不同生活类型之中,人们在行动方式、互动表现、生活范围、维护手段等方面存在着差异。礼俗社会与法理社会的主要区别如表7-2所示。

表 7-2 礼俗社会与法理社会的特征比较

共同生活的特征 \ 共同生活的类型	社区(礼俗社会)	社会(法理社会)
意志类型	自然意志—情感动机型	选择意志—目的动机型
意志取向	整体意志	个人意志
行动方式	传统的行动	合理的行动
互动表现	本地网络,呈密集型	超本地网络,呈复合型
生活范围	家庭、乡村、城镇	都市、国家、世界
维护手段	和睦感情、伦理、宗教	常规、法律、公众舆论
结合性质	有机的方式	机械的方式

资料来源:贾春增主编:《外国社会学史》(修订本),北京:中国人民大学出版社2000年版,第69页。

滕尼斯对礼俗社会与法理社会的区分是一种理想的类型,现实生活中的社区只是对两者本质特征的部分反映。通过建立两种理想类型,现实生活中的社区就对应于两种理想类型之间形成的无数渐次变化的各种过渡形式。滕尼斯对礼俗社会与法理社会的区分,蕴涵了社区研究的思想,两种类型基本上可以看做是农村社区与城市社区的写照;他还根据当时方兴未艾的工业化以及与之相伴随的城市化,预见到农村社区向城市社区过渡的不可逆转的历史趋势。

(二)涂尔干:机械团结与有机团结

涂尔干(Durkheim,Émile,1858—1917)对工业化时代社会变革对人们共同生活的巨大影响以及社会结构和秩序维系的基础等问题进行了深入的思考。在其发表于1893年的《社会分工论》中,他根据社会共同生活联系方式的不同,把人们组织社会的方式分为两种对立的类型:以农业社会为代表的机械团结和以城市社会为代表的有机团结。这两种类型在社会联系结成的基础、社会一致性和协调性的维系方式以及人们的生活方式等方面都存在巨大的差别。

在传统的农业社会,社会分工不发达,人们在社会生活中形成了价值观念、行为方式和仪式标志方面的共同性,个体之间的差异性很小,社会具有高度的同质性。传统社会通过一种基于价值观念、行为方式和仪式象征方面共同性的"集体意志",来维系社会结构的秩序和社会体系的运行。传统社会是一个相对独立的自给自足的体系,在不需要外部协作的情况下,就可以自在地运行。这种建立在社会成员高度同质性、通过集体意志的发挥建立的社会联系方式,就是机械团结。"以这种方式相互凝聚的社会分子要想一致活动,就必须丧失掉自己的运动,就像无机物中的分子一样,这就是我们把这种团结称作机械团结的原因"①。

在工业化的城市社会,社会分工发达,社会的有效运转需要具有不同分工的部门、机构的相互配合,而部门的分工又与个体的人格与个性的充分发展和差异性相联系。社会的高度分工产生了两方面的结果:一方面,劳动分工削弱了集体意识,给个体的个性发展和意志自由提供了广阔的空间。建立在个人同质性基础之上的机械团结逐渐被打破和瓦解,以"集体意志"为特征的社会维系方式也开始走向了消亡。另一个方面,社会分工也为人们生活的重新整合提供了新的基础。劳动分工实际是社会分化的一个方面,由此产生了具有不同职业技能的人群。基于功能的相互依赖性,具有不同职业分工的人群相互协作、相互作用。每一个个体都需要在其他个体提供服务、资源和产品的前提下才能生存。这种基于人群的异质性和社会劳动分工而产生的相互依赖、相互协作的社会生活联合方式,就是有机的团结。

(三)韦伯:传统与理性

韦伯(Weber,Max,1864—1920)用"传统—理性"的分析模型来阐释农村社区与城市社区的差别。他认为,从传统农村社区向现代城市社区过渡的过程,就是社会理性化水平不断提高的过程。在这种过渡过程中,人们行为的基础由重视情感、价值观等传统因素过渡到重视效率、回报等理性因素。与滕尼斯一样,他敏锐地观察到,当时欧洲越来越趋向理性化:传统社会中发挥着重要作用的宗教逐渐失去了其对人们社会生活的支配性,基于个人魅力的权威开始被法律的统治替代等。此外,韦伯还使用历史和比较研究的方法,对东西方城市的特征进行比较研究。他抽象出一种理想的"城市共同体"类型,其具有以下特征:防御设施、市场、自己的法院以及——至少是部分的——自己的法律;团体的性格;至少有部分的自律性与自主性,包括官方的行政,在其任命下,市民得以以某种形式参政②。韦伯通过对理想城市类型与东西方现实城市形式的比较,指出东西方城市之间存在着巨大差异。

(四)齐美尔:乡村社会与现代社会

齐美尔(Simmel,Georg,1858—1918)对都市现代性特征具有深刻的洞见,他的一些见解和观点对芝加哥学派的城市研究影响巨大。"在沃思用来概括都市生活方式的'城市性'(urbanism)的概念中,可以发现西美尔(即齐美尔,引者注)的都

---

① (法)埃米尔·涂尔干著:《社会分工论》,渠东译,北京:生活·读书·新知三联书店2000年版,第91页。

② (德)马克斯·韦伯著:《非正当性的支配——城市的类型学》,康乐、简惠美译,桂林:广西师范大学出版社2005年版,第22~36页。

市现代性分析的脉络和影响。"①齐美尔从现代性的角度,把握都市社区与乡村社区的本质区别,这种区别体现在都市对人们心理特征的现代性塑造方面。正是在与都市环境的相互作用过程中,在体验和经历城市生活过程中,都市人的态度和行为被不同程度地塑造,形成了独特的心理特征。都市人的心理特征包括理智性强、极强的时间观念、崇尚因果关系、个性化和疏远化等②。理解城市社会居民与传统乡村社会居民心理特征的关键,是了解金钱在都市社区中所发挥的重要作用。都市社会中发达的劳动分工带来交换的需要,而金钱作为一种等价物,可以用来衡量一切事物的价值。对金钱交换的重视,带来功利主义的态度以及对其他事物的漠不关心,而金钱作为普遍性的交换手段则可以抹杀其他一切价值存在的意义。齐美尔对都市社会现代性特征的分析,无疑为后续的研究者提供了宝贵的思想资源,他也因此被称为第一个学科史意义上的城市社会学理论家。

从严格意义来看,古典类型学理论家并没有把社区作为理论构建的主题,他们更多的是在构建宏大的社会结构变迁理论,社会、城市、资本以及经济关系等都被纳入到其研究视野当中。但是他们对于后续社区以及民族社区的理论研究却做出了巨大的贡献:其一,古典类型学理论可以视为现代化理论的一种分析视角③,通过构建与"传统"和"现代"相对应的两种理想社会模型,动态地反映了现代化过程中社会联系、人们之间互动关系等的性质、状态和发展趋势,为以后的社区以及民族社区变迁研究提供了理论工具;其二,古典类型学对社会变迁性质、状态的基本判断,以及对城市生活本质的观察,深刻地影响到芝加哥学派理论家关于社区发展的价值认知和理论观点。此外,我们也要注意到早期社会学理论家对社区的分析过于粗糙,两分的类型模型只是对社区理想类型的分析,无法涵盖社会生活中多元性的社区存在形态;古典类型学理论家致力于宏大的理论构建,而没有对现实生活中的社区进行实证分析。这一切都构成了此后社区及民族社区理论发展和完善的逻辑起点。

二、功能主义理论

有中国学者认为,早期的社区研究有两种不同的方法,"一个是人文区位学法,

---

① 向德平主编:《城市社会学》,北京:高等教育出版社2005年版,第49页。
② 向德平主编:《城市社会学》,北京:高等教育出版社2005年版,第47页。
③ 刘大可:《视野与方法:中国村落社区研究》,《中共福建省委党校学报》2000年第11期。

以研究美国都市为主；一个是功能派社会人类学的方法，以研究初民社会为主"①。研究民族社区功能主义理论的代表人物是英国的拉德克利夫－布朗（Radcliff-Brown, Alfred Reginald, 1881－1955）和马林诺夫斯基（Malinowski, Bronislaw Kasper, 1884－1942）。

功能主义理论，尤其是以布朗为代表的结构功能主义对美国芝加哥学派的城市社区研究产生了巨大的影响。1931年，布朗受芝加哥大学之邀到该校讲学，其思想对美国结构功能主义的产生和发展影响深远。一批学者，如沃纳（Warner, William Lloyd, 1898－1970）、塔克斯（Tax, Soul）和伊根（Eggan, Fred）等人受到布朗思想的极大启发和影响。以沃纳为例，他运用结构功能主义的理论，把人类学的参与观察的研究方法运用到城市社区研究中，并主持开展了著名的"扬基城"系列研究计划。同时，在他的影响下出现了一批以城市民族社区作为研究对象且成绩斐然的年轻学者，如阿伦斯伯格（Arensberg, Corrad M.）等人的《爱尔兰的家庭与社区》一书被誉为小规模社会研究的里程碑；怀特的《街角社会》一书则被视为人类学田野工作方法运用于城市社区研究的典范②。

功能主义理论对民族社区研究的贡献主要体现在以下几个方面：早期的功能主义代表人物布朗和马林诺夫斯基都以原始落后、封闭性的民族社区为研究对象，后来的功能主义研究者，则把研究对象扩展到了现代的城市民族社区，无疑拓展了功能主义理论适用的研究范围；通过全面考察民族社区社会结构和文化事项的各个方面，研究各种文化、制度和仪式在人们社会生活中所发挥的功能，从此，民族社区的理论研究从宏观历史叙事走向了具体的文化结构考察；功能主义学者所开创的实地调查和参与观察的方法被应用于城市民族社区研究，是社区研究借鉴人类学研究方法的一次重大变革，开创了都市人类学研究的新领域。

三、人类生态学理论

帕克（Park, Robert Ezra, 1864－1944）、伯吉斯（Burgess, Ernest Watson, 1886－1966）和麦肯齐（Mckenzie, R. D.）是芝加哥学派人类生态学的代表人物，三人于1925年联合出版了 The City（中文翻译为《城市社会学——芝加哥学派城市研究文集》）③，标志着人类生态学派的诞生。下文以帕克、伯吉斯为例，简要介绍

---

① 北京大学社会学人类学研究所编：《社区与功能——派克、布朗社会学文集及学记》，北京：北京大学出版社2002年版，第383页。

② 夏建中著：《文化人类学理论学派：文化研究的历史》，北京：中国人民大学出版社1997年版，第153页。

③ 参见（美）帕克、伯吉斯、麦肯齐等著：《城市社会学——芝加哥学派城市研究文集》，宋俊岭、吴建华、王登斌译，北京：华夏出版社1987年版。

人类生态学关于社区的相关理论。

(一)帕克:共生与竞争

借用自然生态学的相关概念和理论,研究人类社会与其生存环境之间的相互关系的理论,就是人类生态学。帕克将人类生态学引入城市社区研究中来。

在自然界中,生物之间及其与生存的生态环境之间存在相互依赖、相互影响的关系,即"共生"(symbiosis)。在城市社会中,由于社会分工的需要,不同结构履行着不同的功能,因此,人们之间及其与生活的环境——社区之间也存在类似于生物界中的共生关系。从这种认识出发,帕克归纳出了社区的三个最基本的性质:(1)在一定地域范围内被组织起来的生物群体;(2)彼此生活在一个共生性的相互依存关系中;(3)对这一地域范围内的资源展开竞争①。自然界中的生物为了争夺资源会发生竞争,"区位"作为一种重要的资源成为争夺的重要对象。社区中也存在类似的资源竞争关系,通过人们之间的竞争调节着社区中成员的数量和质量,从而在竞争中形成一种动态的平衡。在帕克等人看来,社区结构的形成及其变动也是人们竞争的结果。城市中具有统治地位的地区是中心区,也是土地价值最高的地区,往往分布着一些具有较好经济状况和地租支付能力的强势单位,如中心商业区。而在中心区的周围往往会存在一些过渡区,多是一些贫民或者少数民族的居住区,这是由中心区的统治地位及其不断扩张带来的拆迁过程决定的。

生物层面涉及人类基本需要满足和自然资源的获取,它是人类适应自然环境的基础。在生物层面的基础上,人类还形成了以制度、规范、价值、习惯为特征的文化结构,促使人类对资源的竞争形成规约和限制。帕克指出,人类生态学不仅要关注竞争——社会层面的社会秩序,而且还要关注建立在"共识"——文化层面的社会秩序。

帕克的贡献不仅止于此,他还身体力行提倡参与观察、实地调查的社区研究方法,不仅对美国社会学的发展而且对中国社会学的发展都产生了重大影响。1932年,帕克应吴文藻的邀请在中国进行了为期三个月的访问讲学,他所倡导的深入社会、实地调查的研究方法,对早期中国社会学开创者费孝通、林耀华等人产生了重要的影响。

(二)伯吉斯:同心圆理论

伯吉斯在《城市发展:一项研究计划的导言》②中,从人类生态学的角度概要地

---

① 蔡禾主编:《城市社会学:理论与视野》,广州:中山大学出版社2003年版,第2页。
② (美)伯吉斯:《城市发展:一项研究计划的导言》,参见:(美)帕克、伯吉斯、麦肯齐等著:《城市社会学——芝加哥学派城市研究文集》,宋俊岭、吴建华、王登斌译,北京:华夏出版社1987年版,第48~62页。

介绍了城市发展与城市空间组织模式之间的关系,提出了著名的"同心圆理论",同时论述了与空间组织形式相对应的不仅仅是城市物质设施上的变化,而且还有社会组织形式以及人们生活方式的差异。

城市发展对空间组织模式的影响,是通过侵入(invasion)和继替(succession)实现的,而驱动城市发展的动力、实现城市中心区向外扩展以及内层圆环地区对外层圆环地区的继替,则是人口的聚集以及人们对资源竞争的结果。以中心区为核心的圈层地区,形成若干环状的城市地带,在不同的圈层分布着不同的物质设施、人群结构、组织形态和生活方式。处于第Ⅰ圈层也是最核心圈层的地区是城市的中心区,这个地区是城市的核心地区,分布着具有竞争优势和较好经济状况的部门,如商业、金融机构等;第Ⅱ圈层是一个过渡区,多为贫民以及一些少数民族的居住地区,由于其为中心区的扩展地区而面临着拆迁压力,人们不愿顾及城区的建设和维护,成为城市中贫困、拥挤以及人口逐渐减少的退化地区;位于第Ⅲ圈层的是以工厂和商店职员为主的聚居区,他们一般为移民的第二代居民,这里距离中心商业区和工厂较近,往返交通比较方便而且还有较低的房租;第Ⅳ圈层是一些高级住宅区,居民多为白领工人、中产阶级、职员和小商人;第Ⅴ圈层是往返区,分布着一些上层、中上层人士的郊外住宅和一些小型卫星城。伯吉斯关于城市发展的同心圆理论对后续研究者具有极大的启发意义,正是在对这个理论的修正和完善中,霍伊特(Hoyt,Homer)创建了"扇型模型",哈里斯(Harris,Chauncey D.)和乌尔曼(Ullman,Edward L.)提出了"多中心模型"。

伯吉斯认为,城市发展不仅涉及城市物质形式的发展,而且还与社会组织的结构及社会生活方式有着密切的关系。城市人口的特征以及生活方式按照空间结构的划分有不同的表现形式。城市的发展除了侵入和继替的表现形式之外,还涉及社会的组结与社会解体。在社会组结和解体过程中,职业结构、居住格局、民族、文化团体以及人们的生活方式也依城市的空间结构有着不同的表现形式。以民族、文化团体的形成为例,人口的分隔现象使各团体以及组成团体的个人都具有一定的位置,并且在城市生活的总体组织中发挥一定的作用。如在一些美国城市的退化地区分布着数量不等的小西西里、希腊街、唐人街、犹太人或者黑人的聚居区。作为社会解体的显著标志,各种社会失范现象以及"城市病"问题的集中地带往往也正是这些退化地区。

四、城市性理论

城市性理论认为,要理解城市居民的人格特征、行为方式、价值观念以及社会心理等社会互动的内容,离不开对城市环境因素、社会文化因素的考察。沃思(Wirth,Louis,1897—1952)强调城市环境因素或者人口特征因素(主要是人口的规模、密度和异质性)在塑造城市性中的重要作用,甘斯(Gans, Herbert Julius, 1927—)则进而提出了以"特征"为核心的解释城市性的理论体系。费舍尔(Fischer, Claude S.)在反思和综合沃思和甘斯等人的理论基础上提出了亚文化理论,用来解释城市社会中的非规范行为。

(一)沃思:人口特征与城市性

沃思是美国芝加哥学派的代表人物之一,他于1938年发表的《作为生活方式的城市性》一文被视为构建系统的理论体系研究城市生活方式的最初尝试。与传统的社会学家从人口的比例、居民的职业、物质设备以及政治组织的形式等标准定义城市不同,沃思把城市理解为人类联系的一种特殊形式,从人类互动关联的特征即城市性的角度对城市作出界定,认为城市是"由不同的异质个体组成的一个相对大的、相对稠密的、相对长久的居住地"①。而城市社会学的主要任务就是"揭示那些典型的、相对长久的、聚合了大量异质个体的居住地的社会行为和社会组织形式"②。

沃思认为,揭示城市性的内容,即城市中人们特有的生活方式,取决于人口规模、人口密度和人口异质性三个要素及其相互关联。人口的规模、密度和异质性作为自变量作用于城市的特征,从而对城市的生活方式(城市性)产生影响。人口的规模、密度和异质性不仅具有人口统计学上的意义,而且还对生活于其中的人们的行为方式、社会心理、人格特征以及组织结构形态发生作用。具体来说,人口规模的增加,减小了人们交往的频率,导致人际关系的疏离以及对次级关系的重视;同时在大规模的人群中,人口的密度也相当高,社会分工趋向于复杂化和精细化;人与人之间情感互动的内容减少,社会交往多是基于角色身份和职业工作的需要,因此,导致了人际交往中工具主义的态度和理性主义的处事原则;大规模的人口、高密度的人群增长了城市社会中人群的异质性,拉大了个体与社会之间的距离,导致个体心理的孤独、疏离,公共生活中匿名性和非个人化的程度大大提高。在城市社会中,滕尼斯所讲的社区已不复存在,"城市化引起的城市社会生活方式的变革将会动摇甚至摧毁城市社区的存在基础"③,因此,沃思的观点又被称为"社区消失论"或"社区失落论"。

正是在上述三种城市人口特征因素的相互作用影响下,城市表现出不同于乡

---

① Louis Wirth, Urbanism as a Way of Life. *The American Journal of Sociology*, 1938, Vol. 44, No. 1, p. 9. 转引自蔡禾主编:《城市社会学:理论与视野》,广州:中山大学出版社2003年版,第65页。
② 蔡禾主编:《城市社会学:理论与视野》,广州:中山大学出版社2003年版,第66页。
③ 程玉申、周敏:《国外有关城市社区的研究述评》,《社会学研究》1998年第4期。

村的特征：城市生活中需要正规的控制结构，必须有强化的法律系统和管理系统；城市人是以高度分化的角色进行交往的，为了满足生活的需要人们结成了各种次级联系；城市在经济力量和社会过程两个方面的作用下导致地域分化，形成具有不同特征的邻里和街区；城市中人们心理的孤独、疏离和异化，以及各种社会失范和反社会行为的大量增加①。

在城市社区中，人们的生活方式即城市性有如下特点：从生态学的角度来看，城市人口以青壮年为主，外来移民大量涌入，且为了满足社会需要而产生了大量的技术和技能机构等；从组织角度来看，城市人群的高密度聚集导致社会分工的专业化和精细化，由此产生了大量的阶层群体和职业分类，同时作为社会整合的传统方式（如家庭、邻里）开始解体，次级关系取代了各种初级关系，在社会中发挥着更为重要的作用，构成社会互动的主要形式；从个性及态度的角度来看，城市居民的个性紊乱和精神崩溃要远远高于乡村居民，各种社会失范和反社会行为高频度发生，社会控制的手段也主要诉诸于正式的组织进行②。

（二）甘斯："特性"理论

随着美国城市发展进程中另一种重要趋势——郊区化的出现，沃思建立的城市人口特征因素（人口规模、密度和异质性）与城市性之间的因果关系，日益受到后续研究者的挑战和修正。作为其中的杰出代表，甘斯的《作为一种生活方式的城市性和郊区性》，对沃思关于城市性的影响因素以及郊区城市性的新特征作出了思考，并且通过对城市中少数民族社区的实地调查研究，向"社区失落论"提出了挑战。

甘斯认为，沃思城市性理论的提出有其特定的历史背景和局限性："他是在一个移民亚文化形成的时间内，在严重的经济萧条结束后，在一个人们选择最少的年代写成他的文章的"③。甘斯所处的时代，不仅出现了郊区化的趋势，而且国民经济、房地产市场的发展以及政府的房屋政策为人们选择住所提供了更多的机会，选择密度高、异质性强的都市社区已不再是人们的唯一选择。甘斯把城市区域划分为内城、外城和郊区，进而对不同区域的社会和文化特点进行比较，发现城市性在外城和郊区的表现形式并不相同；与城市环境因素（人口的规模、密度和异质性）相比，经济条件、文化特征和生命阶段等因素对于内城的城市性解释更有说服力；沃

---

① 参见向德平主编：《城市社会学》，北京：高等教育出版社2005年版，第53页。
② Louis Wirth, Urbanism as A Way of Life. *The American Journal of Sociology*, 1938, Vol. 44, No. 1, pp. 1-24.
③ 蔡禾主编：《城市社会学：理论与视野》，广州：中山大学出版社2003年版，第73页。

思构建的城市环境因素的解释变量的解释力值得怀疑,并且在城市和郊区的比较中常常是虚假的或无意义的①。

在反思沃思城市性理论适用的基础上,甘斯提出了自己对城市性的解释变量,这就是"特性"。"甘斯把特性(characteristic)作为他解释城市与郊区生活方式最重要的指标,特性是指社区居民具有的经济、社会和文化特征以及他们在生命周期中所处的阶段。"②在其 1962 年出版的《城市村民:意大利裔美国人生活中的群体和阶层》③中,甘斯把内城居民分为不同类型,每种具有不同的特点,即四海为家者、单身者或无嗣者、少数民族村民(ethnic villagers)和被剥削者。以居住在城市中的少数民族群体为例,他们在城市中形成了自己的社区,并且还会设立起社会栅栏(social banners),从而隔绝了与居住地周围之间的联系,并不会受到与邻里之间的紧密性和城市异质性的影响。同时,他还指出在新的环境中,大多数的移民群体依然会维持许多原来的社会结构,使社区具有了情感认同和归属感的特征,这也保持了他们的族群认同。同时在一些下层劳动阶级的街区中,社区的成员也保持着强烈的社区认同。这些观点向"社区失落论"提出了挑战,甘斯也因此被视为"社区幸存论"或"社区继存论"的代表人物。

(三)费舍尔:亚文化理论

费舍尔重新审视了沃思城市性中人口特征因素的影响,并且对甘斯等人的观点进行了进一步的反思。1975 年,费舍尔发表了《城市性的亚文化理论》④一文,在该文中,他认为沃思用城市人口密度大、人口多、异质性的特征解释城市居民心理上的孤独和疏离感,进而导致各种非规范行为及城市问题的产生的论断,是不能成立的。他对人口规模等因素作出了重新的发挥与阐释,建立了城市性——群体聚集——亚文化——社会问题的关系链条。正是由于城市人口众多,人们可以在其中建立各种不同类型的小圈子,城市环境能够形成组成群体所必要的足够数目,即"临界数"(critical mass)。这些群体内的人们经过长时间的互动交往,便会形成为大家一致接受的行为规范和价值目标,相同行为规范、价值目标、习惯风俗等方面的综合就构成了一种亚文化。不同的亚文化群体之间会不可避免地发生矛盾和冲

---

① Gans,H., *Urbanism and Suburbanism as Way of Life*: *A Reevaluation of Definitions*. In: Phalli, R. E. (ed) Readiness in Urban Sociology. Persimmon Press,1968, p. 111.

② 蔡禾主编:《城市社会学:理论与视野》,广州:中山大学出版社 2003 年版,第 72 页。

③ Gans, Herbert J., *The Urban Villagers:Group and Class in the Life of Italian-Americans*. New York: Free Press of Glencoe, 1962.

④ Claude S. Fischer, Toward a Subcultural Theory of Urbanism. *The American Journal of Sociology*, 1957, Vol. 80, No. 6, pp. 1319-1341.

突。城市的人口规模特征决定了亚文化类型和规模也比较大,不同亚文化之间的冲突和对立也较多,亚文化的强度也就越大,由此各种非规范行为、社会问题的发生频率也就较高。

五、社区权力理论

资源的竞争和分配是社会生活的一个重要主题,而权力决定着社会资源的分配方式及原则,在社区的社会生活中发挥着重要的作用,因而其成为众多学者关注的重点。大体上,社区权力的理论根据社区中权力体系的特征,是存在单极的权力中心还是多极的权力中心,可以分为精英论和多元论。

(一)精英论

精英论的核心观点是,社区权力结构中存在单极的权力中心,这个单极的权力中心既可以是单一的权力主体,也可以是少数人组成的集团。前者以林德夫妇[Lynd,Robert(Staughton),(1892-1970)和Lynd,Helen,(1894-1982)]对《米德尔敦——当代美国文化研究》(*Middle Town*,1929)的研究为代表,后者以亨特(Hunter,Floyd)基于亚特兰大开展的研究为典型。达尔(Dall,Robert Alan)则以康涅狄格州的纽黑兰社区为研究对象,探讨了社区中多元性的权力结构。

1. 林德夫妇:单一权力主体精英

林德夫妇于20世纪二三十年代最早开始了对社区权力结构的研究。他们通过对一个名为"中镇"的小镇的跟踪研究,提出了精英控制模式的观点。在林德夫妇看来,中镇社区的权力运作实际上掌握在单一权力主体——X家族手中。X家族是当地的富有家族,拥有当地最大的企业。他们几乎控制了城市的全部经济命脉,并且把权力的触角伸向了社会的各个角落。X家族在商业和经济上拥有强大的控制力,在政治上也表现出强烈的控制趋势,城市官员以及他们的态度受到商业集团的影响和左右。林德夫妇利用个案访谈的方式,剖析了X家族对于当地社区的权力控制状态[1]。

2. 亨特:小集团主体精英

亨特对比中镇大得多的亚特兰大市进行社区权力结构的研究,他在《社区权力结构:决策者研究》(1953)一书中得出了与林德夫妇不同的结论。他认为,单一的权力结构可能存在于一些面积较小的小镇中,而在一些大得多的"地区性城市",社区的权力结构则是掌握在由一群商人组成的小集团统治者的手中。地区性城市的权力结构由多个层次组成,分别为最高层的工商业、金融业所有者,大公司的高层

---

[1] (美)汤玛斯·戴伊著:《权力与社会:社会科学导论》,柯胜文译,台北:桂冠图书公司2000年版,第397~398页。

管理人员;位于第二层的是政府高层官员、银行副总裁、公关人员、小企业主、公司律师、承包商等;第三层由民间组织负责人、报纸专栏作者、电视评论员、政府中下层官员等组成;第四层包括专业人士、小工商企业的经理、高薪的会计师等[1]。权力就嵌入在这些不同层次的结构当中。运用声望研究法,亨特发现亚特兰大的权力掌握在来自四个不同层次的 40 个人手中,他们躲在幕后左右着社区的决策。

(二)权力多元论

权力多元论认为社区的权力是分散的,掌握在数个不同的群体当中,拥有多极的权力中心。达尔(Dahl,Robert Alan,1915—)是多元论的代表人物。1961 年,达尔的《谁统治:美国城市中的民主与权力》(*Who Governs? Democracy and Power in an American City*,1961)[2]一书出版。达尔对康涅狄格州的纽黑兰社区进行了研究,他发现,这个城市社区并不是如精英论者所宣称的那样只有单极的权力结构,社区的权力掌握在不同的领导者手中,嵌入在社会结构多极主体中。与亨特采取声望研究法不同,达尔采用了决策途径方法,通过分析决策的参与过程来解析社区的权力结构关系。后续的研究者还有维尔德斯基、罗杰斯等人。维尔德斯基(Wildavsky. A. B.)在达尔研究的基础上,改进了其决策分析和意见调查的研究方法,以俄亥俄州的欧柏林(Oberlin)的小型大学城为研究对象,他得出多元权力结构不仅存在于大城镇,也存在于小城镇,即使在同质性很强的社区也会发生冲突。罗杰斯(Rogers, D.)则注重分析多元的权力结构与社区特征的联系,认为社区结构特征上的差异影响到社区权力的分配关系。

总之,精英论和多元论的讨论始终贯穿于社区权力理论的发展和演变过程中,直至今日,两者的讨论还在继续。正如威尔逊(Wilson, R. A.)和舒尔茨(Schulz, D. A.)两位学者所作的概括的:研究者的不同学科背景决定了对两种模型的不同运用,一般而言,政治学研究者喜欢多元论,而社会学研究者则多关注精英论[3]。

第三节 中国的民族社区结构

民族社区结构是对民族社区各构成要素的静态考察,是在一定时间内保持相

---

[1] 蔡禾主编:《城市社会学:理论与视野》,广州:中山大学出版社 2003 年版,第 82 页。
[2] Robert Alan Dahl. *Who Governs? Democracy and Power in an American City*. New Haven: Yale University Press,1961.
[3] 转引自夏建中:《现代西方城市社区研究的主要理论与方法》,《燕山大学学报》(哲学社会科学版) 2000 年第 5 期。

对稳定的社区环境、人口、组织、文化要素的状态和组合。环境通过资源、地理、气候等要素的组合，在很大程度上决定了一个民族社区的生产、生活方式，进而影响到社区的组织结构和文化特征。因具有民族构成、民族文化的特色，民族社区在社区组织管理、文化创造活动中具有不同于一般社区的特殊性。

一、民族社区的环境结构

在自然界，各种生物与周围环境形成一种相互依赖、相互作用的共生关系，即通常所说的生态系统。聚居在社区之中的人们共同体也处于一定的外部环境之中，与外部环境之间建立了各种联系，构成了一种"人类生态系统"。民族社区的环境结构指构成、影响其形成和发展的各种外部环境条件，主要包括地理环境和资源两大部分。

（一）地理环境

民族社区的地理环境主要指社区的位置、地形地貌及气候等因素。地理环境对社区的发育、分布、区位结构以及人们的生产、生活等方面具有重要影响。

1.位置

民族社区所处的区位影响到社区的发育。在一些位于平原地带、交通枢纽或者河口、海湾的民族社区，一般具有得天独厚的区位优势，人口较为密集、商业网络发达、交通便利，较快地发展成本地区经济、政治或者文化中心。社区的位置还决定了社区开发和利用资源的程度和便利性，从而形成了不同类型的民族社区。

2.地形地貌

地形地貌因素对民族社区的形成和发展也具有重要影响。因地形特征的不同，社区的发展也会形成不同的区位特征，如带状、同心圆等社区分布格局。杨懋春在《人文区位学》一书中把乡村社区环境分为七种类型[1]：平原辐射状村落、沿河川发展的村落、沿大路两侧发展的村落、沿山口边缘发展的村落、在山谷与平原接近处发展的村落、在河谷内部曲折处发展的村落和在丘陵溪涧之间处发展的散村。地貌特征能够限制人类的活动范围及能力，从而对社区的形成和发展产生影响。在一些沙漠、戈壁、冰川、极地等恶劣地貌的分布区，人群难以聚居，民族社区的分布就极为稀少。

3.气候

气候是一定地区里经过多年观察所得到的气温、雨量、风向、日照、湿度等的概括性的气象情况。气候通过光热、降水和风向的不同组合，决定了一个地区的土壤、水文和植被条件，从而影响到民族社区的自然景观、经济结构和居民的生活

---

[1] 杨懋春著：《人文区位学》，台北：五南图书出版公司1983年版，第107～112页。

方式。

中国地域广阔,气候类型也复杂多样。在东部季风区内的民族社区,从北到南有寒温带、中温带、亚热带、热带气候;东西干湿变化明显,从东到西可划分为湿润、半湿润、半干旱、干旱地区;青藏高原地区的气候更是复杂多样,从喜马拉雅山南麓到高原腹地,犹如从热带到两极,热带、亚热带、温带、寒带气候均有①。由于气候的复杂多样,同一时期不同地区的民族社区表现出了迥然不同的自然景观和区位结构。不同的气候造就了差异极大的自然条件,人们在利用和改造自然的过程中,也形成了不同的生产方式和生活方式,社会生活风貌也有很大的差异。

(二)资源

民族社区的形成和发展,既需要一定的物质载体(如土地),也需要向外部环境源源不断地汲取资源(如水资源、矿产资源等)。资源的不同组合,在很大程度上决定了民族社区的生产方式、结构布局以及产业分布。"资源是一个外延很广的概念,凡能为人类直接或间接利用,作为生产和生活资料的自然物及部分人造物,均可称为资源。"②社区可以开发和利用的资源,包括自然资源和人文资源两部分,前者主要有土地、水、矿产等,后者主要有文物、园林、古迹等。

1. 自然资源

由于受土地类型的限制,我国民族社区的生产方式多以畜牧、林木种植、渔业等为主,农业生产和种植则大部分分布在耕地广阔的非民族地区。社区的存在和发展离不开水资源,民族社区的分布往往与水资源的分布有着密切的关系。

2. 人文资源

民族社区的人文资源既包括历史上由本民族成员创造的历史遗迹、遗物,也包括本民族在生产和生活过程中形成的独具特色的民族文化。民族文化以别具一格的文学艺术、风俗习惯、手工制品等形式表现出来,体现了一个民族社区的文化涵养和精神风貌。各民族社区具有民族特色的人文资源,无疑在该地区社会经济发展、民族文化传承和利用方面发挥着积极的作用。在现代市场经济背景下,如何开发和利用社区的人文资源,对于民族社区的发展和文化的延续具有重要意义。

二、民族社区的人口结构

人是社区的主体,人口是社区的第一要素。民族社区中的各种结构、文化、制度和规范都要以人的活动及其相互关系为基础。民族社会学研究民族社区,不可能离开对人口的考察。民族社区的人口结构不仅涉及社区人口的特质,诸如数量、

---

① 杨武主编:《中国民族地理学》,北京:中央民族学院出版社1993年版,第45页。
② 黎熙元主编:《现代社区概论》(第二版),广州:中山大学出版社2007年版,第36页。

性别、民族构成、教育水平等,而且还要探索社区居民、社会团体及他们之间的互动关系,研究人口结构与社会结构的互动关系[①]。民族社区的人口结构可以从人口数量、人口构成、人口分布和人口素质几个方面考察。

(一)人口数量

人口数量是指一定时间、一定地域范围内有生命的个人的总和。社区的生存和发展需要适度规模的人口,而人口的规模对于社区的结构功能与变迁的性质也会有不同的影响。人口规模不同的社区,往往在社会分工的精细程度、生产生活的类型、公共设施和服务的密度,以及人际关系的性质、社区成员日常交往的频度等方面存在较大差异。在一些传统乡村民族社区,社区的人口规模较小。人们的日常生产生活也较为简单,乡村社会是一个熟人社会,人们之间保持着朴素的、直接的人际交往,乡村的居民足不出户便可以了解全村的信息。一些人口密集的城市民族社区则表现了完全迥异的社区特色:多民族的混杂居住使城市社区表现出了多民族特色;人们之间的关系多是基于业缘关系,面对面直接的互动变得越来越少;城市中密布着大量的公共设施,公共服务也涉及人们社会生活的各个方面;城市社区中的人们面对越来越复杂的社会结构,需要不断地学习以适应社会环境的需要。

人口迁移对民族社区的影响,主要体现在对流出地和流入地两个方面。对于流出地而言,尤其是青壮年劳动力和智力人才的流失,对于本地的建设和发展会产生负面影响。对于流入地而言,人口的大量迁入,会带来多元性的民族文化,增强城市发展的活力,同时也会对城市社区的公共服务和行政管理造成压力,滋生了一系列的城市问题。以宁夏为例,南部山区城市回族社区与北部城市社区,在城市经济发展和文化扩散、吸纳方面表现出不同的差异,这与人口的移入有密切关系[②]。在前者(以固原县城为例),沿海和内陆移民只有少量进入,城市回族社区相对完整地保存了传统文化特色,但是缺乏辐射力;在后者(以银川为例),迁入人口比例为42.61%,且具有较高的文化水平,混合型的开放文化成为本地区民族社区的特色,有较强的文化扩散力。

(二)人口构成

人口构成,"指社区人口本身在一定时间的内部组合状态,一般用组成部分的

---

① 郑杭生主编:《社会学概论新修》,北京:中国人民大学出版社2009年版,第231页。
② 高永久主编:《西北少数民族地区城市化建设研究》,兰州:兰州大学出版社2003年版,第223~227页。

比例关系来表示"①。人口是一个具有多重属性和关系的社会实体,可以从它的不同属性出发进行具体的考察。按照人口构成的特点和性质,大致可以归为三大类,分别为社区人口的自然结构、地域结构和社会经济结构。社区人口的自然结构主要包括人口的性别结构和人口年龄结构;社区人口的地域结构主要包括人口的自然地理结构、人口的行政区域结构和人口的城乡结构;社区人口的社会经济结构主要包括人口的阶级结构、民族结构、宗教结构、教育程度结构、婚姻家庭结构、职业结构等②。

民族社区人口结构中具有显著特色的是人口的民族结构和宗教结构。按照少数民族在民族社区人口中的结构特征,可以大致划分为以下几种类型:一是单一民族结构,即一个少数民族占民族社区人口的绝大多数,一般比例在90%以上;二是双主体民族结构,即两个主要民族构成了民族社区人口的主体;三是无主体的多元民族结构,这种类型主要存在于一些城市民族社区,由于外来人口的流入、杂居,呈现出了多元民族的特色。此外,民族结构中少数民族人口的规模、自然增长率等不仅具有统计学上的意义,而且还关系到少数民族的生存发展和文化的延续,关系到民族社区的稳定以及国家民族政策的制定,因而具有重大的意义。人口的宗教结构是指社区中信教者在总人口中所占的比例。中国的少数民族多信仰宗教,宗教在民族成员的社会生活中扮演了重要的角色。

(三)人口分布

社区的人口分布是指某一社区的人口自然或地理散布的状态和方式。人口的分布不仅受到自然地理条件的限制,而且还与社会经济、技术和社会组织结构有密切的关系。邓肯—哥尔兹密德的社会分类法揭示了人口的增长以及与之相辅相成的经济、技术和社会组织的变化:在不同的社会类型中,人口的规模和密度都有不同的表现,从而呈现出不同的人口分布特征,如在游牧狩猎和采集部落社会,人口规模小、密度低,而在都市——大都市社会则表现出了很大的人口规模和很高的人口密度③。

(四)人口素质

民族社区的发展不仅需要一定规模的人群,而且还需要社区成员具备一定的素质。社区中的人力资源只有在量与质的相互作用、相互影响中,才能更好地组织

---

① 于显洋主编:《社区概论》,北京:中国人民大学出版社2006年版,第128页。
② 于显洋主编:《社区概论》,北京:中国人民大学出版社2006年版,第129页。
③ (以色列)裴德·马特拉斯著:《人口社会学导论》,方时壮、汪念郴译,广州:中山大学出版社1988年版,第63页。

社会生活、发展经济以及开发自然环境。民族社区中人口的素质包括身体素质和科学文化素质两个方面。身体素质的提高受制于社会整体经济发展水平以及医疗卫生保障体系的完善等因素。科学文化素质的提高除了受社会经济发展水平限制外,还受到人们的思想观念和民族传统的影响。在中国,民族社区广泛分布在民族地区,民族地区的社会经济发展水平与非民族地区存在一定的差距,传统的民族观念也制约着人们对文化教育的接受。这些因素综合作用使民族地区与非民族地区的人口教育水平存在一定的差距,影响到民族成员科学文化素质的提高,也从根本上制约了当地社会经济的持续发展。

三、民族社区的组织结构

当社区中的人群为了达到某种目的,以集体互动形式发生持续和稳定的关系时,就形成了组织。社区中的每个人都置身于组织之中,组织可以使人们达到个人所无法实现的目的,可以实现社区的控制和调节,同时也是实现个人社会化的重要方式。认识民族社区的组织结构,可以从组织的分类、组织体系以及组织的管理三个方面入手。

(一)民族社区组织的分类

民族社区组织可以从多个角度进行分类,每一个不同的角度都是对民族社区组织特征的特定考察。根据已有的研究成果,社区组织可以有如下分类:正式组织和非正式组织;经济组织、政治组织、社会公益组织和娱乐休闲组织;营利组织和非营利组织;政府组织和非政府组织;自愿组织、合作性组织和强制性组织等[①]。我们主要从以下三个角度对民族社区组织的类型进行介绍:

1. 按照组织成员关系的性质

顾名思义,正式组织是通过规章制度等方式确立的制度化、法律化的组织,它广泛地存在于民族社区之中,如政府各级机构、银行、公司、学校等。非正式组织则是较为自由、松散的组织形式,如家庭、社团、宗教团体等。

2. 按照存在的领域及活动的范围

民族社区组织可以分为政治组织、经济组织、社会服务和文化组织。民族社区作为一个相对独立的社会,需要进行公共事务管理、公共秩序维护以及公共利益调节,民族社区的政治组织即应这种需要而生。民族社区既可以看做一个独立的社会系统,同时也是更大范围社会系统的一部分。因此,民族社区的政治组织又有履行社区自治的政治组织和更大层级社会的分支或基层政治组织的区分。社区自治组织在农村社区主要体现为村民自治组织。按照《中华人民共和国村民委员会组

---

① 于显洋主编:《社区概论》,北京:中国人民大学出版社 2006 年版,第 195~202 页。

织法》(1998)的相关规定，村民自治组织主要指由村民自主选举产生的村民委员会；在城市社区，居民委员会、居民代表大会和社区议事会是自治组织体系的主要组成部分。分布在民族社区中更大层级社会的基层或分支政治组织，在中国主要体现为党的各级机构。

社区的维系和发展离不开生产、生活资料的生产、分配、交换和消费过程，而经济组织则是围绕着这个过程存在的一系列人们共同体。在民族社区分布着大量的企业、公司以及服务于产品流转的各种经济专业合作组织。

民族社区中存在着大量提供社会服务功能的结构，它们都可以归入社会服务组织的行列。围绕着民族社区成员的衣、食、住、行有一系列的日常生活类的社会服务组织，如医疗卫生、餐饮、环境养护和治安保卫组织等。同时，民族社区中还存在着公益性的社会服务组织，它们向特定的人群提供专门的服务，如服务于老年人的养老院，服务于孤儿的福利院，服务于残疾人的护理中心等。

文化组织是个广义的概念，既包括各种文化娱乐组织，也包括针对民族成员社会化和文化的延续、传播而衍生的组织。文化娱乐组织是民族成员为了丰富自己的文化生活，由社区主办或者由具有共同兴趣爱好的人们自愿形成的各种组织，如各种武术、棋牌、歌舞协会等。以民族社会化或文化延续、传播为功能的文化组织，主要有学校和各种形式的宗教组织。在民族社区，需要特别提到的是宗教组织的作用。在一些民族社区，少年儿童在接受学校教育的同时，还要接受一定的宗教教育，这对于民族文化的延续、儿童的社会化都有着重要的作用。如在英国犹太人社区中，犹太教会堂(Synagogue)和犹太人日校(Jewish day school)在传播犹太文化方面起着非常重要的作用，"教育机构尤其是特别活跃的犹太人日校的存在，是衡量一个犹太人社区及其社区生活深度的重要指示器。"[①]

(二) 民族社区的组织体系

社区中的组织并不是相互隔离的"孤岛"，而是存在着相互依赖、相互影响的密切关系。当社区中的各种组织以一定的方式相互作用、功能上相互依赖，结成了具有一定内部结构的有机整体之时，就形成了社区的组织体系。按照社区中组织之间关系的性质和方式，可以把社区组织体系的结构区分为垂直式等级结构和水平式的网络结构。

垂直式等级结构的显著特征，在于上下级组织之间存在着不平等的关系，下级

---

① David Newman, Integration and Ethnic Spatial Concentration: The Changing Distribution of the Anglo-Jewish Community, *Transactions of the Institute of British Geographers*, 1985, Vol. 10, No. 3, p. 363.

组织与上级组织之间是一种隶属关系。无论是从权力的流向来看，还是从信息的沟通来看，下级组织只是作为命令的执行者被动地接受上级组织的要求和指令任务。在原来的计划经济体制之下，中国民族社区的结构就是一种垂直式的等级结构。在城市民族社区中，国家通过街道办事处和居民委员会实现对基层社区的控制和领导；在农村民族社区中，人们被组织在以人民公社为单位的"政经社合一"的单元之下，服从上级机关的指令和命令。这种组织体系之下，基层组织缺乏自主性和活力，同时也扼杀了社区中人们的积极性和主动性，在国家与社会关系上，反映了国家权力对基层社会的全面渗透和控制。随着中国改革开放的深入，民族基层社区组织逐渐获得了自主地位，垂直式等级结构在基层民族社会发挥的功能开始减弱。

在水平式的网络结构中，各种组织之间是平等的关系，在互利互惠的基础上实现信息和资源的共享。这种结构的组织体系多出现在一些经济性和社会性组织当中。如在中国日益开放和发展的市场经济中，产生了一大批跨地域、跨行业、跨所有制的经济性联合组织和集团式企业。具有水平式网络结构的组织体系，借助于日益发达和便捷的通讯手段和科学技术，实现着工业流、信息流和资源流的交流与合作，从而实现了经济效益的最大化。

（三）民族社区组织的管理

社区的维系和发展需要有序和稳定的环境，这就需要有一定的组织履行维持秩序、调节利益和管理社区的功能。民族社区既有一些正式组织执行管理功能，也在一些非正式组织的影响之下运行。理解民族社区组织的管理、民族社区社会秩序的运行，需要从正式组织的管理与非正式组织的管理两个方面入手。

1. 正式组织的管理

这是由国家法律和制度加以明确规定的组织进行的管理。在民族社区中，执行社区管理功能的组织主要是地方自治机关、垂直政府机关以及一些基层自治性质的组织。按照《中华人民共和国宪法》和《中华人民共和国民族区域自治法》的规定，实行区域自治的民族在本区域内通过建立自己的自治机关、行使自治权，实现本民族社会的管理。各个层级的民族自治机关，包括民族自治地方的人民政府和人民代表大会，就构成了所辖民族社区正式管理组织的主要组成部分。此外，在广大的基层民族社区，分布着大量具有自治性质的组织，如城市中的居民委员会和农村中的村民委员会等，履行着基层社区管理的职能。国外也有类似的组织，例如，在北美克罗地亚民族社区的管理中，成立时间最长、规模最大的克罗地亚人兄弟会（The Croatian Fraternal Union）发挥着重要的作用，它能够对当地政府施加影响，并且被广泛视为北美克罗地亚民族社区的合法代表①。

2. 非正式组织的管理

在民族社区还存在着一些非正式管理组织和管理制度。虽然它们没有得到官方的承认或认可,但是却作为一种历史习惯的延续和在民族成员心理中的权威,长期、有效和持续地发挥着作用,甚至具有正式组织所无法替代的重要功能。国家权力未深入介入之前的民族社区,广泛存在着一些传统的非正式社区管理组织和制度。如基诺族各村寨历史上实行的"左米尤卡"制度、瑶族社会中特有的政治组织瑶老制以及石牌制度、彝族的家支制度、撒拉族社区称之为"工"的社会组织等②。虽然这些组织和制度已经随着新中国的成立以及此后历次社会改革而趋于消亡,但其对民族成员的影响则是短期内难以消除的。如彝族的家支意识依然在民族基层社区中具有深厚的遗留③。

有一些非正式管理组织和制度依然在现代民族社区存在,并且具有完整的结构和组织形式,在民族社区的管理中发挥着重要作用。中国西北一些地方回族社区的门宦制度就是一个典型的例子④。

四、民族社区的文化结构

文化是社区的灵魂,社区之间即本质区别在于其文化内涵的不同。民族社区的文化既可以宽泛地理解为民族成员在改造自然过程中所创造的一切物质和精神成果的总和,也可以狭义地理解为民族成员共有的观念意识以及与之相配合的制度和组织结构。民族社区的文化通过发挥社会化、维系社区意识等功能,对于民族社区的凝聚和发展具有重大意义。本书对民族社区文化采取狭义的理解。

(一)民族社区文化的层次

民族社区的文化是一个有机的整体,在其内部呈现出一定的结构层次,不同组成部分相互配合、相互关联,作为一个统一的系统发挥功能。我们把民族社区文化的结构分为物质文化、精神文化与制度文化三个方面。

1. 物质文化

物质文化是文化最为表层的部分,通常以各种实物形式以及技术手段方式具

---

① Ivana Djuric, The Croatian Diaspora in North America: Identity, Ethnic Solidarity, and the Formation of a "Transnational National Community". *International Journal of Politics, Culture and Society*, 2003, Vol. 17, No. 1, p. 115.

② 参见高永久等编著:《民族学概论》,天津:南开大学出版社 2009 年版,第 220~224 页;高永久主编:《西北少数民族文化专题研究》,北京:民族出版社 2004 年版,第 158~161 页。

③ 高永久等编著:《民族学概论》,天津:南开大学出版社 2009 年版,第 222 页。

④ 高永久主编:《西北少数民族地区城市化建设研究》,兰州:兰州大学出版社 2003 年版,第 45 页。

体、直观地呈现出来。具体到民族社区,物质文化体现在社区的各种公共设施、社区面貌、人文景观等各种人造环境中,体现在民族成员衣食住行所使用的各种器具和装饰中,体现在民族成员生产过程中所使用的各种工具中。由于民族社区的物质文化与民族成员的生产和生活密切相关,因此物质文化也被深深地打上了民族的烙印,渗透着本民族的审美标准、价值观念和思维方式,呈现出强烈的民族特色。以建筑文化为例,具有民族风格的建筑是民族物质文化的一种具体表现。

2. 精神文化

精神文化是文化的内核,尤其是体现一个民族思维方式、价值观念和行为模式的观念形态,是文化的深层次结构。此外,精神文化还包括人们脑力劳动所创造的一些精神文化成果,如语言、哲学、科学、伦理、道德、文化、艺术、风俗、宗教等。不同的民族社区在各种精神成果创造方面都有值得骄傲和称赞的成就,成为本社区成员认同和民族自豪感的来源。在一个民族社区,精神文化主要体现为民族成员的价值观念、审美情趣、思维方式、社区意识等,这些内容就是民族社区精神。不同的民族社区具有不同的社区精神。无论民族成员身处何地,各种物质文化形式发生了怎样的变迁,而作为民族自我认同以及与"他者"易于区分的民族社区精神,则会长久、稳定地留存在民族成员的心中。

3. 制度文化

民族成员在社区生产过程中发生各种社会关系,同时,需要一定的规范和准则对社会关系互动的内容、方式及性质进行约束,为社会成员的互动提供一定的目标预期,从而使社会关系朝着稳定、有序的方向发展。这些约束和规定民族成员社会关系的规范和准则,就构成了民族社区的制度文化。民族社区的制度文化主要是规范民族社区成员社会关系互动的各种规章、制度和准则,如经济制度、政治制度等。

(二) 民族社区文化的功能

按照文化功能学派的观点,每一种文化都具有一定的功能,或者是满足人类的需要,或者是与一定的社会结构相适应。研究民族社区文化的功能,其目的在于揭示文化对于民族社区存续和发展的重要作用。

1. 社会化功能

社会化是民族成员由自然人成长为社会人的过程,同时也是民族成员习得各种技能、规范和知识,形成与本社区相适应的价值观念、行为方式和道德规范的过程。每一个民族社区都有一套为本民族成员长时期遵循、信奉和实践,并且渗透到民族社区社会生活各个方面的文化。这种文化通过社区中的各种履行社会化功能的结构,如家庭、伙伴群体、寺院、学校等,在民族成员之间散布和传播。正是由于民族文化持续不断地在民族成员代际之间传播和延续,民族成员才能逐渐习得进行生产、生活所需要的知识和技能,才能获得与其他民族成员一致的价值观念、思维方式和行为模式,才能在社会交往中确立自身的地位并获取其他民族成员的认同。值得注意的是,与非民族社区不同,宗教以及与此相关的结构在民族成员社会化过程中发挥了关键性的作用。

2. 认同维系功能

民族成员长时间地生活在本社区之中,久而久之,就会产生一种对本社区的归属意识和情感依附,这就是民族社区的认同意识。社区认同意识表达了本民族成员对社区中的风土人情方面的主观体验和情感反映。这种主观体验来自于民族成员对于本民族社区的眷恋,来自于对本民族社区历史文化传统的自豪,来自于与本民族成员由于共享同一的价值观念、思维方式和行为模式而带来的情感共鸣,来自于社区中富有民族特色的物质形式产生的内心愉悦。总之,由于长时间地浸染于民族文化的各种物质形式和精神产品,从而才在观念意识层次上产生了对本民族的归属认知和情感依附。同时,民族成员的社区认同意识也会以负面的形式表现出来,如对本民族社会发展落后的自卑,对本民族文化过分的眷恋而产生排斥、抵制外来文化的保守心态等。

3. 凝聚、延续功能

如果把文化看成是人们在适应自然过程中的创造物,那么民族社区本身就是文化的一种表现形式。从这个意义来看,民族社区的凝聚和发展,实质上就是民族文化的传承和延续。构成民族社区的要素包括地域、人群及关系互动三个方面,每一个方面都浸润着民族文化并且深受民族文化的影响。民族文化对于民族社区的凝聚和发展功能,主要是通过对民族成员的社会化以及维系民族成员的社区意识两个方面发生作用。正是通过这两个方面,民族文化完成了对民族社区最具有创造力的因素——人的创造,这里的"人"不是纯粹的自然人,而是具有民族的价值观念、思维方式和行为模式的社会人。他们在参与、共享和实践本民族文化的过程中,实现了民族社区的凝聚和延续。

第四节　中国民族社区的变迁与发展

民族社区的结构要素并不是一成不变的,而是随着时间的推移在内部及外部环境压力的作用下,各种结构要素的特征及其组合方式也在发生着变化。民族社区的动态变化,既可以一种自然演进的方式表现出结构要素或整体的变迁,即民族社区变迁,也可以通过有计划的人为介入,实现正向的发展,这就是民族社区发展。

一、民族社区变迁

随着时间的推移,在内部和外部因素的共同作用下,社区各组成要素会发生演变和发展,导致各要素之间及其与社区整体的关系发生改变,从而使社区结构产生量或者质的变化,这就是社区变迁。社区变迁是对社区结构系统的动态考察,它反映了社区在时间维度上的演变和发展过程。民族社区变迁突出表现为民族社区结构要素的变迁。各种要素在内外因素的综合作用下发生了变化,要素之间及其与社区整体的关系发生了改变,从而推动着民族社区的变迁。

(一)民族社区变迁的内容

社区变迁以结构变迁为特征,因此,对民族社区变迁的分析,首先要从社区结构要素的变迁谈起。下面主要从民族社区结构要素环境、人口、组织和文化四个方面的变迁展开论述。

1. 环境变迁

这里的环境既指民族社区所处的外部生态环境,包括资源、地理、气候等要素的组合,也指社区居民生产、生活所形成的空间布局环境。环境主要反映了人与自然之间的关系,是人群聚居、生存和发展的物质载体以及空间结构。外部生态环境的变迁,通过改变人们汲取资源的条件和外部物质载体的形态,进而改变了人们生产和生活的方式,影响到人们生存和发展的经济结构。一些民族社区在环境资源丰富的情况下,社会繁荣、人口稠密、文化繁荣,而当赖以生存的环境恶化乃至威胁到了人们的生存,则会导致社区本身的衰落乃至消亡。民族社区空间布局环境的变迁,涉及居住格局、区位划分、功能区分等方面的演变。空间布局环境的变迁会影响到社区内的民族关系、公共资源利用效率、组织的功能配合等方面。一些美国学者用"分离指数"来反映社区中居住方面的种族、民族隔离的程度,这个指数可以间接地反映出民族关系的状况。人们可以通过有意识地改变居住格局,即促使空间环境的变迁,按照理想的民族人口比例来调节社区中人口的比例,从而可以在某种程度上改善民族关系的状况。

2. 人口变迁

人口变迁涉及人口数量、质量、分布、构成等方面的变化。社区的发展需要适度规模的人口数量,过少或者过多的人口数量,都不利于社区经济社会的发展,不利于公共资源的合理利用。当前中国民族社区的人口数量总体上处于由高增长、低死亡率向低增长、低死亡率过渡的阶段,在此过程中,个别民族社区人口的数量却表现出了较为强劲的增长势头。这对于民族社会的发展与民族文化的维系都产生了重大影响。人口质量关系到人力资源利用和开发的效果,关系到民族成员素质的发展。由人口迁移导致的人口分布的改变,对于流入地社区和流出地社区都具有重大的影响。民族人口构成方面的变迁,包括年龄、婚姻、民族、宗教、阶层、职业等方面结构的变化。民族社区的民族结构决定了社区的民族基础。一些传统的民族社区在大量外来民族人口流入的情况下,由于民族比例关系变动、社区文化的异质性,也会影响到民族社区的民族性特征。

3. 组织变迁

组织是为了满足人们达成集体目标、组织化参与社会生活的需要。组织的变迁不仅包括组织本身的性质、功能和目标的变化,而且还包括与组织运行密切相关的制度和规范的变化。随着现代社会的发展,民族社区的传统组织形态和结构发生着变化。从组织的性质来看,以血缘、宗族、文化等为纽带的血缘性组织,日益受到基于职业、地缘、事务关系的业缘组织的冲击,其重要性已大不如从前。从组织的功能来看,传统民族社区的功能单一且专业性不强,而在现代社会中,组织的细密分化及其承担功能的专一性,成为了社区发展和效率的最有力的保障。与组织密切相关的制度和规范的变化,对于组织运行的效率和功能的发挥具有重要的作用,当规范和制度发生变化时,组织也会随之发生变迁。以新中国成立以来民族社区基层组织形态的发展演变为例,可以看出外部制度和规范对于组织变迁的制约作用。随着中国由计划经济体制向社会主义市场经济体制转变,民族社区基层组织形态也由农村社区中的人民公社和城市社区中的单位制,向一些具有自治性、社会性、多种所有制结构的组织形态转变。

4. 文化变迁

对文化内涵的理解不同,会导致对于文化变迁的内容有不同的看法。如果从最广义的文化内涵出发,文化变迁即为人类一切创造物的变化和演变过程,包括物质文化变迁、精神文化变迁和制度文化变迁三个方面。考虑到具体的社区及社区研究的需要,认识不同社区的本质规定性,往往是通过认识社区的精神文化尤其是表现在社区观念意识形态方面的差异来实现的。社区的观念意识形态主要有价值观念、思维方式、行为模式以及归属意识等内容。作为社区文化的最深层次结构,观念意识形态的变迁较为缓慢、滞后,是在社区物质文化、制度文化发生变迁之后,依然能够发挥认同、凝聚作用的持久力量。在民族社区中,各种观念意识形态中最为核心的内容是民族的认同意识。民族成员通过故土依恋、社会互动、社区参与、文化浸染等形式,与民族社区建立了深厚的依附、归属意识,表现为对本民族及民族社区的热爱、责任和义务。在现代化的冲击之下,传统民族社区逐渐丧失了表征形态的文化,思维观念、行为模式也发生了变化,但维系民族及民族社区存在的认同意识则会长时期存在;而当民族认同意识不复存在之时,民族以及民族社区事实上已经走向消亡。

民族社区结构变迁的上述几个方面并不是各自单独运行的,它们之间往往存在着相互联系、相互作用的关系,作为民族社区结构的整体发挥作用。当民族社区的外部环境发生变迁时,社区的生产、生活结构会随之发生变化,导致社区本身的组织运行和制度结构发生演变,进而带来文化形式和特征的变迁。同时,这些结构的变迁及其相互关系的演变,也会带来民族社区整体特征的其他方面发生变化。

(二)民族社区变迁的影响因素

地理、政治、经济、文化等因素,通过介入、影响民族社区的发展过程,使民族社区变迁的方向、性质、范围等发生变化。下面我们将对这些因素在民族社区变迁中的影响作一简要分析。

1.地理因素

社区的地理区位、资源分布等因素影响到社区的变迁。有研究者在对比和分析北京市马甸和牛街两个回族聚居区的发展过程中,指出牛街能够继续存在并且获得新的发展生机而马甸则不断衰落的原因,在于两个聚居区在城市中的不同地理位置:马甸位于北京城市扩展的地理位置上,没有统一的行政管理机构为社区的发展进行管理和争取利益,牛街则恰好相反[①]。此外,地理环境条件的优劣也会对社区的变迁造成关键性的影响。

2.政治因素

民族社区可以看做是一个独立的系统,同时也可被视为更高层次、更大范围社区的一个子系统。因此,把民族社区的变迁置于广阔的社会背景之下,才能更透彻地观察民族社区小系统的变迁过程。其中,政治因素是民族社区的社会背景考察中不可忽视的重要因素。国家与社会的不同关系状态、社会政治改革的性质和形式以及国家的民族政策等政治因素,都会对民族社区的变迁产生重大的影响。从国家与社会的视角来看,新中国成立以来,我国民族社区的变迁深刻地受到社会政治经济改革、民族政策以及政治权力渗透程度的影响。在新中国成立之前,国家与社会的关系基本上是弱国家—弱社会的模式,民族社区处于一种封闭状态,社区的权力体系处于"自组织"状态,社区变迁缓慢。新中国成立之后,在历次社会政治运动影响之下("文革"时期达到顶峰),表现出强国家—弱社会的模式,国家政权力量强力渗透到基层,传统民族社区的结构被打破而趋于解体,并以人民公社和单位制的形态重新组织起来。一些"左"的民族政策和宗教政策的执行,破坏了民族社区的结构形态,民族、宗教因素长时间被压抑。改革开放之后,国家力量适度回撤、社

---

① Wenfei Wang, Shangyi Zhou and C. Cindy Fan, Growth and Decline of Muslim Hui Enclaves in Beijing, *Eurasian Geography and Economics*, 2002, Vol. 43, No. 2, pp. 104-122.

会力量增长以及民族、宗教政策回归正常状态,民族社区的自组织力量开始发展,民族文化和宗教信仰开始复苏。

3.经济因素

经济因素对民族社区变迁的影响是根本性的。生产力和生产关系的变化是民族社区变迁的根本性动因。民族学中的"经济文化类型"是根据经济(主要是指生产方式)与文化形态的相互关系,对不同类型民族社区的划分。"经济文化类型"反映出民族文化与经济之间的密切关系。在现代社会,生产力对社区变迁的影响,突出地表现在科学技术上。如一些以互联网为平台、信息技术运用、超时空为特征的虚拟民族社区的出现,即是得益于科学技术的巨大发展。生产关系中所有制结构、分配结构等的变化,会引起社区职业结构、阶层结构等的变化,从而引起社区组织形态的变迁。

4.文化因素

民族社区是一个开放的系统,在现代社会中,完全独立隔绝的民族社区几乎不存在。随着商贸活动、人口流动、传播媒介的发展,民族社区之间的文化交流与互动越来越频繁。一个民族社区通过与其他民族社区的文化相互持续、直接的接触,从而发生一方的文化或者双方的文化模式发生变迁的现象即涵化,是非常常见和频繁的事情。文化涵化使得一个民族社区不断地借用、吸收、改造、整合异质的文化要素,从而促使本民族社区的文化内容发生变迁。民族社区文化变迁还有一种显著现象,就是在一些具有浓厚宗教信仰的民族社区,民族文化的变迁与宗教信仰结构具有密切关系。信教群众人口结构的不同(主要是信教群众占社区人口的比例),会带来民族文化变迁频率、幅度和程度的不同。

民族社区变迁还受到民族关系的性质和状态的影响。在民族社区间民族关系和谐、社会文化交流频繁的情况下,民族社区变迁的速度要快一些,幅度要大一些;而民族社区之间的对立乃至发生冲突,常常会导致民族社区处于自我隔绝、自我防卫状态,社区变迁较为缓慢。自然灾害也会对民族社区的变迁产生影响。总之,民族社区变迁受到多种因素的综合作用和影响,需要综合各项因素进行全面的分析。

二、民族社区发展

社区发展是一种有计划、有目的的正向社会变迁。在社区变迁的自然演进过程中,不可避免地会出现一些由于外部环境的压力以及内部结构互动所产生的问题,社区发展便是人们有规划、有目的地动员、整合社区内的力量和资源,重新组合及协调社区要素及其关系,实现社区良性、和谐发展的过程。

(一)"社区发展"概念产生的历史背景

"社区发展"(community development)研究产生于工业化最先启动和发展的

西欧国家。随着工业化、现代化以及城市化的推进,西欧国家在实现社会经济极大发展的同时,也迎来了一系列"城市病"问题。大量人口涌入城市所带来的失业、贫困、卫生、管理等一系列的问题,使西欧国家原来以教会为主的救济方式捉襟见肘,于是需要调动基层社区的力量和资源,通过培养社区居民的自治精神和互助精神,共同参与改善社区生活条件的各项活动。

"社区发展"作为一个正式概念,是由美国社会学家法林顿(Farrington, Frank)在其 1915 年完成的著作《社区发展:将小城镇建成更适合生活和经营的地方》中提出的。之后的学者们又进一步完善和发展了这一概念的理论体系。1939年,美国社会学家桑德斯(Sanders, Irwin Taylor, 1909—2005)和波尔斯在其合著的《农村社会组织》一书中,详细论述了社区发展的基本理论和方法[①]。

社区发展在世界范围内的推广及最终发展成为一项世界性的运动和研究课题要归功于联合国的积极推动和巨大贡献。二战之后,广大的发展中国家普遍面临着就业、疾病、贫困、经济发展缓慢等问题。解决这些问题,单纯依靠政府的力量是不够的。一种通过调动社区成员的力量和资源,发挥成员之间的互助和自治精神,通过基层民间力量实现社会发展的方案应运而生。在"社区发展"由一种构想转化为制度规范和实施方案的过程中,联合国发挥了巨大的作用。在组织结构设置方面,1951 年联合国经济社会理事会通过了 390D 号议案,计划建立社区福利中心以推动乡村的发展;1954 年,改组社区组织与发展小组,建立了联合国社会事务局社区发展组,致力于在世界各国家和地区开展社区发展计划。在阐明社区发展目标和任务上,1955 年,联合国发表了名为"通过社区发展促进社会进步"(Social Progress Through Community)的专题报告,指出社区发展的目的是"动员和教育社区内居民积极参与社区和国家建设,充分发挥创造性,与政府一起大力改变贫困落后状况,以促进经济的增长和社会的全面进步"[②]。在具体活动开展上,由最初对发展中国家农村社区的扶贫救助,扩展到指导对城市社区的一系列发展问题的解决,其后越来越重视指导对社会与经济的协调发展、社区居民的参与和管理水平等问题的解决。

"社区发展"在中国的提出具有特殊的社会历史背景,与经济体制转型和城市管理体制的改革具有伴生关系。随着经济体制的改革,原有的计划经济体制下以"单位制"为主要特征的城市管理体制开始解体,越来越多的"单位人"变成了"没有

---

① 中国大百科全书出版社编辑部、中国大百科全书总编辑委员会《社会学》编辑委员会编:《中国大百科全书·社会学》,北京:中国大百科全书出版社 1992 年版,第 359 页。

② 徐永祥著:《社区发展论》,上海:华东理工大学出版社 2000 年版,第 2 页。

归属"的"社会人"。由"企业办社会"的社区管理和服务模式,也在"单位制"解体之后成为了历史。社区管理和公共服务在原有提供主体解体的情况下,需要新的组织结构进行承担。中国的城市化进程同样也带来了一系列的城市社会问题,如下岗失业、贫富分化、犯罪滋生等,而在解决这些问题方面,政府能力有限,需要社会力量的支持和协助。总之,基层社会整合的迫切需要、公共管理和服务主体的缺位以及政府能力的有限性,构成了"社区发展"产生和发展的客观条件。

在中国,"社区发展"最初是由民政部在20世纪80年代以"社区服务"的形式提出,旨在作为一种以社区内部烈军属、孤老户、特困户、残疾人等为服务对象的社区扶贫救助手段。进入90年代后,在青岛、天津、上海、南京等城市社区建设的示范和带头作用下,社区建设和社区管理开始在全国范围内展开。2006年3月,十届人大四次会议通过的《中华人民共和国国民经济和社会发展第十一个五年规划纲要》,把社区建设列为"十一五"时期公共服务的重点工程。社区建设作为一项社会建设工程,由国家的政策加以明确规定。随着中国城市化、工业化和市场化的快速发展,社区建设和社区服务也被注入了越来越多的时代内容。

(二)民族社区发展的定义

民族社区发展是社区发展的相关内涵、理论和方法在民族社区中的具体运用和展开。

民族社区发展中的"民族"是对社区发展所处时空坐落的特殊限定,指在以民族社区为单位的地域社会内,由政府、民族成员以及各种社会团体为参与主体,利用和调动社区内一切可资利用的资源和力量,解决民族社会发展所面临的各种社会问题,以改善生活环境、完善各项公共服务、培育社区成员共同精神和社区意识为目标的过程。

(三)民族社区发展的原则

民族社区发展是由民族成员、政府以及各种社会团体共同参与,为了达到特定目的的、有计划的社会变迁过程。在这个过程中,需要遵循以下原则:

1. 民主性

民族社区发展的目的是为了满足民族成员生存发展的现实需要,因此,对各种社区发展项目、计划的方案制定和实施步骤,民族成员最有发言权。在各种关系民族成员切身利益的社区计划及项目制定过程中,要贯彻民主的原则,保证程序民主、民族成员的充分参与以及广泛听取民族成员的意见和建议。只有在民主的前提下,各项社区发展措施和项目,才能有利于社区问题的解决,也才能更容易得到贯彻和实施。

2. 主体性

民族社区发展的实施主体是多元的,民族成员参与社区发展,既可以通过个体的形式表达意见及贡献财力、物力等,也可以通过民族社会团体进行组织化的介入。确定民族社区发展中民族成员的主体地位,才能更好地保障民族成员的利益和权利,才能调动民族成员参与和管理的积极性,才能最大程度上利用社区内的各种资源。同时,民族成员的主体地位要与政府的支持和辅助相配合。政府的财力支持、技术支持和人力支持,在社区发展过程中会起到关键性的作用。中国可以参考借鉴国外的做法,例如,澳大利亚实施的一些针对少数民族移民的社区服务,有很多都是由政府免费提供的,如设置社区援助顾问处提供日常咨询、举办英语培训班进行免费的英语培训、免费的语言翻译、多语言的文化广播等①。

3. 针对性

针对性是指民族社区发展应遵循解决问题的原则。民族社区的问题涉及民族成员社会生活的各个领域,并且对社区发展具有不同程度的影响。因此,要在民族社区财力、人力、物力等资源有限的情况下,确定社区问题的重要程度以及解决的优先次序。要优先解决关系到民族成员社会生活和切身利益的重大问题。

4. 全民性

社区是所有居民的社区,需要社区内每一个成员的积极参与和互动。强调民族社区发展的全民性,就是为了强调社区的发展和建设,离不开每一个成员的贡献和参与,需要群策群力,动用一切可资利用的资源,改善公共环境、完善社区整体服务水平以及提高社区全体成员的生活质量。此外,只有民族社区内所有成员共同参与、互动,才能在相互了解、相互体验中,营造一种共同的情感和归属意识。

5. 协调性

民族社区发展既包括"硬件"建设,也包括"软件"建设。"硬件"指社区的基本公共服务设施、信息系统设施和准公共以及其他社区服务设施。"软件"有广义和狭义之分。广义的"软件"指社区的文明程度、政府效率指数、社会公平化水平、信息化水平、知识化水平、竞争力水平、生态水平以及道德水平;狭义的"软件"主要包括社区的精神文明建设、社会治安状况、社区周边环境、邻里氛围、居民素质、生活质量、教育资源、文化娱乐等方面②。"硬件"建设为"软件"建设提供一定的物质基础和设施保障,而"软件"建设的顺利开展,则有利于保障社区基础设施的顺利供给、构建合理的民族社区结构。

(四)民族社区发展的内容

---

① 王铁志:《澳大利亚的民族社区和社区服务》,《世界民族》1996年第1期。
② 高永久、刘庸、李建平:《对民族地区城市社区建设的思考》,《广西民族研究》2006年第1期。

民族社区发展主要包括改善生态环境和完善公共服务等内容,其特殊性在于参与主体主要是民族成员、社区公共服务的提供具有一些民族性内容,以及民族文化保护和发展。

1. 改善生态环境

民族社区的社会发展需要一定的外部环境,而生态环境直接影响到民族社区的发展,同时也是民族社区发展的一项重要内容。自然生态环境通过资源、地理、气候等要素的组合,在很大程度上决定了社区发展可利用的自然条件。一些生活在偏远社区的少数民族对自然环境有更大的依赖性,自然生态环境直接关系到民族社区的存续和发展。虽然城市社区部分地摆脱了对自然环境的依赖,但是城市生态环境的状况也直接关系到人们的生活质量。生态环境的改善,包括自然环境与人们生活的和谐、城市卫生整洁、绿化优美、环境污染的治理等内容。在实现生态环境与民族社区和谐发展的过程中,要处理好以下关系:(1)资源保护与满足民族成员需要的关系,要在资源保护与满足民族成员需要之间寻求平衡。(2)权利和义务的关系,民族成员既有实现社区发展的权利,也有保护环境和资源的义务。(3)民族成员参与的主体性与政府外部支持的关系。民族成员不仅要出工出力,而且还要参与管理和决策。(4)乡土知识的利用与提高社区发展能力的关系。要在尊重民族传统文化基础上,提高民族成员的参与和管理能力。

2. 完善社区服务

社区是一种功能性的地域社会,人们聚居在社区之中,是因为社区具有满足人们需要的各种社会功能。向本社区的成员提供各种服务是社区的一项基本功能。社区服务的质量和水平直接关系到社区成员生存、生活基本需要的满足,因此,它是社区发展一项必不可少的内容。对于民族成员来说,社区服务可以分为两大类:一种是一般性社区服务。这种性质的社区服务与非民族社区的社区服务内容一致,主要有基础设施、科教文卫、社会保障等方面的服务。另一种是特殊性社区服务,即应民族成员的特殊需要而生的服务。例如帮助少数民族移民更快地融入社会的公共服务、满足少数民族的宗教需要的社区服务等。完善特殊性社区服务,是民族社区发展的一项具有民族性的内容。在这方面,可以参考澳大利亚的做法,在澳大利亚,社区服务的特点是实施为少数民族服务的项目[①]。这些项目以非英语背景的移民为实施对象,通过对他们在适应社会时所遇到的一些实际问题提供具体的帮助和服务,诸如就业指导、语言翻译、文化广播、教育、医疗等,从而帮助他们更好地融入当地社区环境。

---

① 王铁志:《澳大利亚的民族社区和社区服务》,《世界民族》1996年第1期。

《民族社会学概论》

第四部分　民族社会行为

第八章　民族交往　第九章　宗教与民族社会

第四部分 民族社会行为

第八章 民族交往

研究民族交往现象,既是完善民族社会学理论体系的客观需要,也能为解决民族社会中的某些现实问题提供理论指导。作为一种互动性实践,民族交往深受民族文化、民族政策、空间格局及交通通信等因素的影响。现实生活中的民族交往主要表现为经济互动、文化互动与族际通婚。就多民族社会而言,民族交往不仅促进了信息的相互传递,而且有利于传播先进技术、发展民族经济以及传播优秀文化。本章将主要从民族交往的含义、基本形式、影响因素以及主要功能四个方面对其进行阐述。

第一节 民族交往的含义

民族交往是一种族际互动性实践,由主体、行为、目的、情境四项要素构成。民族交往具有民族特性、互动性、目的性、规范性的特点,其中民族特性是民族交往区别于普通社会交往的最主要判断依据。根据不同的划分标准,民族交往可以分为个人交往与群体交往、双边交往与多边交往、平等交往与不平等交往等多种类型。

一、民族交往的概念

任何民族的形成与发展都离不开与其他民族的交往。其一,包括民族在内的一切社会集团,要想实现自身的发展,就必须在与其他社会集团的交往中不断学习。"人类的历史证明,一个社会集团,其文化的进步往往取决于它是否有机会吸取邻近社会集团的经验。一个社会集团所有的种种发现可以传给其他社会集团;

彼此之间的交流愈多样化，相互学习的机会也就愈多。"①其二，民族发展需要一个长期和平稳定的外部环境。"民族交往伴随着民族共同体变迁与发展的整个进程，是构成民族关系的重要内容，民族关系也是通过民族交往具体实现与体现的。"②可见，平等、友好的民族交往有助于构建良好的民族关系，从而为民族发展创造稳定的外部环境。可以说，民族交往是维护民族利益、促进民族发展的必要前提。

分析民族交往的概念，必须厘清族内交往与族际交往、交往实践与交往心理之间的关系。从交往主体来看，广义的民族交往分为族内交往与族际交往。族内交往的参与主体来自同一民族，而族际交往的参与主体则分属两个或两个以上的民族。多数情况下，族内交往的范围更广、程度更深，但是缺乏主体特殊性，事实上，族内交往与普通的社会交往没有根本区别，因而不属于严格意义上的民族交往。所以，民族交往应该特指族际交往，而不包括族内交往。从交往的内容来看，广义的民族交往分为交往实践与交往心理。交往实践是指交往主体在经济、政治、文化等各个领域的所有交往活动的总和，而交往心理则是交往主体在实践过程中表现出来的心理状态。交往心理既影响着交往实践，又通过交往实践表现出来，二者不可分割。但出于方便研究的考虑，我们可以将民族交往限定在实践层面，同时将心理层面界定为"民族交往心理"。

民族交往是不同的民族或不同民族身份的个人、家庭、组织等，在一定规范约束下做出的有目的的互动性实践。具体而言，民族交往必须同时具备主体、行为、目的、情境四项要素。第一，民族交往的主体既可以是民族，也可以是个人、家庭或组织等。第二，作为一种社会实践，民族交往必然伴随着一系列的组织行为和个人行为。第三，民族交往具有一定的目的指向性，是交往主体经过了解、分析、判断以后做出的实践活动。第四，民族交往总是发生于特定情境，并且遵循着情境内的基本规范。总之，民族交往就是发生在民族或民族成员之间的一种实践活动，这种实践深受民族交往心理的影响，对民族发展具有至关重要的作用。

二、民族交往的前提

民族交往是一种交换、合作、竞争的实践过程，是交往主体为了满足自身需要而做出的行为。民族交往属于社会交往的特殊形式，归根结底也是为了满足人的需要。民族交往能不能顺利实现，关键在于交往主体的需求和态度，即民族交往必须兼具需求互补性和态度类似性两个前提条件。需求互补性是促成民族交往的客

---

① F. 博厄斯：《种族的纯洁》，《亚洲》1940年第4期。转引自韦浩明：《论族群交往与婚姻互动——贺州族群问题研究》，《黑龙江民族丛刊》2006年第6期。
② 李静：《民族交往心理构成要素的心理学分析》，《民族研究》2007年第6期。

观因素。民族在产业结构、资源类型等方面会有或大或小的差别,这些差别决定了需求上的互补。个人、家庭、组织等在职业类型、收入水平、文化程度等方面也会有不同程度的差别,同样形成了需求上的互补。差别的大小与需求互补性的强弱没有必然联系,有些情况下差别越大互补性越强,有些情况下差别越小互补性越强。但是无论如何,缺乏需求上的互补也就缺乏民族交往的动力,需求互补性是民族交往的必要前提之一。

态度类似性是促成民族交往的主观因素,包括交往主体在民族传统、民族习俗、宗教信仰等文化层面的基本心理因素的相近或相似。在其他条件相同的情况下,基本心理因素越相近的民族或民族成员,彼此交往的阻力就会越小。例如,在中国东北地区一些多民族聚居的地方,满汉两个民族间的族际通婚出现较早,并且广为居民接受。而朝鲜族与回族的族际通婚现象直到20世纪90年代才开始出现[1]。民族交往的其他方面同样如此,基本心理因素越相近,民族交往的频率往往越高。态度类似性还包括民族及其成员对于民族交往的主观意愿。一般情况下,主体间的需求互补性越强,交往的主观意愿就会越强,毕竟互补性强的民族交往更能满足双方(多方)的需要。民族交往的主观意愿直接决定了交往实践,而基本心理因素则深刻影响着民族交往,二者共同构成了民族交往的态度类似性。

三、民族交往的特征

民族交往具有两方面的特征:一方面,民族交往是社会交往的一种特殊形式,具有某些专属特征,如民族特性;另一方面,民族交往属于社会交往的一种,具有社会交往的一般性特征,如互动性、目的性和规范性。民族交往的特征与民族交往概念中的四项要素基本一致,其中民族特性对应主体,互动性对应行为,目的性对应目的,规范性侧重情境。

(一)民族特性

民族交往的参与主体必须分属不同民族,民族身份相同的主体之间不会产生民族交往。其一,两个或两个以上的民族之间的交往属于民族交往。其二,来自不同民族的个人、家庭、组织(家庭、组织之间的交往最终还要通过个人来体现)等之间的交往属于民族交往,同一民族的个人、家庭、组织等之间的交往属于族内交往。一般认为,参与主体的民族特性是民族交往区别于普通社会交往的最主要方面。判断一种交往实践是否属民族交往,关键要看交往主体是否符合民族特性。民族特性的另外一层含义是指民族交往深受民族文化与民族心理的影响。每个民族都有自己的民族文化和民族心理,这种文化和心理或直接或间接地影响着民族交往。

---

[1] 吉国秀:《清原镇族际通婚的变迁》,《满族研究》2006年第1期。

故民族文化和民族心理虽不属于严格意义上的民族交往,但却是民族交往研究中的重要内容。

(二)互动性

互动性,即民族交往必须是不同民族或民族成员之间的相互作用、相互影响的实践过程,突出的是交往主体的差异性与交往行为的实践性。理解民族交往的互动性,应当注意以下几点:第一,尽管所有的民族交往都伴随着一定程度的心理活动,但个体的内心活动不属于交往的范畴;第二,思想、感情、意愿等心理因素(民族交往心理)虽不属于民族交往的范畴,但却是交往过程得以发生和持续的保障;第三,民族交往只能发生在两个或两个以上的主体之间,不与他者发生相互影响的实践活动不属于民族交往。交往主体必须发生某种形式的接触,这些接触既可以是言语接触也可以是非言语接触,既可以是直接接触也可以是借助其他媒介的间接接触。

(三)目的性

民族交往是交往主体有意识的行为,是作用于对方并期待对方做出反应的行为,民族交往的参与主体应有意识地认识到交往行为所具有的意义。目的性的内涵主要包括:第一,民族及其成员对交往对象有一定了解;第二,民族及其成员对交往行为所要付出的成本有所了解;第三,民族及其成员对民族交往带来的利弊有自己的分析和判断。强制性民族交往是一种比较特殊的交往形式,美国"西进运动"中白人与印第安人之间的交往就属于这种类型。尽管与白人之间的交往意味着丧失大量土地,但是印第安人同样清楚抵制交往会给自己带来灭顶之灾。从这个角度分析,印第安人对于同白人的交往有自己的考虑,他们之间的民族交往尽管属于强制性民族交往,但同时也符合民族交往的目的性特征。

(四)规范性

民族交往必须具备相应的环境条件,同时遵循该环境中的基本规范。这里的规范是一个广义的概念,既包括伦理道德又包括法律条文,既包括正式规范又包括非正式规范。之所以称为基本规范,是因为这些规范获得了大多数交往主体的认同和遵循。对于民族交往而言,基本规范主要具有对外和对内两个方面的作用。对外,基本规范能够约束交往主体的行为,形成对外的合力,维护交往主体的共同利益。对内,民族交往并不排除产生民族矛盾、摩擦甚至冲突的可能,而基本规范则有助于减少民族摩擦、避免民族冲突。当然,基本规范并非绝对有效,民族矛盾积累到一定程度就有可能产生民族摩擦乃至爆发民族冲突。20世纪40年代中期至 90 年代初,全世界大约有 1 100 万～2 000 万人死于国内民族冲突[①]。在发生激烈民族冲突的国家,基本规范尚未确立或者遭到了严重破坏,在这个意义上分析,民族摩擦和民族冲突破坏了原有的基本规范,因而其不属于民族交往的范畴。

四、民族交往的类型

民族交往的主要特征在于它的主体具有民族特性,与之相一致,民族交往的类型划分主要依据交往主体的不同。从主体类型来看,民族交往可以分为个人交往与群体交往;从主体数量来看,可以分为双边交往与多边交往;从主体地位来看,可以分为平等交往与不平等交往。

(一)个人交往与群体交往

个人交往即个人与个人之间的交往,这种交往相对随意,主要通过语言、手势、表情等进行。群体交往即群体与群体之间的交往,这种交往相对正式,较多地借助书面文字等媒介。个人交往与群体交往不易区分,毕竟多数群体交往最终还要通过个人之间的交往来实现。在这种情况下,区分个人交往与群体交往的标准大致有两个:一是交往主体代表个人利益还是群体利益,二是交往的受益者是个人还是群体。如果交往主体代表的是个人的利益并且最终的结果也是个人获益,这种交往就是个人交往。如果交往主体是个人,但代表着不同群体的利益而且最终的结果也是群体获益,这种交往就属于群体交往。

(二)双边交往与多边交往

双边交往就是两个主体之间的交往,多边交往就是三个或三个以上主体之间的交往。双边交往是民族交往最基本、最典型的形式,实际上,多边交往也能够分解为若干双边交往。中国的各民族在西部大开发中形成了复杂的多边交往关系,如果一一分析,这种多边交往就可以分为汉族与回族的交往、汉族与壮族的交往、汉族与维吾尔族的交往等若干双边交往关系。与双边交往相比,多边交往的内容更加广泛、形式更加多样,更容易形成稳定的社会关系网络。在多边交往中,第三方主体往往能在两个主体间起到很好的沟通、协调作用,进而促进交往的良性互动。随着全球范围内民族联系的不断加强,总体上看,多边交往日益普遍。

(三)平等交往与不平等交往

平等交往本质是一种地位、权利上的平等,而非资源占有上的平等,而不平等交往是一种地位、权利上的不平等。在平等交往中,各主体遵循交往规范、分担交往成本、共享交往成果,是一种比较稳定的交往方式。在不平等交往中,交往规范

---

① Topor, G., Review of the Politics of Nationalism and Ethnicity, by J. G. Kellas. *Journal of International Affairs*, 1992, Vol. 45, pp. 645-648.

带有强烈的歧视性,交往成本往往由某些民族承担,而交往成果却常常被另外的民族独占,因而这种交往往往暗含着摩擦、冲突、战争等不稳定因素。

上述分类只是从某一角度进行的划分,没有也不可能涵盖民族交往的所有类型。除了上文所列,依据交往行为性质的不同,民族交往可以分为互换、合作、竞争等;依据是否借助交往媒介,民族交往可以分为直接交往和间接交往;依据交往行为发生领域的不同,民族交往可以分为政治交往、经济交往、文化交往以及社会交往等。

第二节 民族交往的基本形式

民族交往的基本形式包括经济互动、文化互动和族际通婚。经济互动和文化互动一般指不同民族之间的交往,族际通婚一般指个人、家庭等之间的交往。这种划分并非绝对,民族之间的经济交往和文化交往要通过不同民族成员进行,而族际通婚既是一种个人行为,也能够反映出民族交往的整体情况。

一、经济互动

经济互动是民族交往的一种基本表现形式,主要是指一个国家内部不同民族之间在经济上的往来。例如,俄罗斯国内俄罗斯民族与鞑靼、亚美尼亚等民族之间的交往,伊朗国内波斯人与库尔德人之间的交往,加拿大国内英裔居民与法裔居民之间的交往等。经济互动还可以指不同国家的不同民族之间的交往,这种交往既可能发生在相邻国家(如中国与俄罗斯)之间,也可能发生在互不接壤的两个国家(如中国与美国)之间。不同国家的不同民族之间的经济互动,一般通过国家层面上的经济互动表现出来,所以民族之间的经济互动主要是指一个国家内部不同民族之间的经济互动。

经济交往是促进经济增长的重要因素。如果某个多民族聚居区交通便利、信息畅通、市场化程度较高,必然有利于民族之间的经济互动,进而促进该地区的经济发展。而那些交通不便、信息不畅、市场化程度较低的多民族聚居区往往经济发展水平相对较低。

二、文化互动

每种民族文化都是在与其他文化的交流中发展的,相互学习、彼此借鉴对于民族文化的发展至关重要。通过文化互动表现出来的民族交往,大致体现在语言和习俗两个方面。在民族交往过程中,语言发挥着重要作用。"语言是一个交流的系统,是任何类型信息的象征符号。"①同时,在民族交往等因素的作用下,各种语言在不同民族间的使用也在不断变化。目前,既存在多个民族使用一种语言的情况,也存在一个民族使用多种语言的情况。例如,在中国,满族等少数民族均使用汉语,而裕固族则使用尧乎尔语、恩格尔语和汉语三种语言②。出现上述现象的一个重要原因就是民族交往的影响。历史上满语是一种主要由满族使用的语言。清朝建立后,部分满族人在与汉族的交往中接受了汉语却没有保留原有语言。清朝后期开始,使用满语的人越来越少。现在,除了部分老人和个别语言研究者以外,满族人当中已经很少有人能够听懂满语。而裕固族在发展过程中与包括汉族在内的其他民族频繁接触,最终形成了一个民族使用三种语言的情况。

信念、实践、习惯、规范、神话、传说、故事、艺术以及工艺等都可以作为民族习俗的表现形式③。一般认为,民族习俗主要是某一民族集体创造的结果。在民族交往过程中,源于一个民族的习俗可能会传播到其他民族,最终成为若干民族共同享有的文化现象。例如,起源于中国的端午节,随着民族之间的交流传至朝鲜半岛、日本列岛等地,早已成为中国、韩国、日本等国的传统节日之一。再如,起源于欧洲的西装,随着世界范围内民族交往的不断加强,如今已成为多数国家社交场合的正式着装。端午节和西装的广泛传播正是借助了民族之间的交往。在国际交流日益频繁的今天,民族习俗的传播途径越来越多,优秀习俗被其他民族接触、认可、效仿的机会不断增加。

三、族际通婚

族际通婚也是民族交往的重要表现形式。两个关系融洽、交往频繁的民族之间,族际通婚现象往往比较普遍。反之,如果两个民族之间很少发生交往,那么它们之间的族际通婚现象往往不会太多。族际通婚是指各民族间的相互通婚,通婚的前提是双方在感情和心理上都能够彼此接受,感到十分亲近。一般来说,族际通婚规模的大小与民族居住格局的开放与否、文化层次的高低、与外界接触机会的多寡关系密切④。两族成员之间的通婚愿望,是得到本族人群体的支持还是反对,在

---

① William A. Haviland, *Anthropology*, New York: Thomson Learning Academic Resource Center, 2003, p.92.

② 裕固族分为东部裕固族和西部裕固族两部分,现在使用尧乎尔语(属突厥语族)、恩格尔语(属蒙古语族)和汉语三种语言。参见童晓波:《裕固族乡村家庭变迁调查——以肃南县红石窝乡巴音村为例》,《民族研究》2006年第4期。

③ William A. Haviland, *Anthropology*, New York: Thomson Learning Academic Resource Center, 2003, p.92.

④ 高永久主编:《西北少数民族地区城市化及社区研究》,北京:民族出版社2005年版,第212页。

某种意义上被视作体现两族关系总体水平的重要标志之一[①]。一方面,民族通婚在民族关系融洽的情形下才有可能发生;另一方面,民族通婚又可以通过婚姻背后两个家庭甚至家族之间的交往来增进民族交往和友谊,使民族关系更加融洽。

婚姻不仅是个体行为,同时也体现出一定的社会关系。从这个角度来看,族际通婚既是个体与个体之间的关系,也能够反映出不同民族相互之间的评价和态度。进一步讲,族际通婚不仅是民族交往的基本表现形式,而且是衡量一定地域范围内民族关系状况的重要指标。一般情况下,族际通婚率越高,民族之间的交往频率就越高,民族之间的关系就越融洽。有研究者通过对海南省三亚市凤凰镇进行实地调查,了解到当地回族人对异族通婚的态度以及他们与异族通婚的现实情况,最终验证了族际通婚对于民族交往的重要性,以及通婚程度越高民族关系越和谐的事实[②]。反过来讲,只有当民族交往变得非常普遍,不同民族之间才有可能出现较大规模的族际通婚现象。民族交往发展到一定程度,往往伴随着一定规模的族际通婚,毕竟交往范围的扩大为族际通婚提供了更大的选择空间和可能性。

不同民族之间的族际通婚存在差别,这种差别主要受到民族基本特征、历史关系、两族共处关系三组变量的影响:民族基本特征包括政治、经济、文化三大类;历史关系主要是指不同民族之间在历史上关系的融洽程度;两族共处主要包括两部分内容,即政府制定的有关民族关系的民族政策和相关法律,以及自觉或不自觉形成的民族空间格局[③]。需要说明的是,上述分析主要适用于同一个国家内的不同民族。如果通婚双方来自两个不同的国家,那么影响因素还应包括这两个国家的相互关系以及相关政策。

对于人口较少的民族来说,一定规模的族际通婚极易导致民族文化变迁。例如,20世纪80年代以来,在族际通婚等因素影响下,许多侗族人的生活方式发生了显著变化:年轻女子已经很少再穿本民族服装;饮食结构上,吃早餐逐渐成为一种习惯;建筑风格、室内陈设与汉族没有很大区别[④]。总体上看,族际通婚带来的民族文化变迁适应了现代化的发展要求,是一种积极的变化。在包含诸多积极因素的同时,族际通婚也给民族文化的传承和延续带来了一些消极影响。例如,有研

[①] 马戎编著:《民族社会学——社会学的族群关系研究》,北京:北京大学出版社2004年版,第436、437页。

[②] 孙九霞:《现代化背景下的民族认同与民族关系——以海南三亚凤凰镇回族为例》,《民族研究》2004年第3期。

[③] 参见马戎编著:《民族社会学——社会学的族群关系研究》,北京:北京大学出版社2004年版,第434、435页。

[④] 杨筑慧:《当代侗族择偶习俗的变迁》,《中央民族大学学报》(哲学社会科学版)2005年第1期。

究发现,黑龙江省同江市街津口乡的赫哲族与汉族及其他民族普遍建立了民族混合家庭,这些民族混合家庭的增多反映出当地民族交往的频繁程度,但却对赫哲语的功能衰退起到了推动作用[①]。无论积极还是消极,族际通婚对于民族文化变迁的影响都不可小觑。

第三节 民族交往的影响因素

影响民族交往的因素有很多,归纳起来主要有三个方面,即交往主体自身因素、国家因素、沟通渠道因素。其中,交往主体自身因素主要体现为民族差别;国家因素集中体现为民族政策;沟通渠道因素主要包括民族分布的空间格局以及客观的交通通信条件。

一、民族差别

民族差别指各民族在经济、政治、文化等方面的不同。"民族差别不是短时间形成的,而是长期的历史发展过程造成的。它虽然将随着社会的发展、各民族之间的交往增多而逐渐缩小,但绝不会在短期内消失,而是将保持相当长的历史时期。"[②]下面我们将选择体现民族差别的四个主要方面——人口规模、人口构成、经济发展水平以及民族文化进行重点分析。

（一）人口规模

首先,人口规模是指宏观意义上的绝对规模,即某一民族的人口总数。各民族在人口规模上存在较大差异,那些人口规模较小民族的交往对象往往局限于某一个或某几个民族。随着交通及通信条件的不断改善,绝对人口规模对民族交往的影响将会越来越小。其次,人口规模还包括民族之间的相对规模,也就是各个民族在某一国家或地域范围内的比重。在现实生活中,人口相对规模对于民族交往的影响往往大于人口绝对规模。"两个群体在规模上的差异越大,那么它们在彼此的群际交往率上的不一致性就越大。"[③]在台湾,客家人与闽南人曾经为了争夺土地等资源长期械斗,人数较少的客家人被赶到了半山腰居住,而人数较多的闽南人则居住在沿海平地地区,二者之间的交往相对较少。在这个事例中,人口的相对规模

---

① 何俊芳:《赫哲人的族际婚姻——关于同江市街津口赫哲族乡赫哲人族际婚姻的典型调查》,《中央民族大学学报》(哲学社会科学版)2004年第2期。
② 马克思主义研究网:http://myy.cass.cn/file/2006010517615.html,访问日期:2009年8月8日。
③ (美) P.M.布劳著:《不平等和异质性》,王春光、谢圣赞译,北京:中国社会科学出版社1991年版,第37页。

决定了居住格局,而居住格局又影响到了相互之间的交往。

(二)人口构成

人口构成上的差别,主要是指各民族在年龄、性别、受教育程度、职业、收入、婚姻、家庭等方面的不同。以受教育程度为例,有研究者在对8个少数民族省区进行研究的基础上,总结出中国少数民族人口"两多一少"的特点,即文盲和半文盲多、低文化程度的多、高文化程度的少[①]。上述特点只是一种总体概括,部分少数民族(如朝鲜族)的受教育程度要明显高于全国平均水平。受教育程度相差较大的民族成员之间往往有较少的共同语言和接触机会[②]。受教育程度较低的民族成员往往较易受到狭隘民族意识的影响。提高少数民族人口的受教育水平,缩小民族成员之间的受教育水平的差距,对于促进民族交往具有积极意义。

(三)经济发展水平

首先必须明确,民族之间经济发展水平的差距是客观存在的,适度的差距不会影响民族交往的正常进行。某些情况下,经济发展水平较低的民族向经济发展水平较高的民族学习先进经验,反而能促进民族交往的开展。例如,公元630年至894年,日本先后20多次向唐朝派出遣唐使,学习唐朝的先进文化,推动了中日之间的民族交往。当民族之间的经济差距过大并且长期得不到有效解决的时候,民族交往将会受到影响。例如,第二次世界大战之后,大批外国移民涌入法国。这些移民虽然集中在巴黎等大城市,但是生活水平很低。2005年底,巴黎发生大规模骚乱,其中一个重要原因就是这些外来移民没有享受到平等的社会福利政策,生活水平较低。解决类似问题,根本出路在于提高发展程度相对较低民族的经济发展水平,实现各民族在经济上的均衡发展。

(四)民族文化

民族文化对民族交往的影响有积极和消极两个方面。积极方面在于民族交往必然伴随着民族文化传播,而民族文化的传播又为民族成员彼此了解对方提供了方便,有助于保障民族交往的顺利进行。消极方面在于民族文化特别是那些差异较大的民族文化因素,有可能引发某些民族矛盾,影响民族交往。正确认识民族文化的差别,发挥民族文化的积极作用,避免其消极作用,是建立良好民族交往关系

---

① 郑杭生主编:《民族社会学概论》,北京:中国人民大学出版社2005年版,第203~205页。该研究中的8个少数民族省区是指内蒙古、新疆、宁夏、广西、西藏5个民族自治区和青海、云南、贵州3个少数民族人口较多的省份。

② 马戎认为:"在一个多族群国家中,各族群对于本国各项政治、司法、社会、经济、文化活动进行参与的广泛程度和参与的深入程度,在很大程度上取决于各群体人员素质方面的相对差距"。马戎编著:《民族社会学——社会学的族群关系研究》,北京:北京大学出版社2004年版,第300页。

的一个重要环节。

与民族政策、民族分布的空间格局、交通及通信条件等影响因素不同,民族差别是影响民族交往的主体性因素。而且,民族差别能够影响到民族交往心理,并通过民族交往心理间接影响民族交往。因此,民族差别是影响民族交往的最重要因素。

二、民族政策

所谓民族政策,"就是执政党和政府为处理国内民族事务,规范国内民族关系而采取的一系列策略、准则、措施和方案等的总称"[①],是一种规范及分配利益需求、协调利益关系的过程。在历史传统、民族构成、政治制度等因素影响下,各个国家的民族政策不尽相同,很难找到统一的标准进行分类。这里借鉴相关研究者的观点,将世界范围内的民族政策大体上分为10类——民族歧视政策、民族同化政策、民族一体化政策、民族区域自治政策、多元文化政策、种族隔离政策、土著保留地政策、民族和解政策、民族自决政策以及民族融合(熔炉)政策[②]。

对于多数民族政策而言,很难简单地判断其是否有利于民族交往,这主要是因为民族政策具有积极和消极两方面的作用。判断一种民族政策是否有利于民族交往,关键要看哪一种作用更明显。另外,随着历史条件和国情的变化,民族政策的作用也会发生变化。例如,同样是民族一体化政策,在墨西哥发挥的整合作用就明显强于巴西、秘鲁等其他拉丁美洲国家。当然,不管是否有利于民族交往,民族政策对民族交往的影响都不容小觑。甚至可以说,民族政策是影响民族交往的政治因素,能够反映出一个国家对于民族交往的基本态度。

一般而言,平等的民族政策有助于推动民族以及民族成员之间的交往。实施平等的民族政策,将会在平等原则之下,推动民族之间的互相学习,加快不同地区之间的人口迁移频率,保障民族之间交友现象、通婚现象的正常进行。例如,1967年,美国联邦最高法院废除了部分州长期实行的禁止族际通婚的法案,推动了民族交往的顺利开展。反之,不平等的民族政策限制了民族及其成员之间的交往。例如,1992年以前的南非联邦政府曾经长期推行种族隔离政策,这是一种白人对非白人进行隔离和剥削的民族政策,在这种政策之下,民族交往无疑受到了极大限制。

三、民族分布的空间格局

影响民族交往的空间格局,其实就是民族成员在空间上的分布情况。有研究

---

① 高永久等编著:《民族政治学概论》,天津:南开大学出版社2008年版,第233页。
② 周平著:《民族政治学》(第2版),北京:高等教育出版社2007年版,第92~99页。

者指出,民族分布的空间格局包括三个层面,一是在一个国家或地区中的地理区域分布,二是在一个地区中的城乡分布,三是在一个社区内的居住分布格局[①]。可以将上述三个层面简化为空间远近与居住格局两个方面,一般情况下,距离越近越有利于民族交往,多民族混居有利于民族交往。

一般来说,空间距离较近的民族易于相互了解对方的文化特点和风俗习惯,易于消除文化偏见,进而发生广泛的民族交往。多数情况下,在多民族混居的社区,民族交往的频率较高。究其原因:第一,生活空间的相对狭小,为民族成员之间的交往创造了条件;第二,彼此了解对方的一些生活习惯,能够弱化不同民族成员之间的防卫心理;第三,民族成员共享基础设施与物业服务,不同民族成员具有现实的共同利益;第四,能否营造良好的人际关系,关乎个人及其家庭在社区中的生活质量。

人口迁移是改变空间格局的主要方式,而城市化进程则是人口迁移的重要途径。在绝大多数发展中国家,人口迁移导致的人口分布在空间格局上的变化,主要表现为农村人口向城市汇集,郊区人口向市中心汇集,以及原有城市人口在居住格局上的重新配置。随着城市化进程的不断加快,空间格局的变化日益显著,民族交往现象将会越来越普遍。

四、交通及通信条件

影响民族交往的交通及通信因素,包括交通与通信两个方面。广义的交通既包括人员和物资的运输,也包括信息的传递。由于信息与人员、物资的传输方式具有显著差异,所以这里的交通特指人员和物资的运输,而将信息的传递称为通信。具体来说,交通主要包括公路、铁路、水路、航空等方式,通信大致可分为跨时通信(如信件)与即时通信(如电话和电子邮件)两种。

现阶段,交通及通信对民族交往的积极影响主要体现在两个方面。其一,在多数国家的城市化进程中,越来越多的少数民族人口从农村走向城市,加入流动人口的行列。方便快捷的交通运输不仅能为民族成员的流动提供方便,还能为不同民族成员之间的接触与交往创造条件。其二,通信手段多样化、通信设备简易化逐渐打破了人们间接交流的时间差与空间阻隔。尤其是网络技术的突飞猛进,不仅为身处异地的人们创造了"面对面"交流的机会,而且为多边交流提供了平台。总之,对于民族交往而言,交通及通信的作用不容忽视。

交通及通信不便会影响到民族交往的正常进行。从长远来看,随着交通设施

[①] 马戎编著:《民族社会学——社会学的族群关系研究》,北京:北京大学出版社2004年版,第397~399页。

和交通工具的不断改进,民族成员的活动空间将会大大扩展;随着通信手段的日新月异,民族成员的交往范围也会持续扩大。在这种趋势下,原先由于交通及通信不便造成的民族交往障碍将会被解除,交通及通信将在民族交往过程中发挥越来越重要的作用。

除了交往主体自身因素、国家因素、沟通渠道因素三个方面之外,民族交往的影响因素还有很多,如历史因素、国际因素和偶发事件等。这些因素在民族交往过程中同样发挥着重要作用。以偶发事件为例,1955年,蒙哥马利市的一位黑人女性拒绝为白人让座,最终引发了如火如荼的民权运动。1968年,马丁·路德·金(Martin Luther King,Jr.,1929—1968)被刺属于偶然事件,但是直接导致了黑人与白人之间关系的进一步紧张。总之,民族交往的影响因素有很多,任何一个方面处理不好都有可能影响到族际交往的正常进行,反之,如果处理得当,民族交往则会顺利进行。

第四节 民族交往的主要功能

民族交往的主要功能至少包括四个方面,即保障信息传递、传播先进技术、发展民族经济以及传播优秀文化。其中,保障信息传递是民族交往最基本的功能,传播先进技术、发展民族经济、传播优秀文化是从三个不同的角度对民族交往功能所作的重点分析。

一、保障信息传递

谈话、读书、看电视、课堂教学均属于信息传递,信息传递的过程包括有反馈和无反馈之分,民族交往必须是有反馈的信息传递过程。"信息传递的目的是为信息接受者及时、准确、全面地提供所需信息,最大限度地满足他们的信息需求。"[①]在这一过程中,衡量传递质量的一个重要指标就是传递渠道是否畅通。因为渠道的畅通与否,不仅直接影响到信息接受者对信息的利用程度及其效果,而且影响到他们对信息系统的信赖程度。对于任何一个民族而言,要想实现自身的发展,就必须保持与其他民族之间的正常的信息传递。只有借助信息传递,一个民族才能从外界获取所需要的信息,才能促进自身的进步。在民族交往的多种功能之中,最基本的功能就是保障民族之间的信息传递。

民族交往在信息传递过程中的作用主要体现在以下三个方面:第一,平等、友

---

① 周和玉:《信息传递中的损失研究》,《现代情报》2001年第2期。

好的民族交往能够保障信息传递渠道的畅通。例如,中国各民族之间的和谐民族交往关系,基本保障了信息传递过程的畅通无阻。第二,掺杂了消极因素的民族交往,不能保障信息传递的畅通。例如,1901 至 1972 年,澳大利亚政府长期推行白澳政策[①],以期通过限制亚洲移民的数量保持澳洲居民的白人血统。在白澳政策影响下,澳大利亚的白人与亚洲移民之间虽有民族交往,但这种交往是不平等的,不能保障彼此之间信息的传递通畅。第三,没有任何交往关系的民族之间,无所谓信息传递。例如,在古代交通及通信不便的情况下,许多空间距离较远的民族之间就不存在民族交往和信息传递。

二、传播先进技术

在民族发展过程中,科学技术的进步往往起着决定性的作用。学习和吸收其他民族的先进科学技术,是促进本民族发展的必然要求。先进技术的传播必须借助民族以及民族成员之间的交往。伴随着民族及其成员之间的交往,先进技术在各民族间广泛传播,使科学技术的作用得到更大程度的体现。

民族交往在科学技术传播中作用的发挥与人才交流密切相关。技术合作往往是一个跨地域、全方位、多层次的合作过程,民族之间的技术交流往往伴随着人才流动。通过人才流动,民族之间互相学习,进行着长期、稳定的技术交流过程。从这个角度来看,民族交往对科学技术传播的作用不仅体现为技术本身,也体现为人才的交流。

民族交往有助于消除民族之间在科学技术发展水平上的差距,但是这种交往应该符合市场经济规律。民族之间的技术合作必须坚持平等原则,以适应市场经济作为突破口,强化技术领域的竞争意识。各个民族之间的技术合作应以激发民族自我创新能力为前提,将合作与竞争结合起来。只有这样,才能真正促进民族的科学技术进步。

三、发展民族经济

民族交往有助于解决民族发展不均衡的问题。在多数情况下,少数民族往往经济发展水平相对较低,民族交往有助于促进少数民族社会发展,消除各民族之间事实上的不平等。

民族交往在民族经济的发展过程中发挥着积极作用,主要体现在两个方面:第一,通过交往,一个民族可以学习其他民族的先进经验,并将这种经验运用到自身

---

① "白澳政策"是由澳大利亚联邦实行的,主要针对亚洲移民,以排斥有色人种为核心的一种民族政策。参见张秋生:《略论二战后至 20 世纪 70 年代澳大利亚亚洲移民政策的重大调整》,《世界民族》2003 年第 6 期。

建设之中,有力推动本民族的经济发展。第二,广泛的民族交往以及良好的民族关系,能够为民族经济建设创造一个相对稳定的外部环境。例如,欧洲内陆小国瑞士从 1645 年开始就奉行永久中立政策。永久中立政策及其带来的长期的和平环境,为瑞士成为世界金融强国创造了条件。

在中国,和谐的民族交往关系能够确保各民族的经济发展。不可否认,各个民族的民族特点、民族差异及其在经济发展水平上的差距,仍然是民族发展的现实挑战。而和谐的民族交往关系,能够营造各民族相互依存、休戚与共的社会环境,为各民族的经济发展提供机遇。一般而言,实现民族经济发展的首要问题是打破经济封闭和信息封闭,在民族交往过程中将自身的特色优势与区域优势有效结合起来,将传统经济中的积极因素与现代经济因素有效结合起来,因地制宜、循序渐进。不论是从历史上来看,还是从现实国情来说,妥善处理民族交往过程中的不和谐因素,不断巩固和发展和谐的社会主义民族关系,对促进中国各民族的共同发展都具有重要意义。

四、传播优秀文化

文化是民族的特征与标志,是划分民族边界的重要依据。各民族在历史因素、地理环境和经济社会发展等综合作用下,形成了各具特色的民族文化。民族文化处于不断发展、变动中:有时是因为它必须适应变化了的环境,或者是因为文化内部的价值发生了变化,有时则是为了适应民族交往的需要。在文化交流中,"人们从周围地区可能的特质中选择出可利用的东西,放弃不可用的东西。人们还把其他特质加以重新铸造,使它们符合自己的需求"[①]。在相互交流过程中,不同民族文化呈现出相互借鉴与采纳、不断吸收的趋势。在文化的互动和经济利益的双重作用下,各民族在饮食、服饰、娱乐和语言等方面的交流日益频繁。不同民族的文化交流与碰撞的过程,也就是文化变迁与文化适应的过程,而且这种变迁和适应是一个双向互动的过程。总之,文化的差异性促进了民族间的互动与交流,文化交流是文化发展的必然趋势。

民族交往使各民族积累的优秀文化得以传播和交流,有助于各个民族取长补短、共同发展。同时,民族交往对于各民族增进了解、加深友谊、交流感情具有重要意义。

---

① (美)露丝·本尼迪克(特)著:《文化模式》,何锡章、黄欢译,北京:华夏出版社 1987 年版,第 36~37 页。

第四部分　民族社会行为

第九章　宗教与民族社会

在民族社会学研究中,宗教更多地聚焦于民族及其成员的社会行为,在多民族国家现实生活中占据着重要的地位。本章将详细地阐述宗教的含义、功能,以及民族社会中宗教问题的调解等,从而使大家对宗教在多民族国家中所具有的社会意义有初步的了解。

第一节　宗教的含义

作为一种社会存在,宗教通过宗教教义、宗教仪式、宗教组织等作用方式,紧密联系着民族及其成员的社会行为。本节将在给出宗教定义的基础上,着重分析宗教的社会属性以及宗教在民族社会中的作用方式,从而帮助大家从社会行为层面上深刻地认识宗教这一社会现象。

一、宗教的定义

宗教现象是社会科学的研究对象之一,宗教学、民族学、人类学、心理学、社会学等不同学科对宗教进行了多角度的探索与研究,取得了许多重要的研究成果。然而,对于宗教这一概念的界定却一直众说纷纭。正如麦克斯·缪勒(Muller, Friedrich Max,1823—1900)所言:"各个宗教定义从其出现不久,立刻会激起另一个断然否定它的定义。看来,世界上有多少宗教,就会有多少宗教的定义,而坚持不同宗教定义的人们间的敌意,几乎不亚于信仰不同宗教的人们"[①]。国内外研究者关于宗教的定义大致可归为以下三种观点。

---

① (德)麦克斯·缪勒:《宗教的起源和发展》,1972年重印版,第21页。转引自吕大吉著:《宗教学通论新编》(上),北京:中国社会科学出版社1998年版,第52页。

(一)体验说

体验说是从人们因对"神"崇拜而产生心理体验的角度去界定宗教。主要代表人物有麦克斯·缪勒、弗雷泽(Frazer,James George,1854—1941)、施莱尔马赫(Schleiermacher,Friedrich,1768—1843)、奥托(Otto,Rudolf,1869—1937)、蒂利希(Tillich,Paul,1886—1965)等,他们倾向于把情感、态度、感受等作为宗教现象的基础、核心和出发点。缪勒将宗教还原为人对"(自然的)无限的感知"[1],他认为,人们之所以会在日常生活中形成宗教意识,在于他们对终极存在产生了一种认识与追求。弗雷泽认为,宗教是"对超人力量的信仰,以及讨其欢心、使其息怒的种种企图"[2]。施莱尔马赫指出:"宗教的本质既不是思维也不是行动,而是直觉和情感"[3]。施莱尔马赫的"绝对依赖感"(a feeling of absolute dependence)[4]、奥托的"对神性的感受"(the sense of the numinosum)[5]以及蒂利希的"终极关怀"(ultimate concern)[6]的共同之处就在于都将宗教视为一种人与神之间的关系,都涉及人们对神信仰所产生的心理体验。其中,"绝对"、"神性"和"终极"是对神的不同称谓,而"依赖感"、"感受"和"关怀"则表现为人对"神"的感受。体验说把宗教理解为对神的感受,是一种独立于现实世界之外的东西使人们产生的心理反映,并由此影响人们的信念和社会行为。在民族社会中,宗教定义的体验说所体现的主观感知,将会影响民族及其成员形成相应的道德观与价值理念等,这些在一定程度上又决定了他们在日常生活中采取何种行为。

(二)文化说

文化说是从解释宗教具有文化意义的角度去界定的。主要代表人物有泰勒(Tylor,Sir Edward Burnett,1832—1917)、道森(Dawson,Christopher,1889—1970)、史密斯(Smith,Wilfred,1916—)以及中国的吕大吉等,他们倾向于把宗教理解为人类社会文化的一种形态,并且由这种文化形态而在现实生活中产生了一定的生活方式。例如,泰勒的宗教人类学理论原则,是将宗教看做人类思维的产

---

[1] Daniel L. Pals, *Seven Theories of Religion*, Oxford: Oxford University Press, 1996, p. 19.

[2] (英)詹姆斯·乔治·弗雷泽著:《金枝:巫术与宗教之研究》,徐育新、汪培基、张泽石译,汪培基校,北京:大众文艺出版社1998年版,第77页。

[3] Schleiermacher, *On Religion: Speeches to Its Cultured Despisers*, Cambridge: Cambridge University Press, 1996, pp. 22-23.

[4] James Thrower, *Religion, The Classical Theories*, Edinburgh: Edinburgh University Press, 1999, p. 51.

[5] Thomas A. Idinopulos, Brian C. Wilson, eds., *What is Religion? Origins, Definitions, and Explanations*, Leiden: Brill, 1998, p. 88.

[6] Paul Tillich, *Theology of Culture*, London: Oxford University Press, 1959, pp. 7-8.

物,也是人类文明进化与文化发展的产物,即一种"理智思维"①。史密斯将宗教理解为"信仰"和"累积的传统",任何一种文明都可以阐释为内在的宗教信念和外在的文化形态之间的结合②。吕大吉认为,宗教是由相互联系的四个要素构成的社会文化体系。他说:"我个人对宗教的本质及其基本内容有一个总的认识,认为一切宗教都是宗教观念、宗教体验、宗教行为、宗教体制等四要素结构而成的社会文化体系(此即我主张的'宗教四要素说')"③。文化说强调宗教作为一种文化现象,在一定程度上可以解释人类生活中客观存在的社会现象和社会行为。由自然宗教形成的宗教文化,不仅是当时人类文化生活的主题,而且对后来文化的形成与发展起到了至关重要的作用。在民族社会中,宗教作为一种重要的文化形态,往往对民族文化的继承、发展与创新都产生作用,也直接或间接地影响着民族及其成员的社会行为。

(三)功能说

功能说从宗教对社会生活产生作用的角度去界定宗教。主要代表人物有涂尔干(Durkheim,Émile,1858—1917)、贝格尔(Berger,Peter Ludwig,1929—)、马克思、伊利亚德(Eliade,Mircea,1907—1986)等,他们倾向于把宗教看做是和其他各种社会现象,如政治、经济、哲学、艺术等一样,但同时又具有自身独特性的一种社会活动。功能说都将宗教对社会的作用视为宗教的本质,归结为所谓的"人性",将宗教的"神性"视为象征,人类凭借"神性"象征来实现"人性"的某种功能。马克思认为:"宗教是人民的鸦片"④。进而言之,宗教的"神性"是实施人类特定需求的手段或方式,这种"神性"概念是"人类社会结构"的象征,可以还原为"社会"。正如涂尔干所言:"氏族所崇拜的神即'图腾本原',这样看来就是氏族本身,只不过氏族被形象化为有形的动物或植物这类图腾"⑤。功能说把宗教作为一种神圣的手段来规范人们如何进行秩序化的活动,把宗教作为一种社会存在来诠释它具有的社会功能。以宗教能做什么或者说它能起什么样的作用来定义宗教,是一种值得参考和借鉴的界定思路。

从上述对宗教定义的分析中可以看出,体验说、文化说、功能说这三种界定,都表明了宗教对民族及其成员的社会行为产生了一定程度的影响。对于民族社会来

---

① Daniel L. Pals, *Seven Theories of Religion*, Oxford: Oxford University Press, 1996, p.45.
② 参见(加)威尔弗雷德·坎特韦尔·史密斯著:《宗教的意义与终结》,董江阳译,北京:中国人民大学出版社 2005 年版,第 385~386 页。
③ 吕大吉:《宗教是一种社会文化形式》,《社会科学战线》2007 年第 6 期。
④ 《马克思恩格斯选集》第 1 卷,北京:人民出版社 1995 年版,第 2 页。
⑤ Daniel L. Pals, *Seven Theories of Religion*, Oxford: Oxford University Press, 1996, p.104.

说,宗教作为民族成员对"神"的心理体验,通过情感、态度、感受等方式,促使民族成员形成一定的价值观与行为体系;宗教作为一种文化形态,将会影响民族的生活方式、文化、风俗习惯等,从而对民族及其成员的社会行为产生一定的作用。宗教作为一种社会存在,对民族的生存与发展具有社会功能,这本身就体现了宗教能够在一定程度上内化为民族及其成员的社会行为。需要说明的是,上述三种界定只是按照一定的标准对宗教这种社会现象进行的归类,宗教所具有的这些内涵,往往是同时存在于民族社会生活之中的。

在宗教定义的界定中,由于宗教现象的复杂性,以及涉及内容的多样性,应抛弃那种认为只有一种定义是完美的或令人满意的想法。"宗教是信仰神灵的活动,这是宗教的表层定义;宗教是信仰精神性实体的活动,是信仰人格化的超自然的活动,则是宗教的深层定义。"[①]在借鉴和参照上述三类定义的基础上,可以把宗教定义为:它是指民族成员对自然和社会现象的无限认知过程中,在心理反映、文化形态和社会手段等方面影响他们社会行为的一种社会存在。在民族社会学研究中,从心理反映、文化形态和社会手段等方面,突出和强调宗教如何影响民族成员的社会行为,这为研究民族社会中宗教的社会属性提供了一种全新的分析思路。

二、宗教的社会属性

在当今世界,由于信仰宗教的民族成员在数量上不断增加,这使得宗教的社会作用日趋复杂化和多样化。如上所述,宗教作为一种社会存在,从心理反映、文化形态和社会手段等方面影响着民族成员的社会行为,并进而影响到一个民族的生存与发展。这种意义的宗教体现了其对民族社会的影响与作用,从根本上反映了宗教的社会属性。

(一)宗教的社会属性表现为宗教是社会的一部分

在民族社会中,通过宗教对信教民族成员的社会行为产生影响,在一定程度上能够把宗教与民族社会生活联系起来。就是说,在民族成员对自然和社会现象的无限感知中,在心理反映、文化形态与社会手段等方面,形成了宗教教义、宗教仪式、宗教文化、宗教组织、宗教制度等具体的作用方式,这将影响他们在日常社会生活中的各种社会行为,从而在很大程度上使宗教与社会二者之间发生关联。"在欧美、中东、西亚、南亚、东南亚,宗教成了'政治人'凝聚复杂多样社会不可或缺的'社会水泥'"[②],这意味着宗教与社会之间存在着紧密的联系,宗教对于民族成员的社

---

① 孙英:《关于宗教的几个问题》,《中国人民大学学报》1998年第3期。
② 陆忠伟:《国际冲突中的宗教因素》,参见中国现代国际关系研究所民族与宗教研究中心著:《世界宗教问题大聚焦》,北京:时事出版社2003年版,序言,第6页。

会行为具有重要的影响。从信教民族成员的社会角色来看,除个人信仰之外,他们还有着不同的社会身份,如科学家、教师、演员、工人、农民、金融界人士、私营企业家等。数量众多的宗教信仰者也是民族社会各阶层的构成人员。在现实中,信教民族成员在宗教信仰的引导下,将会找准社会角色,承担社会责任,以实际的社会行动参与到本民族的社会与经济发展之中。可见,不仅宗教的形成与发展依赖于社会,而且宗教本身即构成了社会的一部分,这体现了宗教的社会属性。

(二)宗教的社会属性表现为宗教反映一定的社会关系

在民族社会中,宗教对民族成员社会行为的影响,能够在一定程度上反映出不同民族及其成员之间的社会关系。一般来说,民族成员在现实生活中并不是作为个体而孤立存在,而是与其他民族成员发生各种各样的社会关系。宗教作为一种社会存在,同样可以通过宗教的构成要素内化为民族成员的社会行为,从而在民族社会生活中形成一定的社会关系。也就是说,通过宗教教义、宗教仪式、宗教文化、宗教组织、宗教制度,以及通过民族成员的社会行为,可以在民族成员之间、不同民族之间,以及民族与国家之间形成具有社会意义的关系。在民族内部不同成员之间,宗教信仰所带来的内心的纯正、诚信、正直、坦荡等特点,能够促使他们采取一种友善与亲密的行为,从而在日常生活中形成良好的社会关系。在不同民族之间,宗教信仰所带来的尊重、信任、包容等价值观,能够促使他们采取一种沟通与交流的行为,从而在日常生活中形成和谐的社会关系。在民族与国家之间,宗教信仰所带来的责任、规范、秩序等文化意识,以及支持、参与、服从等方式,能够促使他们采取一种认同与合作的行为,从而在日常生活中形成相互共存的社会关系。同时,宗教作为一定社会关系的反映,通过民族成员具体的社会行为呈现了他们的群体归属感、认同感,可以在社会关系中辨识自己是信仰哪一种宗教,呈现出社会关系的同质性与异质性,并在一定程度上决定着社会关系的性质与走向。

(三)宗教的社会属性表现为宗教在一定意义上有利于社会问题的缓解

在民族社会中,宗教对民族社会成员行为的影响,在一定程度上能够促进社会问题的缓解。也就是说,由宗教引发的民族成员社会行为,不仅能够缓解他们在现实生活中遇到的问题,而且也能够满足他们对非现实问题的要求,如向往天堂、涅槃、成仙等超人间的境界。

三、宗教在民族社会中的作用方式

宗教作为一种社会存在,其以何种方式作用于民族社会,是认识宗教现象的重要方面。一般来说,宗教教义、宗教仪式、宗教组织等社会存在,能够直接引发民族成员的各种社会行为,这意味着它们是宗教在民族社会中的作用方式。

(一)宗教教义

宗教教义主要侧重于从心理反映方面引导和规范信教者的社会行为,从而对民族社会产生特定的作用。一般来说,宗教教义是指对信仰宗教的成员在思想和行为上做出的规定与要求。从根本上说,宗教教义主要是对人生及世界观的阐释,一般把社会公正、仁爱劝善作为信条和理念。例如,佛教倡导尊重生命、严禁杀生、遵纪守法;基督教宣扬仁爱、和平、忍耐、良善、信实、节制;伊斯兰教主张友善宽容,讲求信义,以仁爱之心爱惜万物,合理开发自然等。宗教教义在历史发展中,一定程度上充当了评判民族成员的目标、理想、观念,甚至社会道德本身的标准。一个民族的精神体现于道德,道德的支撑在于信仰。在积极意义上,由宗教教义产生的信仰理念与一个民族的精神、社会公德具有较大程度的一致性。斯特伦(Streng,Frederick J.,1933—)认为:"宗教是实现根本转变的一种手段……所谓根本转变是指人们从深陷于一般存在的困扰(罪过、无知等)中,彻底地转变为能够在最深刻的层次上,妥善地处理这些困扰的生活境界"[①]。没有一定道德内涵的宗教教义,将无法促使宗教对民族社会产生作用。在民族社会生活中,绝大多数宗教信徒能够把慈爱行善作为自身的行为准则,他们注重个人修行,崇尚乐善好施、扶弱帮困等信念。

(二)宗教仪式

宗教仪式主要侧重于从文化形态方面引导和规范信教民族成员的社会行为,从而对民族社会产生特定的作用。宗教是关于超人间、超自然力量的一种社会意识,以及因此而对之表示信仰和崇拜的行为,是综合这种意识和行为并使之规范化、体制化的社会文化体系[②],宗教仪式是信教者对宗教文化形态的基本表达,成为信教民族成员一种关于共同信仰的"集体记忆",是通过有关宗教知识的汇聚而反映在他们的观念上的一种文化表征。涂尔干认为:"仪式首先是社会群体定期重新巩固自身的手段"[③]。宗教仪式正是通过姿势、舞蹈、吟唱、演奏等表演活动,塑造出一个有意义的仪式情境,在一定程度上影响了民族成员在日常生活中的行动策略。特纳(Turner,Victor,1920—1983)认为,宗教仪式是"用于特定场合的一套规定好了的正式行为,它们虽然没有放弃技术惯例,但却是对神秘的(或非经验的)

[①] (美)斯特伦著:《人与神:宗教生活的理解》,金泽、何其敏译,上海:上海人民出版社1991年版,第2页。
[②] 吕大吉:《宗教是什么?》,《世界宗教研究》1998年第2期。
[③] (法)涂尔干著:《宗教生活的基本形式》,渠东、汲喆译,上海:上海人民出版社1999年版,第507页。

存在或力量的信仰,这些存在或力量被看做所有结果的第一位的和终极的原因"①。在民族社会中,宗教仪式通过反复的实践,必然会改变或修正信教民族成员的社会行为,引导或强化他们的行为模式,这意味着宗教仪式中的制度、语言、姿势、程序,严格规范了信教民族成员的行为,从而巩固了宗教在民族社会中的地位。

(三)宗教组织

宗教组织主要侧重于从社会手段方面引导和规范信教民族成员的社会行为,从而对民族社会产生积极或消极的作用。宗教组织是社会组织类型之一,是民族社会结构中的构成要素,也成为宗教对民族社会发生作用的一种方式。宗教组织与其他社会组织一样,具有一定的目的、程序、制度等,通过具体的规章与规则引导和制约着信教民族成员的社会行为。在民族社会中,宗教组织往往从自身需要出发,通过信教民族成员的社会行为,宣传其信仰主张和价值理念,以组织的方式影响民族社会的经济、政治、文化和社会生活。

第二节　宗教在民族社会中的功能

"宗教的社会功能,是指宗教在社会中的不同活动方式及其对社会体系所具有的客观结果,即它对所属的社会体系所能起到的作用。"②在民族社会中,宗教作为社会存在物,是整个社会结构的构成要素之一。它与多民族国家的政治制度、民族政策、社会组织等有着错综复杂的联系。宗教在民族社会中主要是通过影响民族成员的社会行为,对民族社会的婚姻与家庭、人际关系、社会生活、政治生活等产生重要的作用。

一、宗教与民族社会中的婚姻与家庭

宗教往往能够以文化形态的方式对民族成员的婚姻产生影响。在许多少数民族文化中,婚姻和宗教有着密切的联系,它们都是具有一定社会意义的文化形态。有研究者认为:"不同的婚姻形式与当地的自然生态环境、土地财产制度、宗教文化传统等有着密切的关系"③。宗教对民族成员婚姻的作用,主要体现在以文化形态影响民族成员的社会行为之中。也就是说,宗教作为一种文化习俗,与少数民族的

---

① Victor Turner, *From Ritual to Theater and Back: the Human Seriousness of Play*. New York: PAJ Publications. 1982, p.79. 转引自(英)菲奥纳·鲍伊著:《宗教人类学导论》,金泽、何其敏译,北京:中国人民大学出版社 2004 年版,第 176 页。

② 胡春风著:《宗教与社会》,上海:上海科学普及出版社 2004 年版,第 53 页。

③ 马戎编著:《民族社会学——社会学的族群关系研究》,北京:北京大学出版社 2004 年版,第 315 页。

婚姻文化交织在一起,在很大程度上规定着婚姻的礼仪、程序,以及对夫妻双方的要求等方面。例如,裕固族的婚姻文化除了受到藏传佛教的影响外,还在较大程度上受到原始萨满信仰的影响①。

良好的行为标准和健康的生活方式是家庭成员之间和睦相处的基本要求。宗教能够以一定的行为标准和生活方式对民族社会中的家庭产生作用。家庭是民族社会重要的基本单元,良好的家庭关系是民族社会稳定与发展的社会基础。

二、宗教与民族社会中的人际关系

在一定意义上,由民族成员信仰宗教而形成的宗教关系本身就是一种特殊的人际关系,而宗教作为一种调节手段,会对民族社会的人际关系产生重要的作用。具体而言,有两个方面的作用。

第一方面包括三个层面:心理层面、文化层面和社会层面。从心理层面看,随着宗教的发展,宗教信仰经历了"以神为本"到"以人为本"的转变,强调以"我"为中心而得到精神上的释放;从文化层面看,宗教涉及民族成员的精神世界和精神需要;从社会层面看,宗教信仰作为民族社会生活较为普遍的社会现象,更多地体现在信教民族成员的日常生活之中。

第二方面,宗教作为一种调节手段,对民族社会的人际关系产生重要的作用。马克斯·韦伯认为:"宗教信徒可以通过感到他是圣灵的容器或者是神意的工具来确任自己的恩宠状态"②。宗教还可以通过"悲悯"、"保佑"、"祈祷"、"祈福"、"感恩"等语言,或者采用宗教特有的集体祈福法会、礼拜等仪式,来调节不同民族成员之间的人际关系。

三、宗教与民族社会生活

宗教对民族社会生活的作用主要表现在社会服务与民族成员社会化这两个方面。

(一)社会服务

社会服务是宗教对民族社会产生积极作用的重要方面,在很大程度上体现了宗教所具有的社会意义。正如美国哲学家布兰顿(Brandom,Robert,1950—)所说:"不论人们对宗教的形而上学方面评价如何,宗教作为一种社会现象的意义总

---

① 高永久等编著:《民族学概论》,天津:南开大学出版社 2009 年版,第 307 页。
② (德)马克斯·韦伯著:《新教伦理与资本主义精神》,彭强、黄晓京译,彭强校,西安:陕西师范大学出版社 2001 年版,第 95 页。

是最基本的"①。每种宗教都规定信教民族成员要将行善、帮助弱者作为基本准则。这种规定作为信教民族成员社会行为的基础、支撑和指导，促使其社会性服务不带有世俗的功利性，而是来自于内心感受的经常性和可持续性。法国启蒙思想家卢梭(Rousseau,Jean-Jacques,1712—1778)认为："宗教是维护社会秩序的最好工具，足以震慑犯罪，鼓励良善"②。

另外，在现实生活中，一些国家的宗教界积极回报社会，为社会慈善事业作贡献，宗教界已经逐渐成为社会慈善事业的一支十分重要的力量。也就是说，宗教团体通过一定的社会行为，为民族社会公益事业提供服务。例如，在美国，各个教派都把从事慈善活动作为自己的社会责任，把提供社会服务看成是在社会中发挥作用和扩大影响、体现自身价值的最主要途径。根据统计，美国的宗教社团每年用于社会服务的资金大约为 150 亿～200 亿美元③。

(二)民族成员社会化

民族成员社会化是宗教对民族社会生活产生的积极作用之一。在民族社会中，社会化是指民族成员从家庭、学校、社区等社会环境中，学习生存技能，进行人格塑造，明确社会角色，最终成为具有社会意义的社会成员的过程。在社会角色方面，民族成员在民族社会中都有自己的社会角色，并按照自身的社会角色进行相关的社会活动，在社会化过程中宗教对于民族成员行为进行调节的同时，也无形中赋予了民族成员社会角色的基本内涵。在社会教育方面，宗教仪式与宗教场所等对于民族成员的社会化具有重要作用。

四、宗教与民族政治生活

宗教对民族成员政治生活的影响，主要体现在促进民族社会整合、维护民族社会稳定等方面。

"在分享相同的对社会实在的界定的基础上，信徒们便较容易形成一个稳定的共同体，并在该共同体内进行组织上的整合。"④宗教群体整合功能的重要特征就在于，以至上神圣的威严力量和感召力量，把社会不同的个人和群体、不同的社会阶级和阶层，凝聚并组合成一个共同的宗教信仰共同体⑤。

从心理反映上看，宗教通过一定的社会行为，能够增进不同民族及其成员之间

---

① 转引自程世平著：《文明的选择：论政体选择和宗教的关系》，北京：中国社会科学出版社 2001 年版，第 229 页。
② 转引自吕大吉主编：《宗教学通论》，北京：中国社会科学出版社 1989 年版，第 686 页。
③ 金刚：《从美国宗教状况看我国宗教如何促进社会和谐》，《中央社会主义学院学报》2007 年第 5 期。
④ 孙尚扬著：《宗教社会学》，北京：北京大学出版社 2001 年版，第 85 页。
⑤ 陈麟书著：《宗教观的历史、理论、现实》，成都：四川大学出版社 1996 年版，第 268 页。

的相互沟通、相互理解,具有维护民族社会稳定的作用。宗教信仰者的宗教崇拜行为,是信仰者用语言和行为进行的外在活动,它是内在的宗教观念和宗教感情的客观表现①。从文化形态上看,在一个民族的内部,宗教对于强化本民族成员的文化记忆,以及在文化记忆基础上产生民族文化认同,在一定程度上能够保障本民族的生产与生活有序进行。

第三节 民族社会中宗教问题的调解手段

社会功能论认为,社会分工和分化使现代社会具有高度的异质性,因此,维护社会的稳定首先需要传统权威和共同的信仰。作为一种具有普遍性的价值观和信仰,宗教无疑具有促进社会稳定的功能,它可以通过自身信仰所表现出来的特有凝聚力,将不同的民族群体联系起来,在共同信仰、共同价值、共同组织形式、共同教义和共同规范基础上促进社会一体化。帕森斯更是具体地描述了宗教的社会功能:"首先,宗教使道德的价值、情感和行为体系的规范有了认识上的意义;其次,宗教平衡了合理地期待行为结果,与实际能看到的后果之间的差异"②。

一、避免宗教的离心力和破坏性

文化方面的信号可能导致人们认同同一民族国家的其他公民,也可能使人们认同同一宗教的信奉者以及大家庭的亲属或是族群中的兄弟姐妹。"语言、符号、仪式、故事——一言以蔽之,文化——把境遇和背景互有差别的个人和群体带到一起,成为一个集体,人们可能与它强烈地认同,从它获取最重要的意义,发现它在感情上令人满足。最重要、流传也最广的象征符号和故事最常在有组织的宗教中产生。在此情况下,它们有时可能危及民族国家的主权,因为它们提供了一个不同的、超越于国家之上的效忠的核心。"③印度、巴基斯坦和孟加拉国的相继分离说明了宗教所具有的社会、政治离心力,而一些非洲和阿拉伯国家的教派冲突又从另一个侧面反映出宗教的政治破坏力。"宗教宗派主义除了它对政治文化发展的影响之外,对国家政治一体化可能有着形形色色、五花八门的影响。在今世教派中,不强调集体宗教和政治行为的诺斯替教派和那些高度集体性并以完全方式把宗教和

---

① 吕大吉著:《从哲学到宗教学:吕大吉学术论文选集》,北京:宗教文化出版社 2002 年版,第 642 页。
② 转引自(美)彼得·贝格尔著:《神圣的帷幕:宗教社会学理论之要素》,高师宁译,上海:上海人民出版社 1991 年版,译者序,第 14 页。
③ (美)迈克尔·舒德森:《文化与民族社会的整合》,李贝贝译,《国际社会科学杂志》2004 年第 1 期,第 80 页。

政治联结在一起的教派之间有着重要的差别,在后者之中,革命教派从潜势上讲最有破坏性。在革命教派中,那些把暴力当作使自己和别人摆脱邪恶世界的工具的教派,构成了对国家一体化的最大威胁。"① 当今中东地区的许多民族国家难以像亲缘性和宗教性的系统那样获得同样或同等程度的支持、忠诚和合法性,使得这些国家本已十分脆弱的国家认同进一步碎片化。一位美国研究者的调查显示,阿拉伯国家学生的政治认同具有明显的多重性特征(见表9-1)。因此,应避免宗教活动的负面效应,政府需要制定合理的宗教政策对其社会功能的发挥予以引导和规范,协调不同教派、宗教团体之间的关系;对以宗教为借口干扰政治体系正常运行,挑动民族矛盾,破坏社会团结的行为予以法律严惩。

表9-1　一些阿拉伯国家学生的政治认同(%)

认同类型	过去的政治认同	当前的政治认同
作为国家的国民	29.0	24.0
作为宗教共同体的成员	11.2	14.8
作为阿拉伯民族主义者	52.5	53.6
作为族裔集团、家族或部族的成员	2.6	2.5
作为地区整合的支持者	4.6	5.0
总计	99.9	99.9

资料来源:Stewart Reiser. Pan-Arabism Revisited, *The Middle East Journal*, 1983, Vol. 37, No. 2, p. 218. 转自田文林:《国家民族主义与阿拉伯国家的文化整合》,《现代国际关系》2003年第12期,第27页。

二、宗教的整合效应

"社会整合是指将社会存在和社会发展的各要素联系到一起,使它们一体化。宗教能够使社会的不同个人、群体或各种社会势力、集团凝聚成一个统一的整体,从而有利于社会的发展。"② 宗教是世界各国普遍存在的客观现象,其积极作用不可忽视。积极发挥其凝聚社会成员、教化民众的正面影响,已为多数多民族国家所重视。"在印度,达摩(法)的概念(指社会责任,特别是种姓的责任)将个人和宇宙的普遍秩序联系在一起。个人的精神宣泄转移到宗教和礼仪方面,更增加了宗教的整合功能。"③ 苏联卫国战争期间,俄罗斯东正教会对苏联共产党和政府表现出

---

①　(美)塞缪尔·亨廷顿:《政治发展》,载(美)格林斯坦、波尔斯比编:《政治学手册精选》(下卷),储复耘译,北京:商务印书馆1996年版,第249页。
②　王晓朝著:《宗教学基础十五讲》,北京:北京大学出版社,2003年版,第204页。
③　麻国庆著:《走进他者的世界:文化人类学》,北京:学苑出版社2002年版,第229页。

极大忠诚。战争爆发之初,大牧首代理人谢尔盖公开发表爱国主义演说,号召广大教民发扬爱国主义精神,为保卫祖国建立功勋。同时,教会向社会各界募集捐款,慰问战士家属以安抚军心。苏联解体后,俄罗斯的政治、经济、意识形态均处于转型中,各种社会思潮纷至沓来。思想意识层面的混乱造成公民道德水平迅速滑坡,导致社会不稳定和社会风气败坏。东正教会再次发挥社会整合与道德教化的作用,它不仅是每个信徒的道德准则,也是全体人民和国家不屈不挠的精神核心[①]。

  一个社区或民众的信仰往往是与这个社区或民众中占主导地位的宗教联系在一起的。中国的少数民族大都有其自己的宗教信仰,保留着因宗教信仰而形成的民族传统文化。这些宗教传统文化中蕴涵的制度、人际规范等社会控制手段中有很多是利于社会整合的。中国目前有1亿多信教人口,可以说,宗教在社会生活中发挥着较为重要的作用。充分开发民族宗教中蕴涵的多元和谐、爱国进步的现代价值,将其转变为促进民族社会稳定的文化资源,是具有积极意义的。

---

① 陈岩、姜相志:《俄罗斯东正教的社会整合与道德教化作用研究》,《学术交流》2008年第7期。

《民族社会学概论》

第五部分　民族社会发展

第十章　民族社会整合　第十一章　民族社会发展

第五部分 民族社会发展

第十章 民族社会整合

在现代化进程中,不同民族间的文化差异与利益分化对多民族国家的社会、政治秩序产生着深刻影响。对于一个多民族国家而言,民族社会整合是社会整合的重要组成部分,也是考察其社会整合程度的一项重要指标。民族关系和民族利益分化是动态的,民族社会整合也是多民族国家永恒的话题。本章主要从族际关系的角度出发,结合多民族国家的实践经验,探讨民族社会整合的含义、类型、主要途径及整合的"度"等相关问题。

第一节 民族社会整合的含义

社会整合(social integration)是与社会分化、社会解体相对应的概念,主要指社会各子系统之间互相配合,形成联结,消除分离趋势的过程或结果,亦被称为"社会一体化"。民族社会整合则强调社会整合的民族性,其核心是通过政治、经济、文化等方式对民族关系进行协调。

一、社会整合的含义

整合最初是一个数学术语,用以指形成整体或总体的过程。整合是社会学的一个核心概念,被视为一个复杂社会维持秩序和稳定发展的必要前提。在当代,政治学、民族学等学科也从不同的视角对社会整合问题进行了广泛探讨。

(一)社会学中的整合概念

对社会整合问题的探讨最早见于西方进化论者的著述中。19世纪,赫伯特·斯宾塞(Spencer, Herbert, 1820—1903)在分析人类社会的进化过程中提出了"社会整合"的问题。随后,涂尔干(Durkheim,Émile,1858—1917)对社会整合进行了系统论述。涂尔干认为,社会整合的可能性在于人们共同的利益以及在广义上对人们发挥控制、制约作用的文化、制度、价值观念和各种社会规范。社会整合是指对社会中各种功能不同、性质各异的要素和单位,按照某种规则或规范进行调整或协调,使之成为统一体的过程;各要素和单位在系统中根据系统的共同需要发挥自己的功能,形成社会系统的整体功能和整体秩序,以对抗外来的压力,维持社会系统的存在和发展。社会整合包含了要素结构、关系网络和规范体系的建构和调整。此外,涂尔干根据社会分工程度的不同提出两种社会整合类型,即"机械团结"与"有机团结"。机械团结建立在社会个体之间的相同性或相似性即同质性基础上,是传统社会的主要特征;有机团结建立在社会分工和个人异质性基础上,是现代社会的主要特征。在涂尔干看来,建立在社会分工和相互依赖基础上的有机团结比建立在相似的价值观或信仰等集体意识基础上的机械团结更能有效地实现社会整合[1]。涂尔干的思想对社会整合概念和理论的发展有着深远的影响。

20世纪中期,社会整合逐渐成为社会发展问题研究中的一个重要议题。在社会学研究中,帕森斯(Parsons,Talcott,1902—1979)明确提出社会整合概念并将其纳入结构功能主义的理论构架之中。帕森斯认为,社会整合包含两层意思:一为社会体系内各部门的和谐关系,使体系达到均衡状态,避免解体;二为体系内已有成分的维持,以对抗外在环境的压力。一个社会要达到整合的目的,必须具备两个不可或缺的条件:一是有足够的社会成员作为社会行动者受到适当的鼓励并按其角色体系而行动;二是使社会行动控制在基本秩序的维持之内,避免对社会成员作过分的要求,以免形成离异或冲突的文化模式。在帕森斯看来,一个社会的理想状态就是达到一种和谐的状态,要想达到这种状态,社会系统必须满足四项基本功能要求,即适应、达至目标、整合和模式维持(简称 AGIL 模式)。他将社会系统中分别执行上述功能的四个子系统视为一种制度,即经济制度(A)、政治制度(G)、法律制度(I)、家族/宗教制度(L)并分别执行着上述四项功能。制度以社会认可的(亦即制度化了的)价值/规范形式对人的行为发生着潜移默化的影响[2]。继帕森斯之后,社会整合曾一度成为结构功能主义表示社会基本功能的特有概念。

20世纪70年代以来,社会学家对社会整合概念的解释及运用逐渐分化为两

---

[1] (法)埃米尔·涂尔干著:《社会分工论》,渠东译,北京:生活·读书·新知三联书店 2000 年版,第77页。

[2] (美)D. P. 约翰逊著:《社会学理论》,南开大学社会学系译,北京:国际文化公司出版社 1988 年版,第530～536页。

种倾向:一种沿袭帕森斯的观点,继续将其置于宏观的社会理论体系中,从抽象的意义上予以解释和运用,比如,费孝通等人将社会整合视为社会结构和功能的协调运转①。另一种则朝着经验研究的方向,将这一概念用于分析各种社会群体内或群体之间的实际关系,即通过对社会利益和社会关系的协调与调整,促使社会个体或社会群体结合为社会生活共同体的过程。比如,郑杭生等人认为,社会整合就是一个社会的不同因素、群体结合为一个协调统一的社会整体的过程,它被看做是社会系统一体化的过程或这一过程的终极目标状态②。

在意识形态层次上,社会整合被视为一个特定社会的成员通过某些方式而凝聚在作为社会核心的价值观、信念周围,彼此结成紧密关系并在行为方式上大体保持一致。从本质上讲,社会整合是在意识方面的认识的趋同性或同一性。意识的同一性是维系、整合一个社会的精神纽带。只要存在一种能够统摄社会成员的信念、信仰的"社会共同意识",人们在行动中就能够形成共同的方向,社会就会保持相对稳定的基本活动方式与秩序③。随着现代社会日益迅速的变革,社会整合的难度也随之加大,在某些方面甚至产生了巨大的政治压力,社会整合的政治意义日渐突出。

(二)政治学中的整合概念

在政治学中,社会整合被视为维护国家统一和政治稳定的重要机制和政治手段。社会整合的目的在于提高整个社会的政治凝聚力、向心力和控制力,使原本无序的、矛盾的、冲突的要素能够寻求和扩大共识,消解矛盾和冲突,提高整个社会的一体化程度。有效协调社会不同群体之间的权利分配,将社会分散的、多元的、异质的要素纳入一个既定的结构性框架之内,这也被视为执政者必须履行的政治职责之一。它是执政者控制和协调社会各方面利益的重要方面,也是执政水平的重要体现。执政者进行社会整合要遵循两个原则:一是要以各种利益相互协调,最终形成一个利益共同体为目标;二是必须以社会公正为准绳进行利益整合④。在社会群体的利益日益分化和意识形态、价值观、信仰逐渐多元化的今天,社会整合的政治意义突出表现在它是执政者或政治体系获取政治资源的重要手段及其能够有效地控制社会冲突的程度和范围⑤。在政治学领域,社会整合的关键问题在于国

---

① 费孝通主编:《社会学概论》,天津:天津人民出版社1984年版,第55页。
② 郑杭生主编:《社会学概论新修》,北京:中国人民大学出版社2003年版,第362页。
③ 朱力:《我国社会整合机制的转换——兼论"和谐社会"的理念》,《学海》2005年第1期。
④ 王邦佐、罗峰:《从一元转向多元——关于中国共产党政治整合方式的对话》,《探索与争鸣》2003年第7期。
⑤ 王邦佐、谢岳:《社会整合:21世纪中国共产党的政治使命》,《学术月刊》2001年第7期。

家如何在不同群体之间公正、合理地分配社会资源,这关系到现存社会、政治秩序的稳定,特别是在多民族国家,这一问题还往往对民族关系产生积极或消极的影响。因此,社会整合也被用于对种族及民族关系的研究。

(三)民族学中的整合概念

"如果从民族构成的角度来说,社会整合是指多民族社会的不同民族结合为一个统一、和谐相处的社会的过程及结果。"[①]在民族学意义上,社会整合的价值取向在于实现国家的统一稳定和民族的自主发展。有效的社会整合可以实现民族与国家的双赢,促进社会和谐。

民族多样性是人类社会最显著的特征之一。当今世界绝大多数国家都不是单一民族国家。在国家内部,各民族在人口规模、资源占有、居住区域以及传统文化方面均存在差异性。在民族学研究领域,社会整合最初侧重于多民族国家各民族在文化上的接近与融合过程,其后则扩展到对民族利益关系的研究中。在多民族国家,不同群体之间的利益分化和矛盾主要表现为民族内部成员之间、民族与民族之间的复杂互动关系。任何环节或局部的不和谐都可能影响到整个社会系统的不稳定,轻则引发社会动荡,重则导致国家解体。

从世界范围来看,苏联、南斯拉夫、捷克斯洛伐克等国家的解体,均或多或少地与这些国家未能及时、有效地处理好内部民族利益关系有关。近年发生的科索沃战争、东帝汶骚乱、车臣问题和苏丹达尔富尔地区问题等一系列民族冲突事件表明了世界民族问题的严重性。此外,英国、加拿大、印度以及非洲一些多种族、多民族国家也都存在不同程度的民族冲突和种族矛盾。"放眼世界,多民族国家正面临许多困扰。许多国家已经证实没有能力创造或保持各民族的团结精神。一民族成员对他民族成员的权利和利益漠不关心,不情愿为他们做出任何牺牲。而且,对自己若做出牺牲能否换得回报,他们也没有任何信心。近年来发生在东欧和前苏联的事件表明,一旦缺乏这种团结精神和信心,分离的思潮就有可能抬头。"[②]多民族国家如何通过有效的手段和措施实现民族关系的社会整合成为当代民族社会学研究的重要议题。

二、民族社会整合的界定

作为社会整合的有机组成部分,民族社会整合是为了达到民族社会的协调一致与和谐团结。民族社会整合的关键目标就是提高民族凝聚力和认同意识,形成

---

① 李红杰、严庆:《论民族和谐与社会整合》,《中南民族大学学报》(人文社会科学版)2007年第3期。

② (加)威尔·金里卡著:《少数的权利:民族主义、多元文化主义和公民》,邓红风译,上海:上海世纪出版集团2005年版,第89页。

民族平等、团结的利益关系。同时,整合也是多民族国家实现国家统一性和保持民族多样性的有机协调过程和机制。

(一)国内外研究者对民族社会整合的理解

国内外研究者对于民族社会整合的理解大致可以归纳为以下十种:第一,关系论。关系论者认为,民族社会整合是多民族国家对国家内部民族之间关系的调整或建构,其重点在于协调族际利益冲突,将族际冲突控制在不致危及整个多民族国家生存的范围内,在这个意义上,民族社会整合也可称之为族际整合[1]。第二,团结论。团结论者认为,社会整合的主题是社会团结问题,即人与人、群体与群体之间的协调一致、结合的关系。作为社会整合的一部分,民族社会整合的主题也就是民族团结,特别是多民族国家民族精神的内聚[2]。第三,职能论。职能论者强调民族社会整合的政治意义,将社会整合视为多民族国家的一项重要职能,即国家对其疆域内具有历史文化差异的民族进行治理,建构一种具有社会凝聚功能的民族性,实现政治、法律和制度的统一。在这个意义上,民族社会整合可以被理解为国家整合,即国家通过对少数民族权利的肯定、尊重和保护,促进国家内在统一性的不断深化和扩展,使国家成为具有内在统一性的有机体[3]。第四,政策论。政策论者将民族社会整合视为国家公共政策的范畴,体现为民族关系的特征,政策制定的基本着眼点是保证公民的平等权利,保障少数民族参与社会公共生活的机会,促进民族的一体化[4]。第五,融合论。融合论是一些西方研究者在探讨外来移民与土著民族关系问题时提出的,强调国家应在政治和法律上对一切公民平等的原则基础上,促进社会结构的一体化和社会文化的融合。结构一体化是指各民族在教育、市场、收入和住房机会上实现社会平等,所有公民的社会、经济地位不应取决于其种族、民族背景或文化。社会文化的融合涉及外来移民对公共生活的参与、族际交往的发展以及他们对东道国的生活方式和行为模式的接受程度。社会整合在这个意义上也被视为社会融合[5]。第六,认同论。在心理层面上,认同论者将多民族国家的社会整合视为一个认同性问题,强调一种认同感,即如何把领土范围内种族、宗教、历史各异的人群整合为一个新的"国家民族"并培养他们对现行国家政权的效忠意

---

[1] 陈建樾:《多元一体:多民族国家内部的族际整合与合法性》,《中央民族大学学报》2003年第5期。
[2] 徐杰舜、徐桂兰:《从多元磨合到整合——以广西贺州民族关系为例》,《学术论坛》2004年第1期。
[3] 罗圣荣:《现代民族国家视野下的多民族国家整合》,《青海民族研究》2008年第3期。
[4] Lilia Petkova, The Ethnic Turks in Bulgaria: Social Integration and Impact on Bulgarian - Turkish Relations, 1947-2000, *The Global Review of Ethnopolitics*, 2002, Vol.1, No.4, pp.42-59.
[5] Josine Junger-Tas, Ethnic Minorities, Social Integration and Crime, *European Journal on Criminal Policy and Research*, 2001, Vol.9, No.1, pp.5-29.

识。认同性问题也是国家建构过程中需要解决的重要任务之一①。第七,手段论。手段论者将社会整合视为多民族国家减少民族冲突,解决民族问题的重要策略和途径,这种观点认为,研究社会整合的目的是找到通过社会整合来消除民族矛盾这类特殊的社会解体性因素的方法②。从政治的角度看,民族社会整合一方面强调多民族的并存和共同发展,另一方面又反对民族分离,强调对唯一国家主权和统一国家格局的维系和加强③。第八,结构功能论。一方面,应该把民族社会整合理解为一种功能。从系统论的角度讲,整体是由部分有机、有序组成的,但组成整体的部分始终处在变化中,需要对其进行不断的调整、矫正和组合,才能实现部分的优化组合和整体效能的最优化,而对部分的调整、矫正和组合的功能和过程就是整合。另一方面,整合是指民族自身内部结构(政治结构、经济结构、文化结构、意识结构)在层次比重、组成比例等方面的组合、优化和提升④。第九,过程论。过程论将民族社会整合理解为一种历史进程,通常表现为一国之内各民族在地域上互相穿插、混居与杂居。在文化上表现为互相肯定、渗透与吸收;在经济上表现为相互依存程度的加深;在政治上表现为对全国统一政权的认同与共同参与,进而促进共同利益的形成,同时也是一种政府行为和政治过程⑤。第十,一体化论。在西方术语中,"社会整合"(social integration)中的"integration"和"民族一体化"(ethnic integration)中的"integration"是同一个单词,所以,一些中国研究者也用"民族一体化"来替代民族社会整合,他们认为,实现一体化的途径可以是民族同化,也可以是民族融合⑥。

(二)本书对民族社会整合的界定

我们认为,民族社会整合是指国家或社会通过各种方式将不同民族结合成一个相互依存、协调互动的整体,进而实现社会、政治一体化的过程和结果。这一定义包含以下几方面的要素:第一,整合的主体是多元化的,并不仅限于政府,社会团体(中介组织、宗教组织)、社会政治精英(宗教领袖)等均可发挥整合的作用和功能;第二,整合的途径和手段是多样化的,历史传统、民族习俗、宗教、伦理道德、经济手段、法律等都可以成为社会整合的方式;第三,整合的最终目的是促进多民族

---

① 田文林:《国家民族主义与阿拉伯国家的文化整合》,《现代国际关系》2003年第12期。
② 赵健君:《从社会整合探析民族问题产生的根源及对策》,《西北民族学院学报》2002年第4期。
③ 李红杰、严庆:《论民族和谐与社会整合》,《中南民族大学学报》2007年第3期。
④ 严庆:《概说民族整合》,《广西民族研究》2006年第2期。
⑤ 宁骚著:《民族与国家——民族关系与民族政策的国际比较》,北京:北京大学出版社1995年版,第47页。
⑥ 严庆:《解读"整合"与"民族整合"》,《民族研究》2006年第4期。

社会的和谐发展;第四,整合的核心是妥善处理与协调各民族之间的利益关系,既包括经济利益,也包括政治、文化利益,是三者的有机统一。

第二节 民族社会整合的类型

从社会学的视角来看,社会整合一般包含四个维度:文化整合,意指人们在文化标准与一些基本的价值观方面的认同;规范整合,意指文化标准与人们行为上的一致,它反映了社会成员在行为上把社会规范内化的过程;意识和信息整合以及功能整合,即在人们一些基本价值观、行为方式认同的条件下,社会各系统的相互联系和协调运行。民族社会整合则包含有政治整合、经济整合、文化整合等多方面的内容。

一、政治整合

从国家层面看,政治整合是指国家把处于分散、分离、分裂状态的多元利益群体和各种社会政治力量统合进一个统一的政治体系,保持和实现政治系统良性有序运转的过程和状态。从国内民族关系的层面看,"在政治整合中,分属不同的领土和文化的人们在一个中央政府之下联结为一……这个社会的成员身份便成为公民身份,而与公民身份俱来的是,既对这个作为一个整体的民族国家寄以期望,又与之认同,而这两者对整合都有强大的作用"[1]。

(一)民族政治整合的目标

维护多民族国家的统一性是民族政治整合的首要目标。政治整合通常指"在文化和社会方面分离的集团结合成一个单一的领土单位和建立民族特性的过程。这意味着有着不同种族、宗教、民族、语言或其他不同集团、阶层的多元社会中的个人,对国家所怀有的主观感情"[2]。其在单一民族国家表现为民族的各种追求与国家发展目标的协调与统一。其在多民族国家则表现为尽可能将国民对本民族的忠诚转变为对国家的忠诚,将多元的民族认同转变为对国家的高度认同,将对本民族身份的认同转化为对公民身份的认同。政治整合还可以指"维护社会秩序所必需的最低限度的价值一致,即一个民族共同的神话、象征、信仰和共同参与的历史"[3]。对于任何政治体制来说,如果想要有效运作,都必须具有某些共同的特点

---

[1] (美)迈克尔·舒德森:《文化与民族社会的整合》,李贝贝译,《国际社会科学杂志》2004年第1期,第79~80页。
[2] 潘小娟主编:《当代西方政治学新词典》,长春:吉林人民出版社2001年版,第436页。
[3] 潘小娟主编:《当代西方政治学新词典》,长春:吉林人民出版社2001年版,第436页。

和共同的价值,在复杂多元的社会中尤其如此。"怎样把这些原生的社会势力糅合为单一的民族政治共同体,就成为一个越来越棘手的问题。"[①]这是多民族国家现代化进程中的一项重要政治任务,也是其追寻的政治目标。

(二)民族政治整合的调节

政治制度是民族政治整合的重要调节器。一般而言,一个社会的根本政治制度反映社会各阶级、阶层和社会集团之间的经济联系与利益关系,规定社会各阶级、阶层和社会集团的政治地位、权利义务,并将它们之间的利益冲突限定在一定范围之内,以保持社会的稳定与秩序。从现代化的角度看,在经济与社会发展的初期,社会群体的参与意识比较淡薄。随着城市化、教育水平提高、社会流动等带来的动员效应,不同民族之间的社会、经济交往的日趋频繁,利益关系日趋复杂,人们不得不通过政治的方式谋求和维护自己的经济利益,产生了经济发展早期所不曾有的政治热望,在政治上变得积极起来,政治参与越来越多。

对民族政治来讲,社会流动和政治动员密切相联。在工业化进程中,一方面,社会流动确实有助于建立一种民族自觉意识和他觉意识,因为它增加了组织之间的联系和接触,并使它们更能意识到彼此的存在。另一方面,社会流动也增加了这种可能性:国内的各种族、民族集团认为它们处于一种相互竞争的地位。经济发展所产生的收入和利益的差距以及在经济活动中由于制度和体制的原因所产生的不平等和不公正,也使民族成员的参与意识日益增长。从世界范围看,一些多民族国家内部的民族冲突事件以及民族主义政党、少数民族利益集团的兴起都可视为这种现象的反映。如果政治制度能够接受日益增多的参与要求,就会使参与政治的各民族成员社会化,使他们遵循和接受现存的政治规范,能够将各种政治参与热情转化为政治整合;反之,如果政治制度无力接受日益增多的参与要求,就会引发各种问题。从这个意义上讲,政治制度对于多民族社会的整合作用体现在:保证各民族在国家政治生活中的地位,使其能够有效参与政治生活,表达政治愿望,有效履行义务和行使民主权利,通过政治机构的运作,协调、实现、维护各民族的权利。

从政治发展的视角看,民族国家的内聚力主要基于政府所提供的公共物品对国民需求的满足程度,包括公正、平等、民主、自由等基本价值的实现,确保物质福利和社会地位在所有人之间的平等分配、确保多民族社会所有成员的人权和尊严等。随着全球化和现代传媒的扩展,人们日益"接触的是一个在生活富裕、人民参

---

① (美)塞缪尔·亨廷顿著:《变化社会中的政治秩序》,王冠华、刘为等译,沈宗美校,上海:上海人民出版社 2008 年版,第 332 页。

政的社会中发展的模式"①。一些国家对少数民族的政治利益诉求视而不见,在政治制度的设计上采取区别对待的策略,谋求实现强制性政治整合。在这些国家,"少数民族"和"大多数民族"群体的区别不是一个数量问题,而是与其所拥有的权力大小密切相关。"主导的"(dominant)和"从属的"(subordinate)这两个词比"大多数"(majority)与"少数"(minority)更能说明问题,因为它们清楚地表明两个群体之间的关键区别在于权力。从属群体的利益在政治、经济和社会机构中得不到充分表达。这一排斥性制度设计的后果是民族意识日益凸显、民族隔阂愈加严重,国内冲突不断,经济发展受到严重制约。而一些国家则通过多元民主的制度安排有效整合了国内的多元利益,使少数群体利益得到尊重和保护。

通过增加政治参与可以促进少数民族成员对公民身份的认同。这种制度设计有利于提高社会的包容性和参与性。例如,中国在少数民族聚居地区实行民族区域自治,由当地少数民族建立自治机关,行使自治权。中国共建立了155个民族自治地方,其中包括5个自治区、30个自治州(盟)、120个自治县(旗)。在55个少数民族中,有44个建立了自治地方,实行区域自治的少数民族人口占少数民族总人口的71%,民族自治地方的面积占全国国土总面积的64%左右。这一制度安排有效地保障了少数民族的政治权利,对探索"多元一体"的现代民族国家的政治整合做出了有益尝试。中国实行的民族区域自治制度被国外称为成功处理民族问题、有效实现政治整合的"中国经验"②。

(三)民族政治整合的工具

民族政策是促进和实现民族政治整合的有效工具。如果说民族自治制度为少数民族的利益表达和利益实现创造了重要的制度平台,那么,在这一平台上的各项公共政策安排则涉及公共物品如何分配,国内各民族共同发展、共同繁荣的目标如何实现等问题。各民族发展状况的客观差异性决定了它们在利用制度、谋求自身发展方面的能力不同,因而在强调民族平等的同时,对少数民族提供倾斜性的优惠政策以保障少数民族的正当权益是当今多民族国家的通行做法。在很多国家,民族问题往往与经济、文化及社会问题等叠加在一起,这种不确定性和复杂性在一定程度上加大了政治整合的难度。新中国成立以来,中国政府为了促进少数民族和民族地区社会经济的快速发展,根据民族地区的发展规律、民族特点制定和执行了一系列方针、政策和优惠措施,充分调动了各族人民的发展积极性,有效地解决了

---

① (美)加里布埃尔·A. 阿尔蒙德、小 G. 宾厄姆·鲍威尔著:《比较政治学:体系、过程和政策》,曹沛霖、郑世平、公婷、陈峰译,上海:上海译文出版社1987年版,第432页。

② 曾宪义著:《民族地区现代化进程中的民主法制建设》,北京:民族出版社2002年版,第398页。

各种民族利益矛盾,提升了各民族的政治凝聚力和向心力,维护了社会稳定,也促进了民族政治整合。

多民族国家的社会整合目标可以被概括为创造"一个有益于全体人民的社会"。① 在这样的社会里,每个人都有自己的权利和责任,每个人都可以发挥积极的作用。"社会群体可以不同,但各自的生活经验却同样可贵;每个群体都有权利对地方和国家工作的轻重缓急发表自己的意见,有权利解释何谓共同利益(common good)。促进社会整合需要在两个层面下力气:其一是要将对社会群体问题的意识和关注变成一切政策和计划的'主流',唯其如此才能使政策和计划时时刻刻注意到各社会群体的特殊状况与需要;其二是始终同这些社会群体'站在一起',从他们的利益出发。"② 好的制度设计和政策安排会更有利于提高社会的包容性和参与性。此外,建立咨询机制,使各民族更广泛地参与政策规划和政策评估。不仅如此,咨询等机制还能为利益相矛盾的社会群体化解分歧,降低民族矛盾发展为暴力冲突的可能性。在国家的制度设计和架构建设上,不断推动政治生活的制度化和法律化,使国家政权成为各民族的意志和利益的体现者,维护多民族国家的政治稳定和领土完整。中国民族政治整合的基本经验表明,尊重和保障少数民族的合法权益,健全民主程序和机制,广泛地动员和组织少数民族群众依法参与国家和社会事务管理,把少数民族的合法权益真正落到实处,最大限度地维护少数民族群众的根本利益,是实现政治整合的有效手段。

民族政治整合需要加强执政党的执政能力。正如前面所讲,在现代社会中,政党尤其是执政党在社会整合中扮演着十分重要的角色。政治整合已经成为执政党必须履行的一项重要功能,特别是处于现代化之中的政治体系,其稳定性主要取决于其政党的力量。政治整合能力的高低已经成为衡量执政党执政能力强弱的一个重要标准。

二、经济整合

从根本上说,民族社会整合的基本对象是民族间的利益,是国家通过制度和政策手段,协调各民族间的利益关系,形成有利于民族社会全面、健康、公平发展的格局。经济利益关系是民族社会整合的一个基本问题。

(一)建立民族间的利益平衡关系是经济整合的目标

---

① (美)鲍勃·休伯:《社会整合理念:一份政策研究议程》,张大川译,《国际社会科学杂志》2004年第8期,第71页。

② (美)鲍勃·休伯:《社会整合理念:一份政策研究议程》,张大川译,《国际社会科学杂志》2004年第8期,第71页。

民族间发展水平的差异在很大程度上决定着民族意识的走向,影响到民族国家的社会整合。"强烈的民族意识甚至民族主义诉求,大多存在于以血缘关系为纽带并与外界联系较少的初级社会,随着一国社会经济的发展,特别是工业化、城市化以及教育的普及,会逐渐减弱民族意识。"①但是,"如果一个民族社会经济发展水平较低,那么民族意识很有可能成为一种动员的工具,增加民族冲突的可能性。为减少狭隘民族主义和民族冲突的危险,推动边缘民族的发展是非常必要的"②。民族矛盾的根源在于经济上的不平衡,在许多国家,政府给特定民族一些特别优待,以便使其能"赶上"发展水平相对较高的民族。从当今多数国家制定民族政策的情况看,那些曾经被视为应急性的、试验性的或者是过渡性的政策,现在多被视为值得以立法形式公布并以宪法加以保护的东西。民族优待政策在多数国家的宪法中能够找到依据。尼日利亚"第二共和国宪法规定,政府机构的就业安排应该'大体上反映这个国家的联邦性质',在中央政府机构中,'不应该让少数几个邦、少数几个民族或群体的成员占有绝对优势'"。在菲律宾,"穆斯林在银行贷款、奖学金获得、政府部门就业、大学入学等方面都享有广泛的优待权"。"在印度尼西亚,新成立的公司必须有一定比例的股份为土著居民所拥有;非华人在政府签订合同的商业贷款中可享受相对的优待。"马来西亚的"宪法确认了马来人的特殊地位,它保证马来人在政府行政部门中占有一定的比例,享受一定比例的奖学金和教育机会,拥有一定的土地和一定程度的商业参与。为了达到通过重组社会结构以'减少乃至消除由经济差异带来的民族差异'的目的,马来西亚制定了雄心勃勃的计划。这一计划不仅涉及中学和大学的升学,而且还包括就业、股份的持有、执照的发放和合同的签订等内容。印度的宪法为特定的种族和部落规定了他们在教育、政府行政部门和立法部门的职位数目。各邦也可以(一些邦已实施)为'落后'种姓制定特别政策,此外,在印度已有越来越多的邦制定了优待政策,以便保护土著人免受外来移民的竞争"③。

从一定意义上讲,多民族国家经济整合的实质是各民族的物质利益诉求与国家利益分配机制如何协调。一般而言,民族之间的文化差异不会轻易演变成政治

---

① Jalali, Rita and Seymour Martin Lipset, Racial and Ethnic Conflicts: A Global Perspective. In *New World Politics: Power, Ethnicity and Democracy*. edited by Demetrios Garaley and Cerentha Harris, The Academy of Political Science Press, 1993, pp. 65-66.

② Law, Caroline. Development and Nationalism: An analytical Model on Economic Growth to Social Prefrence and Party System. *Nebula*, 2005, Vol. 2, No. 1, pp. 47-67.

③ (美)D. 霍洛维茨:《减少民族冲突的优待政策》,马朝东译,载马戎编:《西方民族社会学的理论与方法》,天津:天津人民出版社1997年版,第425~426页。

冲突,但是利益差别却是诱发政治骚动的潜在因素,因此,避免政治冲突的有效途径就是通过经济整合调整不同利益主体之间的利益结构,建立利益主体之间的平衡关系。虽然经济发展过程中的利益分化是不可避免的现象,但从民族社会整合和政治稳定的角度出发,在经济领域采取一些强化措施促进社会利益的分流是必要的,这是一种对社会稳定的投资,即使它与形式公正、自由和激励有所冲突,也是能够被接受的。近年来,中国政府提出"三个代表"、"以人为本"、"和谐社会"等执政理念,这些理念的一个核心方面就是注重社会的公平正义,关注和改善社会弱势群体的生活条件和发展环境。在少数民族发展问题上,中国政府不断出台新的政策和措施:在收入方面,针对少数民族贫困人口和流动人口设计了援助和福利制度;在就业方面,制定了配额政策。2007年公布的《少数民族事业"十一五"规划》则进一步提出要建立民族事务服务体系,全面开展面向少数民族的职业培训、就业咨询、急难救助、流动人口管理等方面的工作。对中国城市民族关系的实证研究表明,当各民族社会经济地位更加接近、平等感日益增强时,族际整合的范围和深度将会大大增加[①]。

(二)协调民族利益是经济整合的关键

一个社会的经济关系首先是作为利益关系表现出来。在国土广大、自然地理条件多样化的国家,民族之间的经济发展水平往往体现出不平衡性。在许多国家,民族发展差距与地区发展差距重叠,成为影响政治稳定的隐患。在经济增长过程中,"它一方面增加了对专门技能的需求,另一方面又对仅具有较'一般性'准备或教育程度的人造成困难"[②],而"当经济结构和经济制度处于变革时期,有些人的行为方式转变较慢,这些人陷入暂时性贫困的可能性也较大"[③]。此外,"文化价值观——不论是宗教的还是世俗的——不仅会影响人们的经济行动,也会影响其他的行为和社会结构"[④]。由于历史地域、传统观念和生活方式等因素的影响,少数民族在经济竞争中往往处于劣势地位。从一些多民族国家的现状看,不平等的竞争地位会导致竞争结果的更大差距,使一些民族日益居于弱势的发展地位。

社会利益的持续分化在一定程度上激发了民族意识。民族意识主要表现为在

---

① Zang,Xiaowei, Minority Ethnicity, Social Status and Uyghur Community Involvement in Urban Xinjiang. *Asian Ethnicity*, 2007, Vol. 8, No. 1, pp. 25-42.

② (以色列)S. N. 艾森斯塔特著:《现代化:抗拒与变迁》,张旅平等译,北京:中国人民大学出版社1988年版,第33页。

③ Jyotona,Jalen and Martin Ravallion. Transient Poverty in Post-reform Rural China. *Comparative Economics*, 1998, Vol. 26, No. 2, pp. 338-357.

④ (美)尼尔·斯梅尔瑟著:《经济社会学》,方明、折晓叶译,北京:华夏出版社1989年版,第59页。

与不同民族交往的过程中,人们对本民族生存、发展、荣辱、安危等的认识、关切和维护,其本质是民族间经济利益关系的反映①。"感情差异"不仅仅是一种文化、心理上的感受,还是一种经济上的感受。信息媒介的便捷、人口的频繁流动使各民族更能直观地体察到彼此在社会经济利益获得方面的差异。在社会利益分化过程中,不同群体之间的差别可能相互重叠,如收入差别与民族差别、文化差别等,它可能强化所涉人群的对内认同感和对外疏离感,这类人群倾向于认为他们与其他群体之间的差距是不公正的、不可接受的。对多民族国家而言,"民族矛盾或民族主义可以基于非常合理的动机。在以市场为导向的社会竞争方面,如就业、住房、教育机会等均可能演变为民族冲突,特别是某一民族在这些方面具有一种优势"②。从一些国家的历史教训看,民族间的发展差距会诱发一些人的相对剥夺感,并极易导致民族隔阂甚至暴力的民族冲突。例如,查维兹在对在美国的墨西哥移民的研究中分析了利益分配不公对移民国家认同感的消极影响。该研究中的一个例子颇具典型意义:加州大学加收外国移民学生学费这一政策对移民将自己想象成为共同体中的一员形成了一定的心理障碍③。

另一方面,在一个多元复杂的社会中,社会整合的成功与否不能简单地归结为利益分配,这只是其中一个方面而已。在多民族社会里实行优待政策是很普遍的,"在优待政策的背后有这样一个假设:民族冲突是民族间经济差距的产物,而民族和解是各民族按一定比例分配占据各级部门中的职位,并活动于社会的各种职能的结果"④。但优待政策只是一个有限的条件。为了保证各种社会力量能够形成一股合力沿着某一特定社会主导目标前进并保持一种稳定有序的发展状态,需要借助不同的整合机制将具有不同利益诉求的群体组合在一起。如从文化的角度看,民族意识包含的另一层面是人民对于自己归属于某个民族实体的意识。民族意识的萌生和发展与共同的历史文化、习俗规范、集体记忆相关,也基于对特定的政治价值、经济和社会制度的认同。无论维系民族认同的纽带是文化传统或是政治原则,民族意识都有其鲜明的指向,即对某个共同体的归属感和相对于"他者"的

---

① 熊锡元著:《民族心理与民族意识》,昆明:云南大学出版社 1994 年版,第 113 页。

② Sinisa Malesevic, Rational Choice Theory and the Sociology of Ethnic Relations: A Critique. *Ethnic and Racial Studies*, 2002, No. 2, pp. 193-212.

③ Leo R Chavez, The Power of the Imagined Community: The Settlement of Undocumented Mexicans and Central Americans in the United States, *American Anthropologist*, New Series, 1994, Vol. 96, No. 1, pp. 52-73.

④ (美)D.霍洛维茨:《减少民族冲突的优待政策》,马朝东译,载马戎编:《西方民族社会学的理论与方法》,天津:天津人民出版社 1997 年版,第 430 页。

区分意识。"即使是最小的民族成员,也不可能认识他们大多数的同胞,和他们相遇,或者听说过他们,然而他们相互联结的意象却活在每一位成员的心中。"[①]在很大程度上,民族的自我认同意识与文化的同一性密切相关。因此,民族文化方面的差异往往预示着社会整合的艰巨性。

三、文化整合

从本质上说,文化整合过程乃是一种培育国民共有观念(shared idea)的过程。印度学者巴赫拉根据本国"民族—国家"的发展历程指出,为了使许多民族共同凝聚成为一个民族国家,非常需要从历史的发展和文化的传统中提供一个各民族共享的"共同文化",这个"共同文化"的基础是历史中各民族长期共享的社会伦理、生活方式和彼此之间的文化认同,它能够把讲不同语言、信仰不同宗教的各民族联系到同一个政治实体之中[②]。在某种意义上,我们可以说,文化整合是当今多民族国家实现社会整合的重要基础和前提。

(一)构建共同的文化归属感

民族国家总是获得了某种程度的文化认同身份,脱离了这一点,民族国家就无法理解,更无法加以界定。如果我们不问是什么力量使一个社会整合,而是问是什么东西界定了个人整合其中的社会的疆界,则文化特征便必不可少。这种共同的文化归属感是多民族国家形成内聚力的重要社会基础。历史经验表明,利益格局是民族关系的核心。虽然不同民族在相互交往过程中彼此的差异可能会趋于缩小,但文化上的差异性通常是不同民族内部认同的主要来源。保持自身独特的文化属性,符合民族本身的利益[③]。从民族整合的角度看,民族意识的兴起有其两面性:一方面,它展现了民族文化的个性和民族的聚合力;另一方面,它也提出了多民族国家内不同民族、不同文化之间如何和谐相处的问题。各民族文化差异性的普遍存在客观上增加了多民族国家社会整合的难度。苏联、南斯拉夫以及斯里兰卡的民族冲突,加拿大旷日持久的语言之争,北爱尔兰和印度的宗教群体间延续不断的斗争都说明了这一点。虽然在多民族国家内部,共同的政治价值、文化准则和经济生活已将各民族的利益、福祉紧密联系在一起,但由于语言和文化的差异性,国族意识不可能完全取代、消解民族意识,后者的存在既是"多元一体"的本质特征,

---

① (美)本尼迪克特·安德森著:《想象的共同体:民族主义的起源与散布》,吴叡人译,上海:上海世纪出版集团2005年版,第6页。

② 马戎编著:《民族社会学——社会学的族群关系研究》,北京:北京大学出版社2004年版,第585页。

③ 关凯:《民族关系的社会整合与民族政策的类型——民族政策国际经验分析》(上),《西北民族研究》2003年第2期。

也反映了"一体"与"多元"之间的矛盾与纠葛。从实践中看,尽管国家在努力地建构民族,民族也在努力地整合国家,但国家与民族之间存在完美和谐关系的仍然是少数①。

　　文化具有凝聚社会共识、保持社会认同、促进社会统一的功能,是形成社会的共同心理素质和精神信仰的重要工具。某种共同文化一旦形成,就会通过知识体系、价值观念、思想信仰和行为规范以及交往等方式教化生活于其中的成员,规范他们的行为,保持社会的认同和凝聚。因此,文化整合作为社会整合的重要组成部分具有不可替代性。通俗地说,文化整合就是借助精神资源对社会成员的内心进行整合,以激发能量,形成合力,并使社会成员之间的关系平衡且稳定地互动②。在一个多样化的社会中,不同民族间在宗教、文化、历史方面大相径庭,彼此之间较难形成共同体意识。在民族国家的建构和发展过程中,文化整合事关国家的统一性问题,具有十分重要的政治功能。民族文化整合是基于民族文化的差异性提出的。这一整合过程涉及的是能够将社会成员联系在一起的社会认同的变化。"具体地说,就是要从族裔认同转向政治认同,从排他性认同转向包容性认同,从血缘性认同转向地域性认同。可以说,当一国领土范围内的居民意识到他们同属一个命运共同体,并作为这个共同体的一员确立存在价值时,文化认同过程也就完成了。"③

　　另一方面,在多民族或多文化的社会里,刻意培育这种认同感决非易事。虽然这个目标并不要求人们完全放弃他们自己的文化认同,却有必要塑造一种涵盖面与国界相吻合,包容境内一切民族和文化群体的认同感④。现代多民族国家均自觉地通过语言政策、学校教育、集体仪式,以及大众传媒来使其公民整合为一,培育他们对国家的忠诚。社会既可以也应当通过共同的符号、共同的文化和共同的教育而达于整合。在现代思想史上,这一思想至少可追溯到孟德斯鸠(Montesquieu, Charles-Louis de Secondat, baron de La Brède et de, 1689—1755),他提出社会均质性为共和国得以成功的必要条件,社会的均质性为公民的团结友爱所必需,而公民的团结友爱又为共和国所必需。共和国应当通过爱国主义的公民教育、经常的公共仪式,对不同政见的审察以及理想、单一的宗教来进行文化整合。18 世纪晚期至 19 世纪早期,许多美国人认为,他们的国家基本上是基督教的,或基本上是新

---

① (美)莱斯利·里普森著:《政治学的重大问题:政治学导论》,刘晓等译,北京:华夏出版社 2001 年版,第 290 页。
② 曲洪志、谭延敏:《文化建设与社会整合》,《马克思主义与现实》2009 年第 1 期。
③ 田文林:《国家民族主义与阿拉伯国家的文化整合》,《现代国际关系》2003 年第 12 期。
④ 王绍光:《民族主义与民主》,《公共管理评论》2004 年第 1 期。

教主义的国家。而法国大革命的领袖们则极力利用歌曲、故事和学校教育来培养公民的认同感①。

(二)两类文化整合策略

一般来说,国家政权在对待国内少数民族问题上包括这样几种态度:包容、同化或奴役。在对待国内少数民族文化的问题上,一些国家倾向于采取民族同化的方法来达到文化整合的目的。从世界范围看,各国在对待民族文化差异方面形成了两种截然不同的整合策略:一是同化主义,二是多元文化主义。同化主义无视种族、文化多样性的现实,借助国家的教育体制和权力机制强行推广主体民族的语言文化,以此消解少数民族的民族特性和传统文化,试图在单一语言文化基础上实现社会整合。一些拉美国家所采取的"温和"同化政策则将来自不同种族、民族的国民共同视为一个"国族",力图淡化其种族、民族身份,提升社会整合程度。尽管如此,由国家政权强制或至少制度化实施的同化政策要求少数民族经过被动的适应成为主体民族中的一员,它深刻反映出一种不平等的民族关系。从效果上看,"那些把单一的民族认同强加于这些少数民族的企图只会损害社会团结,而不会巩固社会团结"②。这种刚性的整合手段并未能达到理想的效果,同化政策也备受质疑和批判,从而迫使一些国家在面对种族、民族、宗教、语言、文化等社会异质性的基础上重新调整其民族政策。在此背景下,加拿大和澳大利亚率先推行"多元文化主义"政策,为多元异质性社会人们的和睦共处、特别是少数民族与主流社会的平等融合提供了新的范例。"多元文化主义"倡导尊重差异、包容他者、文化平等的基本理念:第一,少数民族的生活方式是有价值的,它不断给予社会成员以社会意义和安全感;第二,少数民族的文化传统与民族统一及社会经济的进步并不冲突,应该包容文化的多样性;第三,把民族间的平等看做多元主义得以实现的前提,努力让少数民族获得展示其文化的机会;第四,遵循文化相对主义的原则。文化相对主义的基本观点是:每一个文化都是唯一的和特殊的,但是没有任何一个文化更高级③。多元文化政策强调,在保持社会整体性和国民文化同质性的前提下,允许、鼓励国内各民族保留自己的文化特性和群体身份感,允许各民族保留自己的语言、文化传统、风俗习惯和生活方式,其实质是正视差异,求得和谐,而以尊重个人权利为文化底蕴、以协调多元社会利益纷争为现实目标的多元文化主义,在某种程度上

---

① (美)迈克尔·舒德森:《文化与民族社会的整合》,李贝译,《国际社会科学杂志》2004年第1期。

② (加)威尔·金里卡著:《少数的权利:民族主义、多元文化主义和公民》,邓红风译,上海:上海世纪出版集团2005年版,第346页。

③ Abraham Rosman, *The Tapestry of Culture: An Introduction to Culture Anthropology*, New York: McGraw-Hill, 2004, p.23.

也为民族与国家和谐关系的建构提供了一种较为合理的思路,这一政策日益被多数国家认可和效仿。从当今的情形看,"大国对文化自由及多元主义的保护,绝对胜于以追求族裔、语言和文化同质性为目标的小国,因为大国人民深知他们生活在一个多民族、多文化的国度内,因此必须彼此包容"①。同时,"多元主义这个过去仅仅用于族群和种族关系的概念和术语,得到空前的扩大,现在已经被运用于整个文化、知识、宗教和政治集团关系领域。多元主义意味着在政治、人性、科学、经济等等方面的观念和目标上的选择自由;意味着在生活方式和价值观上的选择自由;意味着尊重种族、民族、宗教差异,以及所有人的平等机会和权利"②。

文化上的多元主义可以对民族社会整合产生积极影响。因为宽容更容易使少数民族自愿融入到主流社会中,而对少数民族文化的尊重也会满足他们对本民族文化权利的诉求。"和而不同"是中国传统民族文化和谐共处的思想精髓,这一思想直接体现了民族之间的和谐与实现社会整合的辩证关系。"和而不同"的现实意义在于:要实现和谐不是通过消灭差异实现同一,而是要通过保留差异,求同存异,实现社会的有机整合,即所谓"各美其美,美人之美,美美与共,天下大同"③。在实践中,中国政府不仅尊重少数民族的文化传统和生活方式,而且实施少数民族文化保护政策,投入巨大的人力和物力保护濒临消失的少数民族文化。这一政策的社会效应突出地表现为民族文化百花齐放、社会生活丰富多彩、各民族文化互相交流与社会文化和谐发展。

(三)多元文化与共同归属感的协调

多元文化主义的实施需要强烈的统一意识,只有将更广泛的国家认同置于首位的情况下,民族与国家的双重认同原则才是有益的。"多样性是有价值的,但只能在确定的共同规范和制度的背景中才能发挥积极的作用。"④换言之,多元文化本身是一定的共同制度的文化,多元文化离不开制度的整合。尤其在现代社会走向多元的条件下,社会的凝聚问题同样具有十分重要的意义。承认现代国家中存在的文化多元性是必要的,但在文化趋向多元的条件下,如何实现各文化的和谐发展同样重要。在这方面,国家需要通过制度和政策将不同的民族或族群结合在一

---

① (英)埃里克·霍布斯鲍姆著:《民族与民族主义》,李金梅译,上海:上海人民出版社2000年版,第218页。

② (美)菲利克斯·格罗斯著:《公民与国家——民族、部属和族属身份》,王建娥、魏强译,北京:新华出版社2003年版,第225页。

③ 费孝通:《重建社会学与人类学的回顾与体会》,《中国社会科学》2000年第1期。

④ Will Kymlicka, *Finding Our Way, Rethinking Ethnocultural Relations in Canada*, Oxford: Oxford University Ontario, 1998, p. 16.

起,从而使它们在共同的使命和决策中遵守共同的决定,形成合作。对许多国家而言,多元的民族文化一般来说不具备排他性,但如何在保持多元文化特质的前提下实现整合,即将多元文化纳入到国家层面的制度文化范畴内,却不是一件容易的事。

在当今社会利益持续分化和民族意识不断增长的时代背景下,政府应该进行适当的制度变革来应对社会的分化和变迁所带来的诸多压力。从现实中我们可以看到,正是政府制度安排和设计的不同导致不同国家的民族问题走向各异。过去的几十年里,"在众多的多民族国家中,充满了紧张。激烈的、表面化的危机(塞浦路斯、巴基斯坦、黎巴嫩、斯里兰卡),使国家四分五裂。在西方的自由民主国家里,同样有一些相当脆弱的国家,其内部的虽然古老甚至已经稳定下来的民族冲突并没有消失,甚至有加剧的趋势(如比利时、瑞士、加拿大、西班牙、意大利)"[1]。对多民族国家而言,合理、有效的社会整合需要通过民族平等、权力共享的民主政治机制,经济利益的协调和分配机制,尊重差异、发展各民族文化的文化建设和保护机制予以实现。这是一种政治、经济、文化"三位一体"的全方位社会整合模式[2]。

第三节 民族社会整合的途径

不同的国家具有不同的国情,其所采取的具体社会整合手段和措施也必然存在差异。多民族社会整合的可能性在于人们所具有的共同政治利益和认同意识,在于文化、价值观念、制度以及各种信仰和社会规范对人们产生的控制和制约作用。从各国的实践经验看,社会整合机制一般通过公民教育、大众传媒、民间组织、社区建设等多种途径,分别从不同的维度予以实现。

一、公民教育

从社会心理学的角度看,整合意味着一个多民族社会能够达成某种"共意"或"一致性","正常运转的社会以及正常运转的民族国家,其前提条件之一,就是所谓民族的社会凝聚力,一种社会成员彼此休戚相关、具有共同传统和共同目的的意识"[3]。其中,政治整合在很大程度上取决于国民的凝聚力、向心力,即各民族成员

---

[1] (法)吉尔·德拉诺瓦著:《民族与民族主义》,郑文彬译,北京:生活·读书·新知三联书店2005年版,序,第17页。
[2] 严庆:《概说民族整合》,《广西民族研究》2006年第2期。
[3] (美)菲利克斯·格罗斯著:《公民与国家——民族、部属和族属身份》,王建娥、魏强译,北京:新华出版社2003年版,第178页。

对国家的"高度认同"。在民族利益诉求日益多元化的时代,多民族国家都在探寻适合本国特点的政治整合方式,而通过加强公民教育来培养共同的政治认同感是多数国家所采取的整合策略。

(一)促进国家认同

公民教育首先是关于"国家认同"构建的教育。自现代民族国家诞生之日起,公民教育一直将重心放在民族国家的政治合法性以及公民的权利和义务上。通过相关课程的设置,使学生掌握有关国家的基本知识,例如,一些体现主权国家的象征和符号体系,如国旗、国歌、国语、国籍、公民的权利与义务、政府、宪法和法律、选举等。这些课程教学的目的即在于使学生了解这些抽象的国家象征和符号,形成对国家的政治认同感,成为一个合格的公民。

在美国和多数欧洲国家,公民教育一直被列为是中小学课程中的必修科目。这些国家的实践表明,公民教育在国家观念塑造方面成效卓著,是民族国家建构和发展过程中社会整合的关键环节。

早在1881年,法国的小学教育全部免费,并在小学开设公民道德教育课,将公民教育课程列为各科目之首。其目的就是以自由、平等、团结、人权为准则,将国家的基本价值观念灌输给青少年,增强他们的国家认同感,使之成为合格的公民和法国社会中的一员[1]。

在美国,"学校不仅是表达美国的哲学,它也最有效地促进这种哲学的形成与传播……孩子们在学校里学到的东西还不能当真作为衡量他们的性格标准,但几乎可以肯定,这是成年人所赞成的道德体系,而经过人的坚持,这种道德体系就像宪法那样具有权威性了"[2]。在美国人看来,价值观教育和美国精神的灌输与地理、英语、数学一样是学校教育的组成部分。"学校一贯坚持教导的一种思想是爱国家、爱自由。课本、文选和供青年人阅读的历史几乎每一页都讲到爱国主义。"[3]公民教育有力地促进了人们的国家认同感,美国分别有70%和80%的各族青年赞同"国家利益重于个人利益"和"青年不为国家尽力就意味着背叛"的观点[4]。

作为一个多种族、多民族的国家,澳大利亚的公民教育主要"教育学生理解他们在澳大利亚民主社会中的角色。在离开学校后,学生应该成为一个积极的、有知识修养的公民,能够理解并赏识澳大利亚的政府体系和公民生活。除此之外,期望

---

[1] 赵明玉:《法国公民教育述评》,《外国教育研究》2004年第6期。
[2] (美)H.S.康马杰著:《美国精神》,杨静予等译,北京:光明日报出版社1988年版,第55页。
[3] (美)H.S.康马杰著:《美国精神》,杨静予等译,北京:光明日报出版社1988年版,第5页。
[4] 孙和庚:《青年动向大调查》,《青年一代》1986年第2期。

学生具备'关于道德、种族及社会公正事务进行判断及行动的能力,赋予世界意义的能力,思考事务何以成为其本身的能力,对自己的生活做出明智与有见识及为自己的行为负责任的能力'"①。澳大利亚的理论家们将公民教育视为构建多元文化共同体的必要手段,他们强调,学校应该教授澳大利亚文化中共同的核心价值观和英语,以提高社会整合程度。

(二)构建民族认同

公民教育也是关于"民族认同"构建的教育。"民族认同"概念有两个层面的意义:一是各民族成员对本民族的自我认同和情感依附,二是各民族成员对"国族"的认同和情感依附。此处"民族认同"中的"民族",不是指某一特定的"民族",而是指整合于一体的国家民族,例如,对中国而言,主要是指对中华民族的认同意识。在多民族国家中,公民教育一般具有双重功能——它不但致力于在每个组成的民族群体内部培养一种以共同语言和历史为基点的民族认同,并且还谋求培养一种能把各个民族结合在一起的超越本民族的认同感。只有这样,"一个国家内部不同民族的个体成员才会将自己归属于该国家,并对这个国家产生认知和情感依附"②。

法国大革命后,各国均十分重视教育在塑造民族认同方面的重要功能,利用公共教育体系来塑造国家民族的做法受到了许多多民族国家的推崇,国家权力的体现之一便是能够控制教育体制并按统治者的意志设置有利于构建国家民族的课程体系,教育制度日益体现出鲜明的政治性、整合性和民族性。"教育并非传授知识、传统的智慧和一个社会所设计的用来关注公众事物的方式;它的目的完全是政治性的,也就是使年轻人的意志服从民族的意志。"③

从民族国家的构建历史看,西方国家都曾采用了各种各样的策略来推动语言和体制的融合,例如,制定国籍和归化法、教育法、语言法以及有关公务人员雇佣、兵役制度和国家传播媒体政策等④。而当今广大发展中国家几乎都将学校视为神圣的机构和民族整合的组织机制,因而,它是一种制度化的机构,其作用在于使社会中形形色色、互不相同的群体获得全民族的统一⑤。

---

① 邱丽艳、王艳玲:《多元文化背景下澳大利亚公民教育的特点及发展趋势》,《教育科学》2009年第2期。
② (美)卡尔·博格斯著:《政治的终结》,陈家刚译,北京:社会科学文献出版社2001年版,第298页。
③ (英)埃里·凯杜里著:《民族主义》,张明明译,北京:中央编译出版社2002年版,第77页。
④ (加)威尔·金里卡著:《少数的权利:民族主义、多元文化主义和公民》,邓红风译,上海:上海世纪出版集团2005年版,导言,第1页。
⑤ (美)迈克尔·舒德森:《文化与民族社会的整合》,李贝贝译,《国际社会科学杂志》2004年第1期,第87~88页。

在当今多数多民族国家的教育体系中,民族政策和文化政策紧密结合在一起。作为交流的工具和文化的载体,语言发挥着巨大的民族整合功能。语言以及与之紧密相联的文化,乃是促进国民团结的相关因素。"所以,国家都致力于进行'民族国家建构'——即推广共同语言,培育人们具有这样一种观念:大家共同归属并平等参与以这一语言为基础的社会机构。审定官方语言、核心教育课程、入籍资格的标准等,都是以在全社会普及某种特定的社会性文化为目的,以发展特定的民族认同为目的。"①多民族国家对官方语言的界定、标准化以及教学已经成为各国进行社会整合的主要手段之一。比如,以色列建国后便将希伯来语定为官方语言之一。马来西亚在建国初期以马来语为教学语言来建立整个国家的教育制度,借此来整合整个马来西亚社会。

除了语言,民族历史也是多民族国家进行公民教育的关键一环。在心理层面上,民族的本质不是人种而是文化,民族就是借助共同的历史记忆、意识形态、语言风俗等文化纽带所规定和缔造的一个文化共同体。"记忆、神话、象征符号的链条把民族与那种普遍而持久的共同体,即'族裔'联结在一起,而正是这些东西赋予了民族独一无二的特征,并使其牢牢控制了如此众多的人们的感情。"②历史教学以弘扬本民族的辉煌历史来培养公民的民族认同感和归属感,并着意于通过树立民族英雄、历史文化名人等光辉形象来培养公民的民族自豪感和爱国主义情感。如"中华民族"是中国各民族共同享有的文化符号和民族身份,它既可以有效整合各个民族,也可以促进各民族对国家的认同感。

(三)培育民族精神

公民教育也是关于"民族精神"培育的教育。"在一个民族的精神发展中,总有一些思想观念,受到人们的尊崇,成为生活行动的最高指导原则。这种最高指导原则是多数人民所信奉的,能够激励人心,在民族的精神发展中起着主导的作用。这可以称为民族文化的主导思想,亦可简称为民族精神。"③通过民族精神的建设,可以消除文化差异所带来的对立和冲突,增强民众的国家认同感,提高社会的整合程度。各多民族国家均对培育民族精神予以特别的重视。

为增进国家的凝聚力与向心力,美国历届政府均把培养国民的爱国精神以及对国家的责任和义务作为民族精神建设的首要目标。1987年,里根(Reagan, Ron-

---

① (加)威尔·金里卡著:《少数的权利:民族主义、多元文化主义和公民》,邓红风译,上海:上海世纪出版集团2005年版,第27页。

② (英)安东尼·D.史密斯著:《全球化时代的民族与民族主义》,龚维斌、良警宇译,北京:中央编译出版社2002年版,第191~192页。

③ 张岱年:《文化传统与民族精神》,《学术月刊》1986年第12期。

ald Wilson,1911—2004)在"国情咨文"中特别强调要重视培育"美国精神",首要的一点便是爱国。1992年,美国一些行政组织与研究机构共同拟定了一份《阿斯彭品格教育宣言》,呼吁学校重视"责任心、可靠、关心"等核心价值观教育①。新加坡"民族、文化、语言、宗教和帮派构成不仅多,而且差异大。它们分属于不同的文化类型、不同的人种和不同的宗教系统,由此造成的价值观念、政见和经济利益的分歧也特别大,有不易调和的特点。加之因经济地位不同而产生的阶级差别,新加坡的社会构成就更加复杂了,所以新加坡是个极易分裂的社会"②。针对这种国情,新加坡将培养公民的国家意识提高到战略高度。新加坡政府认为,国家意识是个人与国家在情感上的结合,国家应被内化为"自我"的一部分。为此,政府特别提出"新加坡人"精神,宣扬统一的民族价值观,树立"我是新加坡人"民族精神,推广全体国民团结在"一个国家、一个民族、一种命运"的旗帜下为新加坡的发展而奋斗的观念。

民族共同体的建立和维持要求其组成群体之间的融合。这种融合进程可能是无意识的,也可能是有计划的或精心策划之后达成的。"任何社会的整合最有效也是最为根本的方式和途径就是使某种意识形态社会化"③。可以说,通过培育民族精神可以有效地整合社会力量及社会资源,增强民族凝聚力。对后发展国家而言,公民教育更为注重整合功能,强调国家的整体性与国家意志,从而有助于快速形成民族凝聚力,促进国家的稳定与发展。从中国的情况看,中华民族意识和爱国主义精神始终是促进国家认同和民族凝聚力形成和维系的源泉所在。"在我国,爱国主义、集体主义、社会主义教育,是三位一体、相互促进的。对全民族和全体人民来说,首先要抓好爱国主义教育。世界上任何国家任何制度下,都很重视对人民进行爱国主义的教育,在我们这样人口众多的社会主义国家里,更应如此。"④中国政府高度重视教育在增强民族凝聚力方面的重大作用,把弘扬和培育民族精神作为文化建设的重要任务,纳入国民教育全过程。"民族优良传统的发扬,共同理想和精神支柱的形成和巩固……都离不开教育工作,而这些都是我们民族凝聚力的重要基础和内容。我们的各级各类教育机构,我们的全体教育工作者,对增强包括民族凝聚力在内的综合国力,承担着庄严的职责。"⑤

---

① 董小燕:《当代美国学校德育的进程、特点及启示》,《外国教育研究》1997年第1期。
② 郑维川著:《新加坡治国之道》,北京:中国社会科学出版社1996年版,第14页。
③ 王邦佐等著:《中国政党制度的社会生态分析》,上海:上海人民出版社2000版,第246页。
④ 中共中央宣传部编:《毛泽东邓小平江泽民论思想政治工作》,北京:学习出版社2000版,第124页。
⑤ 中华人民共和国教育部、中共中央文献研究室编:《毛泽东邓小平江泽民论教育》,北京:中央文献出版社、人民教育出版社、北京师范大学出版社2002年版,第275页。

二、大众传媒

在现代社会,大众传媒以其特有的方式渗透到社会生活的方方面面,潜移默化地影响着人们的思维方式和价值观念,已成为进行有效社会整合必不可少的手段。其社会整合作用主要体现在传播主流意识形态,扩大政治认同;树立共同理想,进行价值导向;营造舆论氛围,协调社会关系等方面。

(一)扩大政治认同

"大众传媒是既定工业社会秩序的文化武器,主要用来维护、建立和巩固传统的信仰和行为,而不是去改变、威胁或削弱它。"[1]我们可以想象,当互不相识的人们手捧着同样内容的报纸,倾听或观看同一个电台或电视台制作的节目时,这些国民无形中就成为一个拥有许多共同特征的文化共同体。"在这种同质的……大众传媒的熏陶下,领土范围内的居民分享着某种共同的情感体验和文化心理。从而把具有这种体验和心理的人群聚集为一个道德和经济共同体,而那些没有接受大众教育和传媒熏陶的人群(主要指他国居民)则因为不能理解这些信息和情感体验而被排斥在这一文化共同体之外。"[2]另一方面,媒体不仅仅传播消息,而且也决定什么消息是最重要的,这样,它们就可以帮助形成文化价值。从本质上说,民族社会整合乃是一种培育国民共同观念的过程,在共同观念的建构过程中,大众传媒可凭借其强大的宣传效应,引导公众形成共同的价值观,这是媒介特有的社会整合功能。"正是媒体本身这种抽象的、集中的、标准化的、一点对多面的交流方式的普遍性和重要性,自然地产生了民族主义的核心思想,而传播的具体信息包含的特殊内容却不重要。"[3]可以说,大众传媒已成为现代社会政治认同的主要构建方式。此外,从民族关系的角度看,大众媒介是社会各种关系的连接者,起到一种"黏合剂"的作用。"传媒组织处于社会系统和公众的'链接'点上,使社会结构的不同层面围绕传媒组织这一核心相互作用,整合成一个系统。"[4]因此,借助大众传媒培育全民共识,进行民族社会整合受到了各国政府的广泛推崇。

(二)进行价值导向

对多民族国家而言,形成共同的价值观即主流价值是社会整合的一个中心任务。绝大多数国家的广播、报纸等传播媒介都是处于国家的严格控制或管理之下的。比如,加拿大建立全国性广播系统的一个重要目的是协助联邦政府进行控制

---

[1] 樊浩:《大众传媒与社会控制》,《新闻出版与交流》2000 年第 5 期。
[2] 田文林:《国家民族主义与阿拉伯国家的文化整合》,《现代国际关系》2003 年第 12 期。
[3] (英)厄内斯特·盖尔纳著:《民族与民族主义》,韩红译,北京:中央编译出版社 2002 年版,第166 页。
[4] 胡申生著:《传播社会学导论》,上海:上海大学出版社 2002 年版,第 58 页。

以压倒地区分离势力,巩固民族主义感情。加拿大广播公司将全国性广播系统视为推动民族整合的一支强大力量——致力于把不同的族群同化于一个共同文化中,该公司"真正致力寻求的"目标乃是"创造一个全民族的觉悟"。它的任务在于表达"加拿大的认同身份",它已经成为"加拿大一个有生命力的机构,加拿大民族的象征,把这个国家凝聚起来的黏合剂的一个组成成分"。大众传媒也是当代一种促进社会均质化的强大力量。随着媒介的日益强大,社会将愈来愈趋于均质化。在苏联解体之前,其电视台被描述为"一股强大的整合力量"、"一种民族的传媒,企图锻造出民族觉悟和民族文化"的整合工具[1]。

中国的传媒制度是国家政治制度的重要组成部分,它是党、政府和人民的耳目喉舌,发挥着传达思想、凝聚公众意识的重要功能。通过大众传媒的宣传引导,促进了各民族成员对社会主义核心价值观和政治文化的认同。

(三)协调社会关系

大众传媒是一把双刃剑——一旦被歪曲利用,就可能破坏民族团结。随着互联网等新型电子媒介的飞速发展,这种负面效应愈加明显。"电视削弱了政党制度和公众的参与;而新型传媒:有线电视、卫星、计算机传媒等,正在从内部和外部损害国家的凝聚力。"[2]从历史上看,苏联和一些东欧国家的国内民族冲突和国家解体与西方的文化渗透和刻意宣传不无关系。近年来,西方国家的政治、文化渗透已经对中国民族地区的社会团结和稳定产生了消极影响。中国政府应采取措施加强监管,过滤不良信息,把民族精神的弘扬和培育渗透到网络传媒之中,充分发挥传媒在社会整合方面的积极效应。

最后需要指出的是,在当今人口流动和族际互动日益频繁的时代,通过对各族文化的广泛宣传报道,能够加深相互之间对彼此文化风俗的理解和认同,避免因文化隔阂而影响到社会整合。在很多国家,由于媒体报道不当而引发民族冲突的事例屡见不鲜。某些并非刻意的报道虽不是针对所有民族成员,但却可能伤害到整个民族的感情。从这个角度讲,民族社会整合也是一个重要的心理建设过程。在民族意识较强的背景下,政府需要加强对涉及民族因素的报道和节目的监管力度,加强媒体从业人员的教育,避免因宣传报道不当而引发民族冲突。

三、民间组织

一般而言,国家权力机关在社会整合过程中发挥着主导作用。但同时也应该

---

[1] (美)迈克尔·舒德森:《文化与民族社会的整合》,李贝贝译,《国际社会科学杂志》2004年第1期,第91~92页。

[2] (美)约翰·基恩等著:《变动中的民主》,林猛等译,长春:吉林人民出版社1999年版,第117页。

承认,在日趋复杂的现代社会中,政府的作用范围和力量毕竟有限。此外,社会整合不仅包括利益整合,还包括情感、组织、规范整合等,处理社会分化中的民族整合问题不仅需要通过政府的威望与权力进行整合,也需要依靠社会团体、民间精英等非政府力量予以补充和辅助。

(一)社会团体的整合功能

在现代化进程中,社会整合过程自身会产生出更加分化的利益结构,在各种组织越来越趋向于作为一个整体发挥作用的同时,越需要一批中间组织来整合、规范其互动关系。从中国近年的情况看,一种建立在相对独立的社会力量基础上的新的社会整合力量——民间组织开始出现,并成为国家整合力量之外的一种重要整合形式。民间组织具有协调不同主体利益的整合功能。在利益分化的时代,政府日益依靠与其他行动者形成的伙伴关系,社会整合的"巩固包括非政府组织和志愿者在内的民间社会,乃是一个积极的、必要的步骤。在许多国家,民间社会为人民群众提供了一起工作、与政府达成伙伴关系的手段,这样可以改善和保护共同利益,补充和完善公共领域的活动"[1]。

社团在维护其成员利益方面发挥了重要作用,享有民间的权威,并深刻地影响着成员的价值观。"在任何复杂的社会中,个人较少直接受到社会整体的影响,而较多地不同程度地受到社会各个部分或集团的影响。"[2]特别是在对政治行为的影响上,接触意见领袖比接触正式的宣传更为重要。社团组织不仅为各民族的利益表达提供了制度化的渠道,也成为社会成员获得合理角色、培养秩序和合作精神的重要社会化场所。它不仅塑造成员一定的政治价值理念,还加强其成员对公共权力、法律规则的普遍认同,提高成员与社会规范以及国家价值目标的整合性。如果社团能够经常向其成员宣传主流政治、文化意识形态,引导他们维护国家和民族的利益,往往可以收到事半功倍的效果,实现社会的有序整合。比如,"当代印度的语言社团已经发展成为印度当代政治体系的一部分。社团通过文学和语言现代化,用它们自己的语言促进社会动员。语言为这些社团提供了把从较狭隘的职业或地方集团的忠诚信徒中吸引过来的人,纳入到更广泛的地区语言框架的方法。这些社团也运用了现代政治征募和社会化的组织方法",进而对国家一体化产生重要的影响[3]。

---

[1] (美)鲍勃·休伯:《社会整合理念:一份政策研究议程》,张大川译,《国际社会科学杂志》2004年第8期,第72页。

[2] David. Truman. *The Government Process*, N.Y.: Alfred Knopf, 1951, p.15.

[3] (美)塞缪尔·亨廷顿:《政治发展》,载(美)格林斯坦、波尔斯比编:《政治学手册精选》(下卷),储复耘译,北京:商务印书馆1996年版,第231页。

社会功能论认为,社会分工和分化使现代社会具有高度的异质性,因此,维护社会的整合首先需要传统权威和共同的信仰。在所有社会组织中,以信仰为基础的非政府组织——宗教组织的社会整合力量不容小觑。宗教可以构成文化相对一致的集团,在集团内部,人们以同样的社会化方式,按照同一规定接受相同的政治价值,具有近似的政治取向。"在处理认同危机时,对人们来说,重要的是血缘、信仰、忠诚和家庭。人们与那些拥有相似的祖先、宗教、语言、价值观、体制的人聚集在一起,而疏远在这些方面的不同者。"[①]教会、教派领袖在信教群众中享有较高的威望,多数信教群众对他们有较高的认同度。宗教信仰的民间性和多元性使得宗教组织具有广泛的基层信众和支持者,这使得它们具有强大的社会动员能力,也在一定程度上成为民众意愿的表达途径,使民众产生强烈的归属感。社会凝聚力根源于社会群体的共同愿望和共同利益,宗教能够把这种群体的共同愿望与共同利益神圣化,而且能通过宗教组织的协调,运用宗教信仰上的共同性,宗教领袖的权威和宗教戒律把这些利益和愿望加以约束和强化,从而增强民族的凝聚力。

(二)民间精英的传导力量

民族的共同意识构成了社会的一个基本文化层面:它是社会凝聚力的一个重要纽带。但"这些意识形态是如何传播到大众中去的?在一种意识形态或一种政治哲学的肇始者和一般选民、听众或信徒、追随者之间,有一个中间阶层,一个领袖和活动家的政治阶层,他们既是那些抽象理论的信徒和读者,同时又富有政治积极性。通常,他们是一个政党、一个协会、一个组织的成员、领袖、建立者或组织者。他们是传达被简化了的意识形态的人。他们是政治工匠,他们把难懂的、技术性的、而且常常是朦胧混乱的神话般的哲学转变为明白易懂的语言,最终简化为标语口号"[②]。体制外精英拥有非制度化的权力,这种权力并非政治制度所赋予,而是来自民众的拥戴和官方的尊重,这种权力使他们可以在政府权力达不到或不易达到的领域实行"统治"。体制外精英拥有的这种权力使他们既有民间性,又有权威性。在很多情况下,精英人物成为民众的代言人,民众对他们的信任和其自身的影响力使政府不得不尊重他们的意见。政府借助民间精英的力量,可以使民意顺利上传,政令有效下达,大大节约行政成本。

对政府而言,可以民间精英的权威来管理社会,也可以利用他们规范民众的政

---

① (美)塞缪尔·亨廷顿著:《文明的冲突与世界秩序的重建》,周琪、刘绯、张立平、王圆译,北京:新华出版社1999年版,第130页。

② (美)菲利克斯·格罗斯著:《公民与国家——民族、部属和族属身份》,王建娥、魏强译,北京:新华出版社2003年版,第103页。

治行为。对那些代表公共利益的民族精英,政府要努力培育和扶持,加强指导,将他们纳入政治体系,使之成为"社会整合活动的分担者和协助者"。中国现有宗教教职人员约 36 万人,宗教团体近 5500 个。在社会政治生活中,1.7 万名来自宗教界的代表和委员在各级人民代表大会和政协组织中参政议政[①],在规范信教群众的行为、协调民族关系等方面发挥着积极的整合作用。

四、社区建设

当今社会,社区不仅具有地理的或空间的含义,更重要的是,作为一种人的群体,社区的意义体现在它是社会关系、共同价值孕育和产生的场域,包括人们的行为、相互交往、公共关系以及促进人与人之间亲密关系的社会秩序[②]。

(一)社区孕育亲密的社会关系

社区的基本特点是空间的区域性和规范的认同性,其本质是给每个人提供一个精神家园和社会归属。社区共同体的整合方式表明了社会整合的发展趋势。"社区通过提供各种服务可以有效地帮助居民相互熟悉和交往,构筑人际关系网络,使居民逐渐对本社区产生认同和归属感,进而达到整合的目的。"[③]社区不仅是一种空间范围,也是一种社会网络,它不仅为社会关系所支持,也生产新的社会关系。社会不同群体杂居可以培养一种包容和宽容的心理,并具有较强的妥协性,会形成一种互融性的人际关系。"从个人方面来讲,它意味着人们接触其他群体的成员机会增多,有利于消除相互间的疑虑和不信任,促进人际间的友谊。"[④]而在当今民族多元的社会中,"个人之间的交往可以决定性地改变有关其他国家和民族的形象和态度"[⑤]。

(二)社区促进族际交往和文化融合

社区不只是钢筋水泥丛林,更是文化的熔炉。文化的整合在很大程度上取决于语言和居住格局。民族的交往都是在语言的互动中发生作用的,掌握两种甚至三种语言是克服沟通障碍的重要方式。2003 年,加拿大多伦多市为回应这一要求

---

① 《宗教信仰自由的伟大实践——新中国成立 60 年宗教工作综述》,参见"新华网",http://news.xinhuanet.com/politics/2009-09/04/content_11997455.htm.

② Ferdinand Tonnies, *Community and Civil Society*, edited by Jose Harris, Cambridge:Cambridge University Press, 2001, p.32.

③ 高永久、刘庸:《西北民族地区城市社区整合机制研究》,《黑龙江民族丛刊》2006 年第 2 期。

④ Law,Caroline, Development and Nationalism:An analytical Model on Economic Growth to Social Prefrence and Party System. *Nebula*, 2005, Vol.2, No.1, pp.47-67.

⑤ (德)马勒茨克:《跨文化交流:不同文化的人与人之间的交往》,潘亚玲译,北京:北京大学出版社 2001 年版,第 122 页。

建立了140个公益性的社区文化教育机构,其中包括对不同种族、外来移民的多种语言培训[1]。作为非语言的文化符码,城市人口的空间分布包含一定的族际意义,城市社区规划所要达到的社会目的——以邻里关系为例——不仅要考虑自然设计,必须还要考虑所涉及的人、社会交往的模式等[2]。一些发达国家在城市规划和住房政策的制定上普遍重视居住模式的族际交往型规划,以达到文化融合和社会整合的目的。例如,美国政府经常运用各种行政和经济手段按照理想状况的民族人口比例来调整居住格局,以避免社区民族的单一化。在出售住房时,新加坡建屋局规定了各区的民族比例:"华族人口在邻区不能超过84%,每座楼房不能超过87%;马来人口在邻区不能超过22%,每座楼房不能超过25%;印度族人口在邻区不能超过10%,每座楼房不能超过13%"[3]。推行"混合居住模式"无疑有利于多民族社会中普遍信任的形成,孕育出有利于民族社会整合的资本。"从邻里交往发展起来的地域联系表明,在表现出共同利益或共同价值观的地方,就会产生出一种社会纽带。这种社会联系纽带一旦产生,就会为共同的目标、共同的需要、以及象征性符号所加强,甚至被传统所加强。"[4]

此外,不同民族间的通婚比率也是衡量一个多民族社会中人们之间的社会距离、群体间接触的性质、群体认同的强度、群体相对规模、人口的异质性以及社会整合过程的一个敏感的指标[5]。混居社区的扩展可以推动族际通婚,进而促进民族整合。因此,各国均对异族通婚采取积极支持的态度,在政策安排和制度设计上考虑到促进民族间的交往和增加族际通婚的可能性。

第四节 民族社会整合中的"度"

社会整合不足或过度都会引起社会问题或社会动乱。多元文化和利益诉求所造成的社会动荡是社会整合不足的表现,而强制性的同化所引起的反弹和政治动

---

[1] Adair C., *Positive Energy is Built In: Builder Adapt Homes to Appeal to Ethnic Buyers*. Toronto Star, 2003, No. 22.

[2] Malizia and Ke. Is the rea British underclass? *International Journal of Urban and Regional Research*. 1993, No. 17, pp. 404-412.

[3] 凌翔、陈轩编著:《李光耀传》,北京:东方出版社1998年版,第305页。

[4] (美)菲利克斯·格罗斯著:《公民与国家——民族、部属和族属身份》,王建娥、魏强译,北京:新华出版社2003年版,第216页。

[5] (美)G.辛普森、J.英格尔:《族际通婚》,张时飞译,载马戎编:《西方民族社会学的理论与方法》,天津:天津人民出版社1997年版,第380页。

荡则是社会整合过度的结果。把握社会整合的方式与尺度成为多民族国家面临的政治难题。"如何在一个多民族的国家,一个公民平等与自由的国家创造一种凝聚力、一种社会纽带?这实际是如何在一个功能健全的国家里创造一种适当的联系、创造一个自由文明社会前提的根本问题。"①

一、保持适度的民族意识

无论是作为一个民族自我认同的心理活动抑或是作为民族存续的情感符号,民族意识都有其存在的合理性。民族意识的存在不仅保存、弘扬了各民族久远而独具特色的文化传统,造就了多元文化共生共荣的景观,而且民族自强意识和民族发展意识的增强更是为各民族最大限度地融入经济发展进程提供了重要的精神动力,使其能够更为充分地利用现代社会提供的教育和技术来实现自我发展的追求。另一方面,过于旺盛的民族意识也会引发少数民族对现利益格局的不满,要求改变现行的各民族之间的利益分配和民族关系格局,形成对现民族关系格局的严峻挑战。特别是在政治利益的分配和政治话语权的争夺上,民族之间的矛盾和芥蒂极易被外部势力放大,最终诱发政治动乱。20世纪80年代,一些多民族国家发生分裂,在一定程度上是民族自决、自立意识过度膨胀的直接后果。

由于民族意识的发生大多与民族群体的利益诉求相关,政府需要通过合理、有效的利益调适机制,在"多元一体"的框架内最大程度地关切少数民族群体的利益需求、力求民族意识与国家观念的有机统一,这既是对多民族国家的中央政府处理民族问题的政治智慧的考验,又关涉到民族意识诉求指向的演变。从历史经验看,国家权力的分配不均和经济的发展失衡往往会激发排外性的民族意识,产生形形色色的政治认同,并导致分裂性的政治文化。保持适度的民族意识需要从三个方面着手。

一是建立具有弹性的现代政治体制,将各民族的政治利益诉求有效地容纳到政治体系中,使国家的制度安排和政策设计能够反映不同民族的利益要求,代表全体民族的发展意识。同时,通过增加政治参与来促进少数民族对自身公民身份的认同,也是国家与少数民族之间社会整合的重要手段。少数民族的政治参与程度直接影响到他们对公民身份的认同程度,因此,国家需要为少数民族的政治参与提供有效的途径。比如,在中国所推行的民族区域自治制度中,少数民族干部培训机制有效地保障了各民族参与国家的政治生活,少数民族的人大代表、政协委员对国家决策的制定均有发言权,这保证了各民族对国家政权的高度信任和依赖,形成了

---

① (美)菲利克斯·格罗斯著:《公民与国家——民族、部属和族属身份》,王建娥、魏强译,北京:新华出版社2003年版,第179页。

维护国家利益与民族团结的政治意识。

二是通过建立有效的收入分配机制协调民族间的利益分化。从历史上看,一切社会冲突都能从不平等中找到根源。"一些经济群体过去存在的相对地位如果持续地处于动荡之中,便孕育着冲突——尽管各个群体的绝对收入和绝对产量都有所上升。在某种情况下这样的冲突会导致公开的内战。"[1]民族自决和独立意识的产生在很大程度上是收入差距扩大的产物。政府如果不能有效地缩小民族之间的发展差距,其结果必然导致分离性的民族意识的产生与蔓延。反之,民族间收入和生活水平的一致,将会促进它们对普遍价值观的认同,形成积极竞争、共同发展的民族意识。

三是培养民众的变革意识。在社会心理层面上,个人发展的不确定前景往往造成高度的紧张和压力。"排外性的民族意识"也是人们对变化的心理承受能力不足的一种反映。按英克尔斯(Inkeles, Alex, 1920—)的观点,现代人应具备变革意识,"能够欣然接受在他周围发生的社会变迁过程,能够更自由地接受别人现在正享有的变化了的机会"[2]。有效的社会整合需要与之相适应的国民意识和社会心态。在利益协调的基础上,政府应确立合理、公平的评价标准,培育民众容忍差异的公平意识。在保障正当物质要求的前提下,引导人们树立健康向上的价值观念和生活方式,避免因个人财富和生活方式盲目攀比而导致的心理不平衡。通过积极的思想疏导,使民众对未来保持理性预期,可为社会整合提供宽松的社会环境。这是一种必要的整合措施,可有效缓解社会动员和利益分化所带来的负面效应,形成包容性的民族意识。总之,"社会整合是创造和谐、安宁和具有包容性社会的先决条件。显然,社会整合必须改善和保护人权与人的基本自由,培育具有和平、忍让、非暴力特质且尊重文化和宗教多样性的文化氛围,消除各种形式的歧视,保证全体成员具有获取或使用生产资源、参与治理的平等机会"[3]。

二、运用合理的整合手段

社会整合的方式多种多样,从各国的实践看,有自上而下型整合和自下而上型整合、强制性的整合与诱致性的整合、制度化的整合与非制度化的整合等。自上而下型的整合是一种政府主导型的社会整合模式,主要依靠国家权力机器,以实现政

---

[1] Simon Kuznets, Modern Economic Growth: Findings and Reflections. *American Economic Review*, 1973, Vol. 63, No. 3, pp. 279-280.

[2] (美)阿列克斯·英克尔斯著:《从传统人到现代人:六个发展中国家中的个人变化》,顾昕译,北京:中国人民大学出版社 1992 年版,第 26 页。

[3] (美)鲍勃·休伯:《社会整合理念:一份政策研究议程》,张大川译,《国际社会科学杂志》2004 年第 8 期,第 71 页。

治整合为中心任务,整个社会成员思想统一、行为一致,从而达到一种刚性的社会稳定。这种整合模式的弊端是社会丧失活力,民族关系处于隐性的对立状态。苏联长期以来在自上而下的体制下对全体社会成员实施强制性的政治整合。这突出表现在苏共意识形态的无条件要求和价值体系中:"无保留地接受并宣传国家确定的信仰、判断和评价","对非常仪式化的宣传",由国家即苏共机构"认定个体能否成功的一整套标志","对'人民公敌'和持不同政见者,即那些拒绝认同极权政治国家的意识形态的谴责和惩罚"①等。这种政治上的过度整合虽然构建了苏联社会的超稳定结构,但在这种稳定现象的背后却蕴藏着深刻的社会危机和民族分裂危机。自下而上的整合是以社会个体的互动关系为基础的微观社会整合过程,它意味着依赖价值观、文化以及道德导引,实现社会的自组织。"所谓由下而上地进行民族整合指一个民族成员意识到民族分离的乖离性和民族苦难的异化性,开始有意识地由社会面、经济面、然后文化面,最终政治面的努力去进行民族整合与国家统一。"②从本质上讲,民族社会整合就是一种社会团结,表现为一种有机团结和一种弹性的整合。换言之,整合并不排斥社会的异质性和多元性,其最终的目标是要实现多元主体的共存共处;其基本的形式就是多元主体之间的互动。相对于国家层面的宏观整合而言,以民族互动、民族认同为纽带的自下而上的社会整合不仅自然,而且更为牢固和有效。

强制性的整合模式主要体现在文化整合中,它意味着借用国家权力和制度的力量消解各民族的文化个性。文化的强制整合会导致一种政治上的不确定性。族群之间的高度文化同化确实可以提升社会整合程度,但各民族群体对民族同化的认同是否一致、是否自愿参与都直接影响到整合的结果。事实上,强制性的同化政策极易导致少数民族的政治离心倾向和对自己原有认同的坚持,并进而影响其对国家的认同和忠诚。"分离主义运动的盛行表明,现代国家尚未找到包容少数民族的有效方法。实际情况是,无论我们是否承认民族分离的权利,如果不学会调适民族文化差异,分离就会随时威胁许多国家。"③那些执行强制同化政策的国家几乎都事与愿违。马来西亚独立后把马来文化作为国民团结的基础,希望借此实现民族社会整合。马来文化凭借权力的支持压制其他文化的发展空间,遭到了马华文化的抵制和反抗。其结果是"我族"与"他族"的界限进一步扩大,使得马来西亚的

---

① 胡键:《社会分化、社会整合与俄罗斯的经济转轨》,《宁夏社会科学》2002年第1期。
② 姜新立:《由民族文化整合看中华民族的再生》,转引自严庆:《概说民族整合》,《广西民族研究》2006年第2期。
③ (加)威尔·金里卡著:《少数的权利:民族主义、多元文化主义和公民》,邓红风译,上海:上海世纪出版集团2005年版,第90页。

民族建构举步维艰①。同样,一个讲俄语的"统一的苏维埃民族"苏联解体之后很快变成了一个历史名词。

现代社会客观上要求社会认同的多样化。诱致性的整合模式保护不同民族在文化上的多样性,通过公民教育、意识形态的灌输等主观、隐形的策略促进少数民族对国家以及公民身份的认同。从实践来看,诱致性的整合模式可以达到潜移默化的效果,已经被多数国家所重视和采用。需要注意的是,过度的、极端的公民教育整合方式也会适得其反,极易造成国家内部的分裂与不团结。如果没有把握好公民教育适度整合的问题,过于强调以单一语言或单一民族历史的教学进行整合,那么,就很容易导致公民教育出现极端民族主义倾向。"文化和民族的多样性在种族和政治方面造成的后果是不明确的,鼓励或禁止都有风险。在这两种情形下,采取过于强硬的态度都会导致对抗……在统一或多样化时,都应该谨慎处理多样性的问题。"②

制度是一个社会的游戏规则,它是为规范人们的相互关系而人为设定的一些制约。通过制度化的社会规范强制性地整合人们的社会行为、维护既定社会秩序是现代国家普遍采取的社会整合策略,其中,法律制度以其强制性、惩治性和威慑性在现代社会整合中发挥着重要作用。发挥法律制度整合功能的一个关键环节是加强法制建设,保障法律的遵守和执行,并将其不断地内化到民族成员的行为规范之中,使他们能够通过制度化的手段和途径解决利益冲突和纠纷,从而维护社会的团结和稳定。作为一种非制度化的行为规范,习俗是民族特征的重要体现,也是民族社会整合的重要组成部分和有效工具。在人类社会早期,人们之间的相互关系与共同生活的基本秩序都是由习俗来调整和维持的。中国各民族在生活领域都有一套自己的习俗规范。比如,苗族的"团规"、瑶族的"石牌"、侗族的"款条"等乡规民约在调解民间纠纷、维护民族地区社会秩序方面发挥着潜在的整合功能③。

此外,一个社会整合机制的构成是与社会结构分化程度相适应的。社会分化程度越高,社会整合机制就越复杂。各种利益尤其是相互冲突的利益之间的协调已经成为现代社会的鲜明特征。而"民族特性并非某种不活跃和不变的东西,数世纪以来,它被证明具有高度的可塑性和易变性,动辄发生深远意义的变革和革命"④。针对这种多元且易变的民族关系,必须构建一个完善的、灵活的社会整合

---

① 齐顺利:《马来西亚民族建构和马来文化强势地位的形成》,《河南师范大学学报》2008年第4期。
② (法)吉尔·德拉诺瓦著:《民族与民族主义》,郑文彬译,北京:生活·读书·新知三联书店2005年版,第197页。
③ 吴大华:《论民族习惯法的渊源、价值与传承》,《民族研究》2005年第6期。
④ (英)埃里·凯杜里著:《民族主义》,张明明译,北京:中央编译出版社2002年版,第139页。

机制。"一个健全而进步的社会不仅需要集中控制,而且也需要个人和集团的创造力;没有控制,就会出现无政府状态;没有创造力,社会就会停止不前。"①国家需要不断调整整合方式与整合力度,依据社会整合的效果和社会发展的要求对整合机制进行调适和修正,将各种社会力量整合到与社会发展总体目标相一致的轨道上来,最大限度地保证民族社会的稳定、协调与良性运行。

三、把握合理的动员尺度

从民族国家的发展历程看,公民国家意识和公共精神的形成是一个动员的过程,"这些复杂的变革构成了一个过程,这个过程有时被归诸于社会动员,即义务承诺的中心从诸多个人转向社团,从地方转向国家领域"②。社会动员还被用于当政者获取民众的支持和认同,以获得合法性。"社会动员的政治意义在于:它借助于激励民族主义和经济社会的整合,而促进全国水平的认同的形成,同时,在这个过程中,加强了国家共同体对其所有公民的控制。"③在这方面,政府通过一系列政治、经济政策的制定与实施,借助大众传媒的宣传,可有效激发人们的爱国热情,形成团结向上的民族精神。民族主义一旦成为政治信仰,就极易滋长排外情绪和狭隘的民族情绪。而用"民族优越"的意识形态整合社会和动员社会,具有极大地煽动性和破坏性。在政治操作过程中标榜民族利益至上,就含有贬斥、排拒和敌视其他民族的可能性。从后果看,极端的民族主义会影响到国家的政治整合,甚至导致国家的动荡和分裂。种族主义、民族沙文主义、军国主义、法西斯主义、原教旨主义等极端民族情绪人为地造成民族的对立和分裂,最终削弱了国家凝聚力。对现代国家而言,恰当的选择是把民众的忠诚集中到国家水平上。"在民族主义、主权和公民权之间可能存在着一系列的联系和张力,它们的发展方向取决于理念引导的路径。"④政府需要引导民族精神向宽容、包涵、和平及具有建设性的理性状态发展,这是进行政治动员的第一要务。不同的引导、内外的压力既可能使民族情感内聚为良性的爱国主义,也可能使其外显为极端的民族主义。过分压抑民族情感会导致反弹,过分宣泄民族认同则会诱发对立。应该给予民族情感必要的理解和尊重,正视其位置,承认其重要性。最有效的动员方式应充分反映民族利益与国家利益的协调和统一。

---

① (英)罗素著:《权威与个人》,肖巍译,北京:中国社会科学出版社1990年版,第73页。
② (美)布莱克著:《现代化的动力》,段小光译,成都:四川人民出版社1988年版,第33页。
③ (美)布莱克著:《现代化的动力》,段小光译,成都:四川人民出版社1988年版,第34页。
④ (英)安东尼·吉登斯著:《民族—国家与暴力》,胡宗泽等译,北京:生活·读书·新知三联书店1998年版,第262页。

民族关系是动态的,民族社会整合也是多民族国家永恒的政治话题。"社会整合并不简单,需要做长期的、协同一致的努力。鉴于许多社会长期处于冲突之中或已显现出冲突的端倪,究竟能在多大程度上实现社会整合是要认真思考的。比如,不同的群体不愿意更多地容忍其他群体,或有些群体并不希望与社会整合在一起,在这种情况下政策方面又将如何应对?又如,一个社会如何能确保进行社会整合的条件是公平公正的,如何能确保全体人民都能接受这些条件?再比如,将社会群体问题'主流化'(mainstreaming)以及社会群体问题的'提升'究竟把握到什么分寸才算合适?这些问题都是现在要加强研究的。"[1]

---

[1] (美)鲍勃·休伯:《社会整合理念:一份政策研究议程》,张大川译,《国际社会科学杂志》2004年第8期,第72页。

第五部分 民族社会发展

第十一章 民族社会发展

民族社会发展是对民族社会的各种构成要素发展和演变过程的动态考察。任何社会都不是静止不变的，民族社会也是如此，民族社会中各种具有进步性和上升性的变化运动，构成了民族社会发展。对于民族社会发展的考察，是民族社会学研究的重要组成部分，是动态把握民族社会在时间维度上的演变趋势的重要内容。本章对于民族社会发展的论述，遵循了由一般理论考察到具体实践分析的轨迹，在阐述民族社会发展含义、相关理论的基础上，对于中国民族社会的特殊性和前景进行了具体的分析。

第一节 民族社会发展的内涵、特征和内容

民族社会学不仅要静态地考察民族社会结构的各组成要素及其相互关系，还要动态地研究民族社会结构要素的变化和发展。而后一个方面则构成了民族社会变迁和发展的主要内容。民族社会发展是一种正向、进步性的社会变迁过程。下面将从民族社会发展的内涵、特征和内容三个方面进行论述。

一、民族社会发展的内涵

民族社会发展即民族的社会发展，由于不同的研究者对"社会"一词有不同的理解，从而使得对"社会发展"的解释众说纷纭。归纳起来，大致有三种观点：

(一)社会现象意义上的社会发展

作为一种社会现象的"社会"是相对于自然界而言的,是人类一切活动和互动关系所涉及的领域,或者说是人类所创造的一切,包括宗教、道德、法律、政治、经济等。这种意义上的社会是广义的社会。此种社会发展,既表现为宏观层次社会形态的更替,也表现为微观层次社会中的一切组成部分、要素的具有前进性质的变化。马克思、恩格斯从历史唯物主义的角度出发,阐明了人类社会在生产力不断发展的基础上,以及在阶级斗争的推动作用下,依次经历了原始社会、奴隶社会、封建社会、资本主义社会、社会主义社会的发展历程。新中国成立初期,中国少数民族处于多种发展水平的社会形态中,构成了一幅生动的"社会发展图卷"。后来经过有步骤、有计划的民主主义改革和社会主义改革,处于较为落后社会形态的少数民族相继过渡到了社会主义社会,这无疑是民族社会发展的巨大飞跃。由于宏观层次的社会发展涉及社会经济结构质的飞跃,因而发生的频率较低、涉及的领域较为广泛。微观层次的社会发展是社会中一切组成部分和要素的变化,涉及社会各个领域的变迁,发生的频率较为频繁。

(二)现代化意义上的社会发展

如果把社会现象意义上的社会发展,看做是贯穿于人类社会形成、发展和演变始终的一种具有进步意义的社会现象,那么,现代化意义上的社会发展则是人类社会发展过程中的一个特殊阶段。罗荣渠认为,要从人类历史发展的大框架中来认识社会发展,把社会发展理解为从农业社会向工业社会的大过渡,"如果把现代化作为整体放在特定的历史时代的位置上来考察,那么我们可以把它大致理解为从18世纪后半期西方工业革命以后出现的一个世界性的发展进程,或称全球发展总趋势"[1]。现代化意义上的社会发展一般被理解为整体性社会的发展,指由农业社会向工业社会过渡过程中社会一切领域和范围的变化过程,包括经济、政治、文化等领域,同时涉及社会组织和社会行为的深刻变化。正如有研究者考察中国在现代化过程中的社会发展时指出:"社会发展是社会整体系统的生成、变化和更新过程。从包括经济发展在内的社会整体性发展意义上理解的社会发展,始终是像中国这样的发展中国家面临的主要问题"[2]。在这个意义上,有研究者把中国少数民族社会发展涉及的方面细分为社会生产力、社会文化心理结构、经济结构、政治结

---

[1] 罗荣渠著:《现代化新论——世界与中国的现代化进程》(增订版),北京:商务印书馆2004年版,第102页。

[2] 景天魁主编:《中国社会发展与发展社会学》,北京:学习出版社2000年版,第47页。

构、法律规范、社会保障制度及社会安全制度等①。

(三)社会结构意义上的社会发展

从一定意义上来看,社会学以社会结构的组成要素及其互动关系为研究对象。这里的"社会"是狭义的社会,是广义社会的一个子系统,与经济、政治、文化等子系统相并列。社会结构意义上的社会发展,也专指作为广义社会发展的一个子系统的发展,即"社会"的发展。此种社会发展,表现为社会中结构和功能的分化所带来的社会变迁过程。"社会成长就是企图这样用数量指标表示社会作用水平上升(但也有负成长)程度的概念"②,"这样,我们就把起因于结构变迁的社会成长叫做社会发展(social development)。"③社会结构的变迁,主要是社会结构中要素的变迁。日本学者富永健一把社会结构的组成要素具体细化为家庭与家族、组织、社区、社会阶层、国家与国民社会④,因此,社会结构意义上的社会发展,就包括社会结构的组成要素及其相互关系有助于社会沿着上升方向前进的变迁过程。在具体语境中,社会结构意义上的社会发展的外延具有一定的伸缩性。有的研究者把社会发展与经济发展并列使用,主要用人民生活质量、城市化程度、教育水平、人口素质以及健康、社会保障、生态环境等方面的指标来衡量;有的研究者把社会与经济、政治、科技、文化等相并列,把社会发展进一步缩小到"人的发展",主要用人口预期寿命、婴儿死亡率、成人识字率等几个指标衡量⑤。

(四)本书对"民族社会发展"概念的界定

本书对"民族社会发展"概念的界定,主要基于以下几方面的考虑:第一,学科背景。民族社会学作为社会学与民族学的交叉学科,以民族的社会生活和社会关系为研究对象。因此,对民族的社会结构及其动态关系的考察,应该成为民族社会研究的核心主题,而社会结构意义上的社会发展,应该成为民族社会发展的重点研究内容。第二,国情研究需要。中国的现代化进程涉及广义社会中各个领域的深刻变化,作为研究社会关系和社会生活的社会学,不仅要从社会结构角度观察这种变化,而且还要从与社会结构密切相关的政治、经济、文化等视角进行综合性的研

---

① 参见李普者主编:《中国少数民族社会发展论》,成都:四川大学出版社2007年版。
② (日)富永健一著:《社会结构与社会变迁——现代化理论》,董兴华译,昆明:云南人民出版社1988年版,第92页。
③ (日)富永健一著:《社会结构与社会变迁——现代化理论》,董兴华译,昆明:云南人民出版社1988年版,第93页。
④ (日)富永健一著:《社会结构与社会变迁——现代化理论》,董兴华译,昆明:云南人民出版社1988年版。
⑤ 参见梁荣迅著:《社会发展论》,济南:山东人民出版社1991年版,第46~47页。

究。只有这样,才能对现代化进程中中国民族社会问题有全景式的认识并提出相应的对策。第三,跨学科研究的需要。广义社会各个子系统的区分是相对的,不同子系统之间的相互交叉、相互影响及其边界的模糊性,给予了社会学与其他研究广义社会的学科相互借鉴、相互吸收的机会。社会学中也发展出政治社会学、发展社会学、文化社会学等交叉学科,对社会现象进行综合的考察。因此,作为社会现象意义上的社会发展,也理应纳入民族社会发展的研究范围。

本书取广义上的"民族社会发展"概念,泛指民族在实现现代化过程中,民族社会生活领域一切社会进步和发展的运动、变化和演变过程。即本书中所称的"民族社会发展"包括社会层面的城市化、政治层面的民主化、经济层面的工业化、文化层面的世俗化和观念层面的理性化等内容,涵盖民族在现代化影响下社会生活方面一切具有进步性质的变化。

二、民族社会发展的特征

上文从不同层次对社会发展的多种使用含义进行区分,意在使大家对民族社会发展的外延有所了解。下面我们将对民族社会发展的特征进行介绍。

(一)进步性

进步性是指民族社会发展是一种正向、积极的社会变迁,民族社会发展的方向是与社会历史发展的总体方向相一致的。在这里,需要对"社会发展"和"社会变迁"进行区别。从广义社会的角度来看,社会变迁泛指社会一切领域的各种组成要素、成分的变化和演进过程,而社会发展是社会变迁的一种表现形式。亦即并不是所有的社会变迁都可称为社会发展,在社会变迁过程中,还存在社会停滞和社会倒退等现象。社会停滞显示了社会变迁长期停止的状态,社会倒退则表明了社会由较高阶段向较低阶段的逆向变化。而只有那些具有前进性和进步性的社会变迁,才能被称为社会发展。马克思主义理论家预见了社会发展的不可逆转性和复杂性,指出社会变迁是一种呈现波浪式前进和螺旋式上升的过程。恩格斯在《路德维希·费尔巴哈和德国古典哲学的终结》(1886)一书中精辟地指出:"一切依次更替的历史状态都只是人类社会由低级到高级的无穷发展进程中的暂时阶段。每一个阶段都是必然的,因此,对它发生的那个时代和那些条件说来,都有它存在的理由;但是对它自己内部逐渐发展起来的新的、更高的条件来说,它就变成过时的和没有存在的理由了;它不得不让位于更高的阶段,而这个更高的阶段也要走向衰落和灭亡。"[1]在马克思主义理论家眼中,社会变迁过程蕴涵了社会发展必然性的历史逻辑。

---

[1] 《马克思恩格斯选集》第4卷,北京:人民出版社1995年版,第217页。

新中国成立之前,由于自然环境和历史原因的影响,我国各少数民族分布在具有不同发展水平的地区,其社会形态呈现出一定的差异性。一些处于较低社会发展阶段的少数民族成员,仍然保留着原始的生产方式、不平等的社会关系等,这与社会主义制度下进行社会化大生产所需要的统一的市场、自由的劳动力等要素不相适应,在一定程度上阻碍了社会发展。而随后的社会改革则实现了这些地区向社会主义的飞跃,通过生产关系的变革解放了生产力,实现了少数民族地区跨阶段的社会大发展。

(二)整体性

整体性是指在民族社会发展过程中,要实现民族社会各组成系统如政治、经济、文化等的协调并进,保持适度的发展规模和速度。一种社会发展目标的实现不能以另一种目标的停滞为代价,社会发展的目标应该是综合性的、多元的,且各目标间应相互协调、配合。当然,民族社会发展的各种目标不是齐头并进的,实现的次序以及发展的力度上存在差异,但各种目标之间应该相互借鉴。人类社会在走向现代化的过程中,经历了由只注重单一目标的畸形发展,到全面强调多元目标的协调发展的实践过程。在此过程中,有关现代化的社会发展观,也经历了由"单纯的经济增长"、"经济增长与社会进步并重",到"经济增长、社会公正与可持续发展"的演变过程。在早期现代化发展观中,人们往往把经济发展与社会发展相等同,他们认为,实现了经济增长,社会就自然发展起来了。结果在忽视社会进步以及一系列公平、正义问题之下,经济的高速增长却带来了"有增长无发展"的社会问题。之后,人们逐渐将视野扩展到经济领域之外的一些社会领域上,如社会福利、社会公平、文化教育等,日益强调非经济因素在实现社会整体发展中的作用。20世纪七八十年代之后,人们又在关注社会经济发展的同时,关注人与自然、人与人之间关系的可持续发展。法国学者佩鲁(Perroux,Francois,1903—1987)的《新发展观》(1981)一书是关于此种综合发展观的较早著作,他特别强调经济发展与社会发展的均衡,"更重要的是,各种文化价值'在经济增长中起根本性的作用',经济增长不过是手段而已。各种文化价值是抑制和加速增长的动机的基础,并且决定着增长作为一种目标的合理性"[①]。

(三)多样性

民族社会发展是一项综合性的系统工程,受到一国历史文化、地理条件、社会制度以及风土人情等因素的影响与制约。由于各国在经济水平、政治制度、社会文化以及历史演进等方面存在较大差异,其社会发展的道路、模式以及方式也会有很

---

① (法)弗朗索瓦·佩鲁著:《新发展观》,张宇、丰子义译,北京:华夏出版社1987年版,第15页。

大不同,其民族社会发展形态呈现出多样性的特征。在现代化研究中,人们一般根据现代化启动的早晚,将之分为早发型和迟发型;根据现代化启动因素来自于内部还是外部,将之分为内生型和外生型;根据现代化进程的速度,将之分为渐进型和赶超型。世界各国的现代化可以粗略地划分为早发内生型和迟发外生型。前者如西欧国家的社会发展模式,后者如大多数第三世界国家的发展模式。在此之下,根据各国资源禀赋、地理环境、发展动力等方面的不同,又可以将之细分为若干次类型。

三、民族社会发展的内容

民族社会发展是民族社会系统整体推进、改善和优化的过程,涉及社会、政治、经济、文化等方面的内容。同时,民族社会发展也是社会各个子系统相互协调、配合和共同发展的过程,任何一方面的缺失或者滞后,都会对民族社会整体发展产生阻碍作用,进而影响到民族社会现代化的实现。

(一)社会层面的发展

作为广义社会子系统的社会,其发展主要表现在社会结构具有上升和进步性质的变迁。社会结构的分化和整合是民族社会发展的一个重要方面。随着民族社会的结构分化,承担多种功能的单一社会结构逐渐让位于专业化的社会结构,社会体系的复杂性和异质性大大增加,社会系统的适应能力以及社会整合的机制也将发生根本性的变化。民族社会结构的发展推动力来自于城市化以及由此所带来的社会各个层面的深刻变化。"现代社会的发展在很大程度上是通过城市化过程及与之相关的生产方式和生活方式的变迁实现的。"[①]城市化作为一种人口由乡村向城市大规模聚集的过程,会对民族社会结构的分化和整合产生重要影响。在职业结构方面,民族社会将会涌现出越来越多的新职业,以适应社会成员日益增多的社会需要。在社会分层体系中,财富和职业变得要比血统因素更加重要,先赋因素逐渐让位于后致因素,社会系统的流动性和开放性大大增加。社会控制的手段,也逐渐由家庭、亲属、宗教等非正式控制方式,转换为正式的国家机制。在组织管理方面,民族成员的职责分工日益细化,依职位和职能的差异决定权力层级的管理制度逐渐建立起来,规则和制度在组织的维系和运行中发挥着核心作用。

(二)政治层面的发展

政治发展是民族社会发展的重要方面,并且为民族社会的发展提供制度保障。政治发展的最终趋势是民主化,即少数民族成员越来越多地参与本地区的社会事务和政治决策,社会发展的过程及结果越来越多地体现人民的意志和利益。"政治

[①] 刘祖云主编:《发展社会学》,北京:高等教育出版社 2006 年版,第 97 页。

发展是在独立民族国家形成和传统社会向现代社会转型的过程中,政治体系的合法化、民主化和现代化的过程。"[1]少数民族政治发展是社会经济发展到一定阶段的必然要求,同时这种发展也为社会经济的发展提供条件和力量保障。"实现政治发展不仅是少数民族地区民主法制建设的重要标志和要求,而且也是经济取得较好发展的前提条件和力量保障。政治发展与经济发展、文化发展一样,已成为衡量少数民族及少数民族地区社会全面进步不可或缺的要素。"[2]少数民族政治发展的内容涉及政治体系、过程和政策的各个方面,具体表现在以下几个方面:(1)从政治文化层面来看,要逐渐培养少数民族成员形成与公民社会相适应的政治文化,这种政治文化以信任宽容、积极参与、理性妥协为特征,有助于民族成员之间的政治交流和沟通。逐步从各种宗教、宗族或者地方性权威的认同转移到对国家政治权威的认同。(2)从法律制度层面来看,"现代政治的发展,既要求民主化,也要求法制化,要求民主化与法制化的有机结合和相互促进"[3]。对于少数民族地区而言,法律、制度建设和发展的核心内容在于,一方面要保障国家宪法、法律在该地区的有效执行,另一方面则要围绕民族自治地方自治权的有效运行完善相关的制度、机制和程序。(3)从政治过程层面来看,政治是一种涉及社会价值权威性分配的机制和制度,因此要通过保障和完善少数民族成员利益表达的权利,实现社会分配的公平性和正义性。

(三)经济层面的发展

在早期社会发展研究者看来,一个国家或地区的社会发展主要是指经济的发展,尤其是该国家或地区工业化发展的速度和程度。许多研究者也把工业化视为现代化实现或者说现代社会发展程度的一种衡量标准。对于当今许多不发达地区和国家而言,通过工业化实现社会发展和经济增长,进而改变其国家面貌及在国际社会中的地位,依然是其发展战略选择的重要目标。同时,我们对工业化的理解不能仅仅局限于经济领域的产业结构比例变化,而应将其视为一种社会结构变化的过程,它带来的是一种不同于传统社会的工业主义。凯尔(Kerr,Clark)等人在《工业主义与工业人》(*Industrialism and Industrial Man*,1973)一书中写道:"工业化一旦开始进行之后,必然会破坏传统的前工业社会。"[4]工业化对民族社会的影响,

---

[1] 谢庆奎:《新中国五十年的政治发展》,《理论学习与研究》1999年第5期。
[2] 方盛举:《论我国少数民族地区的政治发展》,载吴松主编:《民族政治学论文集》,昆明:云南大学出版社2000年版,第55页。
[3] 朱光磊编著:《政治学概要》,天津:天津人民出版社2001年版,第352页。
[4] 转引自罗荣渠著:《现代化新论——世界与中国的现代化进程》(增订版),北京:商务印书馆2004年版,第12页。

不仅表现为经济结构的改变,更主要的是带来城市化、机械化、非生物性能源的广泛使用、经济持续增长、科层制等工业主义的内容。少数民族地区的工业化道路要协调经济发展、资源开发与文化生态三者相互平衡的关系,实现三者的有机结合和协调发展,走一条新型工业化道路。少数民族地区的经济发展,不仅要实现该地区由计划经济体制残留向市场经济的过渡,促进产业结构的合理化和均衡化,同时还要逐渐缩小不同职业、民族、地域之间的收入差距。这种差距的缩小,在保持民族集团的心理平衡(民族意识和自信心)和促进民族间的合作方面具有积极意义,从而有助于形成一种平等合作、相互依赖的民族团结、共同发展的局面[1]。

(四)文化层面的发展

佩鲁认为:"经济体系总是沉浸于文化环境的汪洋大海中,在这种文化环境里,每个人都遵守自己所属群体的规则、习俗和行为模式,尽管未必完全为这些东西所决定"[2]。少数民族社会经济的发展,不仅仅以追求数量化的经济增长指标为目标,而且还要实现民族文化的适应性发展。少数民族文化的发展离不开以下三个方面的共同作用:交流、借鉴和创新。在民族文化与其他文化的交流和碰撞中,少数民族成员应以一种开放、进取和宽容的态度,借鉴世界各国和各民族的先进文化,吸收其中的优秀成果和先进文明,为本民族文化的发展注入源源不断的活力。文化交流和借鉴只是文化发展的初级阶段,应进而将"拿来"的先进文化与本民族文化中的优秀成分相融合,使之与现代社会的价值观念相适应,最终发展出一种现代与民族高度融合的文化形态。

(五)观念层面的发展

社会发展过程,或者现代化过程,不仅仅表现在社会结构、经济、政治和文化等层面的变化,同时也会对社会关系和互动的主体产生深刻的影响。民族地区的社会发展,不仅仅是社会各种组成要素向现代性方向变迁的过程,同时也是对民族成员进行现代性塑造的过程,即产生一种与现代社会相适应的具有理性观念的现代人。民族社会发展在观念层面上的深刻变化就是民族成员的思想观念呈现出理性化的趋势。理性化是现代社会的本质特征,即以理性作为人们个人行为、社会互动以及政治权威合法性的依据的过程。马克斯·韦伯在分析欧洲资本主义兴起和发展中指出:"归根到底,产生资本主义的因素乃是合理的常设企业、合理的会计、合理的工艺和合理的法律,但也并非仅此而已。合理的精神,一般生活的合理化以及

---

[1] 马戎著:《民族与社会发展》,北京:民族出版社2001年版,第349页。

[2] (法)弗朗索瓦·佩鲁著:《新发展观》,张宇、丰子义译,北京:华夏出版社1987年版,第19页。

合理的经济道德都是必要的辅助因素"①。在民族社会发展中,民族成员思想观念的发展主要包括从仅信仰宗教在内的民族传统文化转变为比较尊崇科学,从以道德伦理作为社会行为的准则到以利益作为现实追求的目标,从崇尚血缘、人情到向倚重法律和契约关系,从不平等的等级关系中走向自由、平等。在中国,民族地区一些"非经济价值观念"仍然阻碍着社会的发展和进步,这其中包括安于现状、不思进取、家族宗法观念、宗教意识观念、消费生活方式观念等②,观念层面的民族社会发展任务还很艰巨。

第二节 民族社会发展的相关理论

社会发展理论,或者称为发展研究,特指二战以来针对广大新获得独立的第三世界国家的社会发展问题而产生的一系列关于社会发展道路和模式的相关理论。按照提出的时间顺序,依次有现代化理论、依附理论和世界体系理论。每一种理论都曾在特定的时期占据了发展理论研究和应用的主导地位,但是在整体演变过程中,后续的理论并没有对其所批判的理论构成替代关系,各种理论仍然对社会发展具有不同的指导意义。本节将对三种主要的社会发展理论的理论背景、主要内容和理论评析作简要介绍,以期有助于对民族社会发展的考察和分析。

一、现代化理论

现代化理论是最早产生的社会发展理论,是西方研究者对广大发展中国家社会发展道路的最初思考。现代化理论并不是一个统一的学派,而是一系列不同理论观点的总称。现代化理论的基本观点建立在"传统——现代"的二分理论模型之上,它指出发展中国家的落后状态受到社会传统结构的制约,需要在学习西方社会文化价值模式的基础上,逐步向现代社会过渡。

(一)理论背景

在社会发展问题研究上,现代化理论是最早形成的一种理论观点。该理论兴起于20世纪五六十年代,与当时特殊的社会经济背景密切相关。第二次世界大战之后,遭受战争重创的西欧国家百废待兴,同时一大批刚刚独立的第三世界国家也面临着发展社会经济的迫切任务。寻求一条适合本国的社会发展道路,促进本国社会经济的快速发展,并且解决在发展过程中出现的一系列社会问题,就成为这些国家的一个中心议题。"在战后初期,世界面临的众多新问题都是从战争引起的剧

---

① (德)马克斯·维贝尔著:《世界经济通史》,姚曾廙译,上海:上海译文出版社1981年版,第301页。
② 高永久主编:《西北少数民族地区城市化建设研究》,兰州:兰州大学出版社2003年版,第19页。

烈变动的现实生活中提出来的,其中最重大的问题是:受到战争创伤的所有国家面临重建与复兴的问题,以及战后摆脱殖民统治的新兴独立国家与地区的发展问题。"①现代化理论产生的另一个重要背景,是在两大阵营相互对立的国际政治格局下,发展中国家的发展道路问题也卷入了意识形态的斗争之中。如何使发展中国家走上一条与西方国家相同的发展道路,在政治制度和经济发展上复制西方国家的发展模式,成为以美国为首的西方国家推行其全球战略的重要内容。西方国家为了遏制社会主义模式在发展中国家扩散,构建符合其国家利益的"全球战略",加大了对发展中国家发展道路问题研究的支持力度,一些以"现代化"、"发展"为主题的研究项目获得了巨额资金支持。现代化理论的相关研究也致力于为西方国家制定针对发展中国家的对外战略和政策及为第三世界国家进行现代化建设提供理论指导。现代化理论的主要代表人物有美国的罗斯托(Rostow,Walt Whitman,1916—2003)、英克尔斯(Inkeles,Alex,1920—)、赫尔(Hall,John W.)、赖肖尔(Reischauer,Edwin Oldfather,1910—1990)和以色列社会学家艾森斯塔特(Eisenstadt,Shmuel Noah,1923—)等。

(二)主要内容

现代化理论的核心内容——"传统——现代"理想模型脱胎于早期社会学研究者对社会结构和社会变迁趋势的观察和分析。在早期社会学研究者看来,社会结构的变迁呈现出一种由"传统"向"现代"过渡的发展趋势,而社会发展的最终目标就是逐渐摆脱各种传统因素,向具有现代要素的社会类型接近。这种"传统——现代"的"两极化"理论是一种理想的类型模式,在一些社会学研究者那里有不同的理论抽象和概括。例如,著名法学家梅因[Maine,Sir Henry(James Sumner),1822—1888]的"身份社会"和"契约社会",斯宾塞(Spencer,Herbert,1820—1903)的"军事社会"和"工业社会",涂尔干(Durkheim,Émile,1858—1917)的"机械团结"和"有机团结",滕尼斯(Tönnies,Ferdinand,1855—1936)的"礼俗社会"和"法理社会",以及韦伯(Weber,Max,1864—1920)的前现代社会和现代社会等。

现代化理论的最初研究开始于经济领域。1949年,美国总统杜鲁门(Truman,Harry S,1884—1972)提出了向第三世界国家提供经济援助的"第四点计划"。为了配合该计划的实施,美国的一些研究者展开了对第三世界国家发展道路与模式的研究,以探讨如何发展与巩固以美国为中心的世界政治与经济格局。罗斯托的经济成长理论就是这一时期的代表理论。他把现代社会的发展分为"传统

---

① 罗荣渠著:《现代化新论——世界与中国的现代化进程》(增订版),北京:商务印书馆2004年版,第32页。

社会"、"起飞前提条件"、"起飞"、"走向成熟"和"大众高消费时代"五个阶段,并且以美国作为发展中国家经济社会发展的样板[①]。其后,现代化理论逐渐扩展到政治、文化、社会等多方面的研究。现代化理论归纳出现代社会及现代人所具有的一些现代性特征,并且将其视为发展中国家通过追随西方国家的发展模式所要达到最终目标。

赫尔、赖肖尔等人对"现代化"的含义与标准进行了广泛的探讨,并且提出了社会现代化的一些标准:"(1)人口较高地向城市集中,整个社会日益以都市为中心组织起来;(2)非生物能源高度利用,商品广泛流通,服务性行业发达;(3)社会成员在广泛空间范围内相互作用,社会成员普遍参与经济和政治事务;(4)村社和世袭社会群体普遍解体,个人社会流动性增大,个人的社会表现范围更加多样化;(5)伴随个人非宗教地并日益科学地应对环境,普及读写能力;(6)广泛的、具有渗透性的大众传播网;(7)政府、企业、工业等大规模社会设施的拥有,这些设施的组织日益科层化;(8)各庞大人口集团逐渐统一在单一的控制(国家)之下,各国之间相互作用(国际关系)日益加强"[②]。这些方面在一定程度上代表了当时西方研究者对现代社会特征的普遍认识,也被视为发展中国家向西方社会学习所要达到的目标。

(三)理论评析

在现代化理论兴起和发展的同时,在西方国家以此作为指导对发展中国家进行援助的过程中,学术界对其批判就没有停止过。从理论构建上对现代化理论的批评,主要集中在其基于"传统"与"现代"二元对立的假设。首先,把社会发展区分为"传统"与"现代",本身就带有主观意志的色彩,至于什么是"传统"与"现代"以及二者适用的范围是什么,一直没有一个明确的答案。现代化理论家把"传统"视为"现代"确定以后的"剩余概念",这一笼统的界定,把一切非"现代"的事物统统都划入了"传统"之中。同时,"现代"本身也是模糊的、笼统的,可以根据研究者们的需要任意取舍。其次,"传统"与"现代"的二元对立本身就是一个假命题,在现实生活中"传统"与"现代"往往是并存于一定的社会环境之中的,二者并没有泾渭分明的界限。最后,把社会分为"传统"与"现代",并且预设了社会发展的替代趋势,暗含了对"传统"的否定性价值判断。其实,"传统"并不一定都是落后的、应该被否定的,其中的某些部分在现代社会发展中反而会起到积极作用。

---

① 参见(美)W.W.罗斯托著:《经济增长的阶段:非共产党宣言》,郭熙保、王松茂译,北京:中国社会科学出版社2001年版。

② 转引自罗荣渠著:《现代化新论——世界与中国的现代化进程》(增订版),北京:商务印书馆2004年版,第37页。

从政治角度对现代化理论的批评,主要集中在其浓厚的"西方中心主义"色彩上。现代化理论家预设了社会发展的单一线性的进化模式,把"现代"视为任何一种社会发展所要达到的目标,并将"现代"贴上了具有浓厚西方色彩的标签,无疑体现了显著的"西方中心主义"特征。现代化理论的"西方中心主义"色彩集中体现为美国帝国主义的意识形态特征。各国的马克思主义者均认为,现代化理论实质上是美国施行对外扩张政策的工具,是其欲在发展中国家推行资本主义发展模式的一种理论工具。

此外,现代化理论假定社会中的传统因素是社会发展的阻碍。该理论观点认为,只有抛弃传统才能走向现代。这种对广大发展中国家不发达原因的判断,无疑忽视了不平等的国际格局。发展中国家的不发达或者说"现代化"推进的缓慢,很大程度上是源于历史上西方国家的侵略、掠夺和剥削,以及早已形成的以西方国家为中心的不平等的国际秩序格局。

二、依附理论

依附理论是由拉丁美洲和非洲一些发展中国家的研究者提出的理论,它处于社会发展理论演变过程中的第二个阶段。与现代化理论强调"传统——现代"二分理论模型的内因决定论不同,依附理论主要用"中心"与"外围"的关系从外因解释发展中国家不发达的原因。

(一)理论背景

依附理论很大程度上是对现代化理论在拉丁美洲国家实践过程中失败的一种反思和回应。在西方国家的鼓吹以及联合国学者和专家的推动下,拉丁美洲国家纷纷制定并实施了以现代化理论为指导思想的社会发展方针和政策。这些措施包括向西方国家开放国内市场;通过外资的引入大力发展工业,以工业化带动现代化的实现。经历了短暂的经济复苏之后,许多拉丁美洲国家纷纷陷入了经济停滞或者"有增长无发展"的境地。经济状况的改善并没有带来社会结构的优化,反而产生了一系列更为严重的社会问题。同时,本国的经济命脉也掌握在西方资本主义国家手中,受到这些国家的控制和剥削。在批判现代化理论的过程中,出现了一个以拉丁美洲国家研究者为主体的社会发展学派。他们认为,正是现实中资本主义世界体系与非资本主义体系的并立(而不是所谓的"传统"与"现代"的对立),以及发展中国家在世界体系格局中的"外围"或者"依附"地位造成了其不发达或者低度开发的状态,这派研究者的观点被称为"依附论"。"依附论"的代表人物主要有德国经济学家弗兰克(Frank,Andre G.,1929-2005)、巴西社会学家卡多索(Cardoso, Fernando Henrique,1931-)、桑托斯(Santos, Dos T.)和经济学家富尔塔多(Furtado,Celso,1920-)、埃及社会学家阿明(Amin,Samir,1931-)等。

(二)主要内容

在批判现代化理论"传统"与"现代"对立的理论假设基础上,依附理论的相关研究者归结出了发展中国家尤其是一些拉丁美洲国家不发达的原因。他们认为,世界体系结构是由资本主义世界体系和非资本主义的社会体系两部分构成,同时,两者在这种格局中分处于"中心"与"外围"。正是处于"中心"地位的西方发达资本主义国家对处于"外围"的发展中国家的剥削和控制,才造成了发展中国家对西方资本主义国家的"依附"关系。弗兰克在《不发达的发展》(1966)一文中提出了"宗主——卫星"的理论模型,具体说明了"中心——外围"的关系。他指出,"宗主——卫星"关系不仅存在于国际关系中,而且还存在于发展中国家内部的都市与外省、外省的城镇与乡村之中,从而构成了一个包含多种层次的"中心——外围"格局;"宗主"从自己的"卫星"中榨取资本和剩余价值,然后把其中的一部分输送到世界性的宗主国①。普雷维什(Prebisch,Raul,1901－1986)用"核心"与"边陲"来比喻发达国家与落后国家之间的关系,即处于"核心"地位的国家通过贸易优势(工业产品价格高)从处于"边陲"地位的国家获取财富②。

依附论者通过对拉丁美洲国家社会经济发展史的回顾,论述了发展中国家不发达地位的形成与西方资本主义发展的密切关联性。在西方资本主义发展的不同阶段,拉丁美洲国家的社会结构以及经济体系也相应表现出不同程度的扭曲性特征。弗兰克、桑托斯等人把拉丁美洲国家依附地位的形成大致划分为重商资本主义阶段、工业资本主义阶段和后殖民地扩张时期(跨国公司资本输入阶段)三个阶段。在重商资本主义阶段,早期的西方殖民主义者通过对拉丁美洲国家原料和财富的掠夺,为重商主义政策的执行以及后来资本主义的发展提供了原始资本积累。而广大的被掠夺、被殖民地区,则失去了社会发展的财富,同时社会发展的方向被扭曲,社会结构遭到了破坏。在 18 世纪至 20 世纪中期的工业资本主义发展时期,在工业革命的推动下,西方资本主义国家的生产技术得到了极大的提高,生产出大量廉价的商品,它们对广大不发达地区进行商品输入,并且在全世界范围内寻找原料产地。而在资本主义的这一历史发展时期,广大的拉丁美洲地区则形成了"出口导向"的发展格局,通过出口大量廉价的初级产品换取西方资本主义国家的工业产品。这种世界贸易格局扭曲了拉丁美洲国家的社会经济结构,其低度发展状态完

---

① 参见(美)弗兰克:《不发达的发展》,载(美)威尔伯主编:《发达与不发达问题的政治经济学》,高铦等译,北京:中国社会科学出版社 1984 年版,第 145~160 页。

② Raul Prebisch, *The Economic Development of Latin American and Its Principal Problems*, N.Y.: United Nations Department of Social and Economic Affairs, 1950.

全是为了满足西方资本主义国家发展的需要。在后殖民地扩张时期,拉丁美洲国家纷纷获得了独立,建立了自己的主权国家,并且通过实施贸易保护和关税壁垒以保护本国民族工业的发展。西方国家的策略则由"商品输出"转为"资本输入",通过在这些国家投资建厂,利用过时的机器设备以及技术投入获得高额的资本收入。拉丁美洲国家仅获得了有限的技术支持,却失去了本国经济发展的自主权。同时,跨国公司凭借雄厚的经济实力以及所在母国的支持,对当地的社会发展政策施加影响,进而左右了拉丁美洲国家的政治自主权。总之,依附理论认为,以拉丁美洲国家为代表的发展中国家不发达状态的形成,与西方资本主义的控制、掠夺和剥削密不可分,西方资本主义国家的发展史也是一部拉丁美洲国家依附地位的形成史。

依附理论不仅对广大拉丁美洲国家不发达状态的成因进行了分析,而且还就如何摆脱依附地位、独立自主地发展本国社会经济提出了对策。根据他们政治取向及采取策略的不同,大致可以分为革命派方案、改良派方案和中间派方案[①]。以弗兰克、桑托斯为代表的革命派认为,拉美国家摆脱附属地位和低度发展的唯一途径,就是通过社会主义革命的方式,对内推翻现行保守政权,对外斩断与中心国家的一切联系;而以富尔塔多为代表的改良派,主张在现行的政治框架内进行改革,主要措施包括进行使广大农民受惠的土地改革、发展民族工业、与外商合作发展制造业等;卡多索等中间派则提出了走"依附性发展"的道路,即在不斩断与中心国家联系的情况下,通过和平手段推翻独裁政权、建立民主政府。

(三)理论评析

依附理论是在对现代化理论尤其是其关于社会发展轨迹的假设进行批判与反思的基础上形成和发展起来的。依附理论从拉美国家社会发展的历史事实中总结出:不同国家的发展道路具有多样性,而不是现代化理论所标榜的以"西化"为标准的单一发展路径,这无疑使社会发展的理论研究更接近于历史事实。对于拉丁美洲国家不发达的原因,现代化理论侧重于从内部因素进行探讨,将其归因于国家内部传统因素的制约和掣肘,而只有通过向西方学习、加强与西方国家的合作才能逐渐摆脱传统因素的影响,逐步走向现代化。依附理论则主要从外因出发,认为因西方资本主义国家的剥削、掠夺和控制而形成的依附地位,是拉丁美洲国家不发达状态的主因,主张通过减弱、限制乃至隔绝与中心国家的联系,以实现独立自主的发展。

三、世界体系理论

世界体系理论是社会发展理论的第三个阶段。世界体系理论运用系统、整体

---

① 刘祖云主编:《发展社会学》,北京:高等教育出版社2006年版,第42~46页。

性的观点，分析世界体系格局中发达国家与不发达国家的不同地位和社会发展的不同轨迹。这种分析方法在一定程度上弥补了现代化理论的内因决定论和依附理论外因决定论的缺陷，为人们认识当今世界格局提供了一种宏阔的视野。

(一) 理论背景

世界体系理论产生于 20 世纪 70 年代的美国学术界，其领军人物是美国纽约州立大学著名社会学家伊曼纽尔·沃勒斯坦（Wallerstein, Immanuel, 1930— ）。他在分别出版于 1974 年、1980 年和 1985 年的三卷本《现代世界体系》中，创造性地提出并系统论述了"现代资本主义世界体系"。该书第一卷一经推出，就引起了学术界强烈的反应，并且对诸多社会科学领域产生了广泛的影响。世界体系理论指出，依附理论在解释社会发展方面存在不足，即把世界各国两分为中心国家（核心国家）和外围国家（边陲国家）的做法过于简单，这种理论模型不能很好地解释中心国家与外围国家地位的转换关系。沃勒斯坦把自己对社会发展的分析置于世界体系结构中，通过构建"核心"、"半边陲"、"边陲"的理论体系，阐释了世界体系下国家发展的一般逻辑和线索。

(二) 主要内容

世界体系理论认为，人类社会发展过程中共有两种体系，一种是小型体系，另一种是世界性体系。以原始种族、部落为代表的小型体系已经消失，而世界性体系又分为帝国体系和全球性经济体系。帝国体系以政治权力的控制和统治为主要整合方式，如历史上的罗马帝国。全球性经济体系在当今表现为"以欧洲为轴心的世界经济体系"，这种世界体系是通过资本主义的发展和世界性市场的形成联结为一体的。各世界体系都有一套运行机制规约着其内部结构以及关系。

在"以欧洲为轴心的世界经济体系"或"资本主义世界经济体系"中，由于世界范围内劳动分工的不同从而形成了三个承担不同经济角色的组成区域或国家，它们分别被称为"核心"、"半边陲"和"边陲"。核心区域向边陲区域输入资本密集型的商品，并且利用边陲区域的市场、原料和劳动力，在世界经济体系格局中处于优势地位。边陲区域则依赖本国的自然资源、原料和劳动力等条件，生产劳动密集型产品，在世界经济体系中处于较为劣势的地位。半边陲区域则处于两者之间，兼有核心区域和边缘区域的特征，"半边缘区代表了从中心到边缘这个连续统一体中的一个中间点"[①]。随着社会历史进程的发展，世界体系格局中不同国家、地区的"核心"、"半边陲"和"边陲"的地位是不断发生变化的，在不同的历史阶段中，世界大国

[①] （美）伊曼纽尔·沃勒斯坦著：《现代世界体系》（第一卷），尤来寅、路爱国、朱青浦等译，北京：高等教育出版社 1998 年版，第 109 页。

表现出兴衰起伏的特征。但是不论如何变动,组成世界体系的三级差序格局("核心——半边陲——边陲")不会发生变化。

在世界体系中处于不同地位的国家的社会发展轨迹也存在差异。所谓发展是指改变在世界体系结构中的位置,由边陲向半边陲或者由半边陲向核心的上升过程。对于处于边陲地位的国家来说,主要是通过把握时机、吸收外资和自力更生三种途径向半边陲国家过渡。边陲国家可抓住核心国家经济发展的衰退期,通过发展民族工业和培育国内市场,从而促进国民经济的快速发展。在这一时期,核心国家忙于国内经济结构的调整以及内部矛盾的协调,势必会减弱对边陲国家的控制,这无疑是边陲国家发展的最好时机。而在世界市场扩张时期,边陲国家可利用本国较为廉价的劳动力和广阔的国内市场,积极引进外资,利用资本和技术来实现自身的较快发展。自力更生则是一种较少成功的方式,该方式的特点是推行政治独立、经济增长和社会发展相并行的全面的社会改革方案,强调社会经济发展的独立性,较少利用外资。半边陲国家向核心国家的成功过渡,主要依赖于引起先进的生产技术和机械设备,而拥有一个广阔的国内市场也是其中一个重要条件。沃勒斯坦建议以如下方式培育市场:通过增加工资等方式提高本国居民购买力;以比核心国家更低的成本生产同质量、同类型产品,提高本国产品的国际市场占有率;如果本国产品在起步阶段缺乏竞争力,可以与邻国合作共同组建市场或制定关税壁垒以保护本国工业;还可以考虑给出口商品以补贴,使其迅速抢占国际市场[①]。

(三)理论评析

世界体系理论最大的创新之处,在于把社会发展的分析单位定位在世界体系的层次上,把世界各国置于具有一定结构的世界体系之中,使其分析具有整体性、系统性的特征。通过对世界体系结构特征、运行规律的分析和考察,进而对社会发展的规律做出归纳。这种从系统整体解释社会发展的理论,无疑要比现代化理论和依附理论片面强调内因或外因的解释,更具有说服力。世界体系理论建构了"核心——半边陲——边陲"的理论模型,以世界体系结构中国家或者地区摆脱边陲或者半边陲地位,向半边陲或者核心上升的动态过程,具体阐释了社会发展的轨迹及特征。核心、半边陲和边陲三者地位的相对性,意味着世界体系中国家或者地区的位置并不是固定不变的,不同国家的实力处于消长变动之中,推翻了依附论对"中心"与"外围"地位的宿命论解释。但同时世界体系理论亦存在内在的缺陷。世界体系理论以体系结构解释不同国家、地区的发展过程,但是对处于同一地位的国家为何有不同的发展轨迹却做不出具有说服力的解释。这是由于世界体系理论把世

---

① 转引自刘祖云主编:《发展社会学》,北京:高等教育出版社2006年版,第51页。

界体系结构的形成仅仅归因于国际社会中的分工地位,而忽视了政治因素、文化因素对经济体系的影响,从而无法解释一国社会发展的特殊性。与现代化理论和依附理论不同,世界体系理论主要是由沃勒斯坦个人创建,其与社会实践的结合也不如前两者紧密。但是它却寄寓了沃勒斯坦等人对于改变不平等的国际关系体系,建设公平合理、民主自由新世界体系的美好愿望。

第三节 中国的民族社会发展

中国的民族社会发展涉及社会发展理论适用、动力机制选择以及发展路径选择等内容。从理论适用上来看,中国民族地区的社会发展要选择一条符合本地区实际的发展理论,这种理论要处理好普遍性与特殊性、统一性和多样性的关系。在动力机制选择上,民族地区的社会发展需要外源动力输入与内部动力源培养相结合的动力机制,二元动力聚合理论为人们提供了有价值的借鉴。在民族地区具体的发展路径选择中,要协调好社会发展与经济发展的关系、传统与现代的关系、富民兴边与生态建设之间的关系。

一、民族社会发展的理论适用

通过对社会发展理论的相关分析可以看出,在实现社会发展的目标、模式以及方式方面,不同的理论有不同的认识和观点。由现代化理论到依附理论,再到世界体系理论,理论之间存在着批判关系。由此可知,理论的适用范围及其解释力都有一定的时空范围,超出了特定的限定,就不一定能够与变化多样的社会现实相符合。或者正如有的研究者指出的:"相当多的西方学者不仅不再坚持这种理论的'普遍适用性',就连这种理论赖以确立的前提和基础也不断检讨和批判"[①]。所以,在民族地区的社会发展过程中,无论哪种理论模式都仅仅具有一定的指导和借鉴意义,决不能照抄照搬,应该根据中国的国情,走出一条具有中国特色,同时还具有民族特色的社会发展道路。这种具有中国特色的社会发展理论,究竟是一种怎样的理论,它如何处理与现代化已有经验和成果的关系,如何在适合中国特殊国情的同时又具有普遍意义,这些都是值得深入思考的问题。根据相关研究者的理论成果,我们将对这种社会发展理论的普遍性与特殊性、统一性与多样性作简单的探讨[②]。

从普遍性与特殊性的关系来看,符合民族地区社会发展状况的发展理论无疑

---

① 景天魁著:《社会发展的时空结构》,哈尔滨:黑龙江人民出版社2002年版,第188页。
② 参见景天魁著:《社会发展的时空结构》,哈尔滨:黑龙江人民出版社2002年版,第189~192页。

具有很强的针对性，是一种符合本地区的社会发展逻辑，而又具有相对独立性的社会发展理论。这种社会发展理论无疑要考虑到少数民族社会的特殊性，诸如自然和社会环境的特殊性、双重迟发展效应、事实上的不平等等问题，考虑到少数民族特殊性要素在社会发展中的重要地位和作用。同时，这种具有"特殊性"的社会发展理论，无疑还蕴涵着社会发展具有普遍性的因素。因为，"特殊性"与"普遍性"并不是相互排斥的关系，而是在"特殊性"中表现出"普遍性"的一般特征。因此，中国民族地区的社会发展应该是在中国社会主义国家框架之下的发展，发展的内容包含着现代社会所具有的一切特征和要素。这些具有现代性的特征和要素体现在社会、政治、经济、文化和观念等层面。美国学者赫克特（Hechter, Michael）在研究英国内部民族发展差距问题时，提出了内部殖民主义模式，把一国内部发达民族地区对不发达民族地区之间的控制和剥削关系，与国际社会秩序中发达国家与不发达国家之间的依附关系相类比[①]。中国民族地区发展尽管具有一定特殊性，但仍然是在社会主义制度框架之下的社会发展，社会主义制度使得民族地区的发展依然是沿着国家发展的普遍性道路进行，而不存在所谓的内部殖民关系。

从统一性和多样性的关系来看，无论是民族地区还是非民族地区，都是中国社会发展进程中不可或缺的部分，在社会主义制度的总体框架之下，民族地区的社会发展和非民族地区的社会发展，都是社会主义发展的组成部分，尽管二者在具体的实现模式上存在着差异。民族地区与非民族地区的差异，决定了各自社会发展模式的差异，即使是在民族地区内部也会呈现出多元化的状态。中国各民族区域之间存在着较大差异，"可分为内蒙古、宁夏农牧交错地区发展中民族区、新疆干旱区发展中民族区、青藏高原待开发民族区和西南山区发展中与待开发民族区四个民族类型区"[②]。不同的民族地区差异，决定了民族社会发展道路模式也将是多样性的。

二、民族社会发展的动力机制选择

分析了少数民族社会发展的理论适用问题，下一步就要考察如何实现少数民族社会发展，换句话说，需要对少数民族社会发展的动力源进行探讨。

扩散模式把国家发展过程分为三个阶段：第一个阶段是前工业化阶段，在这一阶段，核心地区与边缘地区之间存在事实上的隔绝，二者在经济、文化和政治组织

[①] （美）M.赫克特：《内部殖民主义》，汪曼译，载马戎编：《西方民族社会学的理论与方法》，天津：天津人民出版社1997年版，第79~90页。

[②] 中国科学院国情分析研究小组编著：《民族与发展——加快我国中西部民族地区社会经济发展研究》，沈阳：辽宁人民出版社2000年版，第21页。

方面均存在显著的不同。随着核心及边缘地区的接触日益频繁,国家发展进入第二个阶段。这一阶段开始于工业化发生之时,随着"中心——边缘"互动的增多,边缘地区在追赶核心地区的发展过程中,文化模式也会发生与核心地区的趋同现象。到了第三个阶段,边缘与核心地域差异在工业化过程中逐渐抹平,边缘地区的文化形式也与核心地区保持了一致,二者因为共享社会发展的福利、同样的待遇以及文化内容,而逐渐融为一体①。扩散模式提出了一种通过外部引入的方式实现较落后民族地区发展的途径,是一种外源型的社会发展理论。

新中国成立以来,国家对于少数民族社会发展的支持、援助,在一定程度上与这种外源型的扩散模型相类似,或者更为贴切地说,是一种"扩散——供给"模式(扩散后中央把边疆地区在财政上完全承担下来,最后形成一种依赖型经济)②。"扩散——供给"模式一方面由于忽视了少数民族地区内在发展动力的培养,反而养成了民族地区"等、靠、要"的思想观念,导致少数民族社会发展很大程度上依赖中央财政的支持;另一方面,由于忽视了与当地社会经济文化环境的相互作用、相互配合,大量经济投入和大型工程建设的开展,却没有带来民族社会经济的同步发展,产生了一种"人文生态失调"现象③。民族地区内在发展动力的缺失以及人文生态失调现象的出现,让人们认识到民族社会发展外部介入与内部发展能力的培养都不可或缺,同时,社会发展要与民族社会的社会人文环境相契合。

中国研究者在反思西方社会发展理论与思考中国社会发展问题的过程中,提出了一些具有创造性的观点,其中二源动力聚合转换理论对中国少数民族社会发展具有很强的指导作用。二源动力聚合理论认为,外源动力是欠发达地区社会发展启动的前提,外源动力的输入是为了激活内源动力,从而实现社会转型,最终过渡到内源扩张型发展。这一动力聚合转换过程具体分为三个阶段:外源动力输入阶段、内外源动力聚合阶段和内源动力扩张阶段。三个阶段的关系为:外源动力输入是先导,聚合转换是关键,内源动力扩张是目的④。这一理论对中国民族地区的社会发展具有重大的指导意义,民族地区的社会发展要在国家支持和扶持的情况

---

① (美)M.赫克特:《内部殖民主义》,汪曼译,载马戎编:《西方民族社会学的理论与方法》,天津:天津人民出版社1997年版,第83~84页。

② 马戎著:《民族与社会发展》,北京:民族出版社2001年版,第347页。

③ 费孝通指出,人文生态指一个社区的人口和社会生产结构各因素间存在着的适当配合,以达到不断再生产的体系;而人文生态失调是指这种配合体系中出了问题,劳动生产率日益下降,以致原有生产结构不能维持人口的正常生活和繁殖。参见费孝通著:《费孝通论西部开发与区域经济》,北京:群言出版社2000年版,第313页。

④ 参见刘敏著:《山村社会:西北黄土高原山村社会发展动力研究》,兰州:甘肃人民出版社2000年版,第3~12页。

下,通过提高民族成员的科学文化素质和人文素质,培养民众的进取、开放和务实精神,从而实现由外源动力输入到内源动力扩张的最终转换。

三、民族社会发展的路径选择

发展路径主要涉及民族地区社会发展的具体方式和道路问题。在确定了民族地区社会发展内外动力源聚合转换的情况下,中国的民族社会发展主要应处理好以下三对关系:经济发展与社会发展的关系、传统与现代的关系、富民兴边与生态建设的关系。

(一)经济发展与社会发展相协调

社会发展理论以及人类社会发展观的演变过程,向人们揭示了发展的内涵不仅仅包含经济发展,社会发展亦为重要的一个方面。发展不是单纯的经济增长,还应该包含经济与社会的相互协调、和谐发展。当然,对于广大处于较为落后状态的民族地区而言,经济发展无疑需要提到一个重要的位置,因为只有实现了经济的发展,才能为科学、教育、文化等社会发展内容提供坚实的物质基础。根据相关研究者的理论成果[1],具体到民族地区的社会发展,首先,针对西部民族地区对中央财政依赖度较大的情况,需要加大财政转移支付力度,调整财政支出结构,提高财政支出效益(经济效益、社会效益和生态效益)。在发展的开始阶段,只有外部动力源的不断输入以及增强输入的效益,才能为民族地区内部社会发展能力的培养提供条件。其次,改变民族地区经济发展的传统思路,由主要倾向于发展资源密集型产业和资本密集型产业,转向对知识密集型产业、劳动密集型产业的发展资本投资。最后,加大社会发展的投入,培育内在的动力源机制。提高民族成员以健康、教育、文化水平为标志的生活质量,消除知识贫困,实现可持续发展。

(二)传统与现代相协调

中国少数民族和民族地区正在进行的现代化建设,无疑激发了人们对于如何认识传统与现代关系的相关讨论。现代化理论从"传统——现代"二分的理论模型出发认为,现代化的实现过程,同时也是人们抛弃和失去传统的过程。这种认识与社会发展的真实情形并不相符合,同时也使一些照搬西方模式、亦步亦趋走向现代化的国家和地区,在发展中付出了沉痛的代价。传统与现代的关系,实质上可以置入民族地区社会发展动力的讨论中。传统不仅仅是民族固有生活方式、民族特征、价值观念以及思维方式等,是民族认同和民族凝聚力的重要因素和分子,同时也是现代因素植入民族肌体,通过民族成员思维观念和行为模式转变,进而进行传统的创造性转换的关键。"重视由民族文化特征所赋予其的价值观念、道德意识、行为

---

[1] 参见胡鞍钢、温军:《社会发展优先:西部民族地区新的追赶战略》,《民族研究》2001年第3期。

偏好等,这些都积淀成为民族经济生活中的基本要素。"①因此,传统与现代的关系就不仅仅是现代化过程中对于民族文化和生活方式的保存和延续问题,而且还关系到民族社会发展动力源泉的转换问题。进一步来讲,能否在创造性地利用民族传统的基础上,把现代因素和分子植入民族成员的思维和观念中,将是民族地区社会发展动力源聚合的关键。少数民族传统中优秀成分和精华的保存和延续将是处理传统与现代关系的基础,同时还要在社会发展中通过民族成员的积极参与,使民族成员真正成为现代观念的践行者。

（三）富民兴边与生态建设相协调

少数民族广泛分布的西部地区是生态环境较为脆弱的地带,生态建设在当地的社会发展中占有重要地位。西部民族地区大多地处高山草原、江河上游等生态环境相对脆弱地区,是中国最为重要的生态屏障和世界性的水源保护地带,其生态环境的改善和保护,影响着中华民族未来的生存与发展②。因此,在中国民族地区的社会发展过程中,要协调富民兴边与生态建设的相互关系。在民族地区的社会发展中,把生态建设提高到一个重要位置,实质上也是通过当地生态环境的改善为民族地区社会发展内源动力的培养创造基础和条件,进而为民族地区社会发展动力源的聚合转换提供支持。

---

① 叶坦:《全球化、民族性与新发展观——立足于民族经济学的学理思考》,《民族研究》2005年第4期。
② 胡鞍钢、温军:《社会发展优先:西部民族地区新的追赶战略》,《民族研究》2001年第3期。

《民族社会学概论》

主要参考文献

（按文献出版时间先后顺序编排）

一、国内中文著作

（一）工具书、文献资料汇编

1. 中共中央统战部编：《民族问题文献汇编》，北京：中央党校出版社1991年版。
2. 中国大百科全书总编辑委员会《社会学》编辑委员会、中国大百科全书出版社编辑部编：《中国大百科全书·社会学》，北京：中国大百科全书出版社1992年版。
3. 任继愈主编：《宗教大辞典》，上海：上海辞书出版社1998年版。

（二）著作

4. 徐震著：《社区与社区发展》，台北：正中书局1980年版。
5. 杨懋春著：《人文区位学》，台北：五南图书出版公司1983年版。
6. 林耀华著：《民族学研究》，北京：中国社会科学出版社1985年版。
7. 杨堃著：《民族与民族学》，呼和浩特：内蒙古人民出版社1985年版。
8. 吕大吉主编：《宗教学通论》，北京：中国社会科学出版社1989年版。
9. 吴文藻著：《吴文藻人类学社会学研究文集》，北京：民族出版社1990年版。
10. 宋林飞著：《社会调查研究方法》，上海：上海人民出版社1990年版。
11. 梁荣迅著：《社会发展论》，济南：山东人民出版社1991年版。
12. 吴江霖主编：《民族社会心理学》，广州：中山大学出版社1993年版。
13. 杨武主编：《中国民族地理学》，北京：中央民族学院出版社1993年版。
14. 王锐生、陈荷清等著：《社会哲学导论》，北京：人民出版社1994年版。
15. 宁骚著：《民族与国家——民族关系与民族政策的国际比较》，北京：北京大学出版社1995年版。
16. 费孝通著：《学术自述与反思：费孝通学术文集》，北京：生活·读书·新知三联书店1996年版。
17. 贾春增主编：《民族社会学概论》，北京：中央民族大学出版社1996年版。
18. 陈麟书著：《宗教观的历史、理论、现实》，成都：四川大学出版社1996年版。
19. 林耀华主编：《民族学通论》（修订本），北京：中央民族大学出版社1997

年版。

20. 袁方主编:《社会研究方法教程》,北京:北京大学出版社1997年版。

21. 马戎编:《西方民族社会学的理论与方法》,天津:天津人民出版社1997年版。

22. 夏建中著:《文化人类学理论学派:文化研究的历史》,北京:中国人民大学出版社1997年版。

23. 费孝通著:《乡土中国 生育制度》,北京:北京大学出版社1998年版。

24. 吕大吉著:《宗教学通论新编》(上),北京:中国社会科学出版社1998年版。

25. 欧阳康主编:《社会认识方法论》,武汉:武汉大学出版社1998年版。

26. 费孝通著:《费孝通文集》第5卷,北京:群言出版社1999年版。

27. 费孝通著:《费孝通论西部开发与区域经济》,北京:群言出版社2000年版。

28. 孙中山著:《三民主义》,长沙:岳麓书社2000年版。

29. 中国科学院国情分析研究小组编著:《民族与发展——加快我国中西部民族地区社会经济发展研究》,沈阳:辽宁人民出版社2000年版。

30. 景天魁主编:《中国社会发展与发展社会学》,北京:学习出版社2000年版。

31. 刘敏著:《山村社会:西北黄土高原山村社会发展动力研究》,兰州:甘肃人民出版社2000年版。

32. 徐永祥著:《社区发展论》,上海:华东理工大学出版社2000年版。

33. 马戎著:《民族与社会发展》,北京:民族出版社2001年版。

34. 朱光磊编著:《政治学概要》,天津:天津人民出版社2001年版。

35. 风笑天著:《社会学研究方法》,北京:中国人民大学出版社2001年版。

36. 孙尚扬著:《宗教社会学》,北京:北京大学出版社2001年版。

37. 程世平著:《文明的选择:论政体选择和宗教的关系》,北京:中国社会科学出版社2001年版。

38. 费孝通著:《师承·补课·治学》,北京:生活·读书·新知三联书店2002年版。

39. 北京大学社会学人类学研究所编:《社区与功能——派克、布朗社会学文集及学记》,北京:北京大学出版社2002年版。

40. 吕大吉著:《从哲学到宗教学:吕大吉学术论文选集》,北京:宗教文化出版社2002年版。

41. 景天魁著:《社会发展的时空结构》,哈尔滨:黑龙江人民出版社2002年版。

42. 王铭铭编著:《人类学是什么》,北京:北京大学出版社2002年版。

43. 麻国庆著:《走进他者的世界:文化人类学》,北京:学苑出版社2002年版。

44. 中国现代国际关系研究所民族与宗教研究中心著:《世界宗教问题大聚焦》,北京:时事出版社 2003 年版。

45. 庄孔韶主编:《人类学通论》,太原:山西教育出版社 2003 年版。

46. 王晓朝著:《宗教学基础十五讲》,北京:北京大学出版社 2003 年版。

47. 蔡禾主编:《城市社会学:理论与视野》,广州:中山大学出版社 2003 年版。

48. 高永久主编:《西北少数民族地区城市化建设研究》,兰州:兰州大学出版社 2003 年版。

49. 宋蜀华、满都尔图主编:《中国民族学五十年》,北京:人民出版社 2004 年版。

50. 马戎编著:《民族社会学——社会学的族群关系研究》,北京:北京大学出版社 2004 年版。

51. 罗荣渠著:《现代化新论——世界与中国的现代化进程》(增订版),北京:商务印书馆 2004 年版。

52. 胡春风著:《宗教与社会》,上海:上海科学普及出版社 2004 年版。

53. 马戎编著:《民族社会学导论》,北京:北京大学出版社 2005 年版。

54. 郑杭生主编:《民族社会学概论》,北京:中国人民大学出版社 2005 年版。

55. 向德平主编:《城市社会学》,北京:高等教育出版社 2005 年版。

56. 高永久主编:《西北少数民族地区城市化及社区研究》,北京:民族出版社 2005 年版。

57. 刘祖云主编:《发展社会学》,北京:高等教育出版社 2006 年版。

58. 于显洋主编:《社区概论》,北京:中国人民大学出版社 2006 年版。

59. 徐杰舜主编:《族群与族群文化》,哈尔滨:黑龙江人民出版社 2006 年版。

60. 黎熙元主编:《现代社区概论》(第 2 版),广州:中山大学出版社 2007 年版。

61. 周平著:《民族政治学》(第 2 版),北京:高等教育出版社 2007 年版。

62. 李普者主编:《中国少数民族社会发展论》,成都:四川大学出版社 2007 年版。

63. 仇立平著:《社会研究方法》,重庆:重庆大学出版社 2008 年版。

64. 高永久等编著:《民族政治学概论》,天津:南开大学出版社 2008 年版。

65. 郑杭生主编:《社会学概论新修》(精编版),北京:中国人民大学出版社 2009 年版。

66. 丁元竹著:《社区的基本理论与方法》,北京:北京师范大学出版社 2009 年版。

67. 高永久等编著:《民族学概论》,天津:南开大学出版社 2009 年版。

68. 常士訚主编:《异中求和——当代西方多元文化主义政治思想研究》,北京:人民出版社 2009 年版。

69. 吴增基、吴鹏森、苏振芳主编:《现代社会调查方法》(第 3 版),上海:上海人民出版社 2009 年。

二、国外译著

(一)经典著作

70. 《列宁全集》第 38 卷,北京:人民出版社 1972 年版。

71. 《列宁选集》第 1 卷,北京:人民出版社 1972 年版。

72. 《斯大林选集》上卷,北京:人民出版社 1979 年版。

73. 《马克思恩格斯选集》第 1 卷,北京:人民出版社 1995 年第 2 版。

74. 《马克思恩格斯选集》第 3 卷,北京:人民出版社 1995 年第 2 版。

75. 《马克思恩格斯选集》第 4 卷,北京:人民出版社 1995 年第 2 版。

76. 《列宁选集》第 2 卷,北京:人民出版社 1995 年第 3 版。

(二)译著

77. (德)黑格尔著:《小逻辑》,贺麟译,北京:商务印书馆 1980 年版。

78. (德)马克斯·维贝尔著:《世界经济通史》,姚曾廙译,上海:上海译文出版社 1981 年版。

79. (德)阿斯曼、(德)斯托贝格著:《马克思列宁主义社会学原理》,李景琪等译,哈尔滨:黑龙江人民出版社 1983 年版。

80. (美)威尔伯主编:《发达与不发达问题的政治经济学》,高铦等译,北京:中国社会科学出版社 1984 年版。

81. (美)弗朗兹·博厄斯著:《人类学与现代生活》(重印本),杨成志译,北京:商务印书馆 1985 年版。

82. (苏联)Ю. В. 勃罗姆列伊著:《民族与民族学》,李振锡、刘宇端译,呼和浩特:内蒙古人民出版社 1985 年版。

83. (美)帕克、伯吉斯、麦肯齐等著:《城市社会学——芝加哥学派城市研究文集》,宋俊岭、吴建华、王登斌译,北京:华夏出版社 1987 年版。

84. (美)露丝·本尼迪克(特)著:《文化模式》,何锡章、黄欢译,北京:华夏出版社 1987 年版。

85. (法)弗朗索瓦·佩鲁著:《新发展观》,张宇、丰子义译,北京:华夏出版社 1987 年版。

86. (美)马文·哈里斯著:《文化人类学》,李培茱、高地译,北京:东方出版社 1988 年版。

87.（美）D. P. 约翰逊著：《社会学理论》，南开大学社会学系译，北京：国际文化公司出版社1988年版。

88.（以色列）裘德·马特拉斯著：《人口社会学导论》，方时壮、汪念梆译，广州：中山大学出版社1988年版。

89.（美）弗朗兹·博厄斯著：《原始艺术》，金辉译，上海：上海文艺出版社1989年版。

90.（美）L. 科塞著：《社会冲突的功能》，孙立平等译，北京：华夏出版社1989年版。

91.（美）彼特·布劳著：《不平等和异质性》，王春光、谢圣赞译，北京：中国社会科学出版社1991年版。

92.（美）彼得·贝格尔著：《神圣的帷幕：宗教社会学理论之要素》，高师宁译，上海：上海人民出版社1991年版。

93.（美）斯特伦著：《人与神：宗教生活的理解》，金泽、何其敏译，上海：上海人民出版社1991年版。

94.（苏联）Ю. B. 阿鲁秋尼扬等著：《民族社会学：目的、方法和某些研究成果》，马尚鳌译，北京：中央民族学院出版社1992年版。

95.（美）格林斯坦、波尔斯比编：《政治学手册精选》（下卷），储复耘译，北京：商务印书馆1996年版。

96.（德）马克斯·韦伯著：《经济与社会》（上卷），林荣远译，北京：商务印书馆1997年版。

97.（德）马克斯·韦伯著：《经济与社会》（下卷），林荣远译，北京：商务印书馆1997年版。

98.（英）詹姆斯·乔治·弗雷泽著：《金枝：巫术与宗教之研究》，徐育新、汪培基、张泽石译，汪培基校，北京：大众文艺出版社1998年版。

99.（美）伊曼纽尔·沃勒斯坦著：《现代世界体系》（第1卷），尤来寅、路爱国、朱青浦等译，北京：高等教育出版社1998年版。

100.（日）富永健一著：《社会结构与社会变迁——现代化理论》，董兴华译，昆明：云南人民出版社1988年版。

101.（美）乔治. E. 马尔库斯、米开尔·M. J. 费彻尔著：《作为文化批评的人类学：一个人文学科的实验时代》，王铭铭、蓝达居译，北京：生活·读书·新知三联书店1998年版。

102.（德）斐迪南·滕尼斯著：《共同体与社会——纯粹社会学的基本概念》，林荣远译，北京：商务印书馆1999年版。

103. (法)涂尔干著:《宗教生活的基本形式》,渠东、汲喆译,上海:上海人民出版社1999年版。

104. (美)戴维·波普诺著:《社会学》(第10版),李强等译,北京:中国人民大学出版社1999年版。

105. (法)埃米尔·涂尔干著:《社会分工论》,渠东译,北京:生活·读书·新知三联书店2000年版。

106. (美)汤玛斯·戴伊著:《权力与社会:社会科学导论》,柯胜文译,台北:桂冠图书公司2000年版。

107. (美)艾尔·巴比著:《社会研究方法》(上册),邱泽奇译,北京:华夏出版社2000年版。

108. (澳)马尔科姆·沃特斯著:《现代社会学理论》(第2版),杨善华、李康、汪洪波、郭金华、毕向阳译,北京:华夏出版社2000年版。

109. (美)W.I.托马斯、(波)F.兹纳涅茨基著:《身处欧美的波兰农民》,张友云译,南京:译林出版社2000年版。

110. (德)马克斯·韦伯著:《新教伦理与资本主义精神》,彭强、黄晓京译,彭强校,西安:陕西师范大学出版社2001年版。

111. (意)帕累托著:《普通社会学纲要》,田时纲等译,北京:生活·读书·新知三联书店2001年版。

112. (美)W.W.罗斯托著:《经济增长的阶段:非共产党宣言》,郭熙保、王松茂译,北京:中国社会科学出版社2001年版。

113. (美)乔纳森·特纳著:《社会学理论的结构》(第6版)(上),邱泽奇等译,北京:华夏出版社2001年版。

114. (英)拉德克利夫—布朗著:《社会人类学方法》,夏建中译,北京:华夏出版社2002年版。

115. (英)安东尼·史密斯著:《全球化时代的民族与民族主义》,龚维斌、良警宇译,北京:中央编译出版社2002年版。

116. (意)帕累托著:《精英的兴衰》,刘北成译,上海:上海人民出版社2003年版。

117. (美)T.帕森斯著:《社会行动的结构》,张明德、夏遇南、彭刚译,南京:译林出版社2003年版。

118. (英)菲奥纳·鲍伊著:《宗教人类学导论》,金泽、何其敏译,北京:中国人民大学出版社2004年版。

119. (德)马克斯·韦伯著:《非正当性的支配——城市的类型学》,康乐、简惠美译,桂林:广西师范大学出版社 2005 年版。

120.(英)安东尼·史密斯著:《民族主义:理论,意识形态,历史》,叶江译,上海:上海人民出版社 2005 年版。

121.(美)本尼迪克特·安德森著:《想象的共同体:民族主义的起源与散布》,吴叡人译,上海:上海人民出版社 2005 年版。

122.(意)加埃塔诺·莫斯卡著:《政治科学要义》,任军锋、宋国友、包军译,上海:上海人民出版社 2005 年版。

123.(加)威尔弗雷德·坎特韦尔·史密斯著:《宗教的意义与终结》,董江阳译,北京:中国人民大学出版社 2005 年版。

124.(美)戴维·格伦斯基编:《社会分层》(第 2 版),王俊等译,北京:华夏出版社 2005 年版。

125.(英)埃里克·霍布斯鲍姆著:《民族与民族主义》,李金梅译,上海:上海人民出版社 2006 年版。

126.(德)奥斯瓦尔德·斯宾格勒著:《西方的没落》第 1 卷,吴琼译,上海:上海三联书店 2006 年版。

127.(美)马丁·N.麦格著:《族群社会学——美国及全球视野下的种族和族群关系》,祖力亚提·司马义译,北京:华夏出版社 2007 年版。

《民族社会学概论》

后　记

　　同多数社会科学一样,民族社会学也发端于西方。究竟是谁、在什么时候提出了"民族社会学"一词并将之作为一个学科名称,早期的记载不详,难以穷源竟委。当然对民族社会学形成之后的学科沿革,人们已经能够大致把握其发展脉络了。一般认为,20世纪五六十年代,民族社会学开始作为一门独立的学科在西方大学中出现。从学科定位上来看,民族社会学是一项带有交叉性质的研究,由民族学和社会学相互融汇、吸收借鉴而成。就目前的研究状况来看,运用社会学的理论和方法研究民族社会现象是民族社会学的主要学科内涵。民族社会学久已为国外社会学研究中一个重要的分支学科,如今随着民族问题逐渐成为世界范围内的热点,民族社会学的重要性更是日益突显。

　　中国的民族社会学研究大致始于20世纪80年代,从整体上看,可以将其划分为两个阶段。第一个阶段是20世纪80年代末至90年代初,国内学术界掀起了一股民族社会学研究的热潮,这一阶段的一个显著特点是国内研究者受到了西方和苏联民族社会学研究的影响;第二个阶段是20世纪90年代中后期至今,其显著特点是大量西方和俄罗斯民族社会学的研究成果被引入中国。总体来讲,现阶段中国民族社会学研究仍然处于起步阶段,在许多方面都存在不足之处,主要体现在需要完善学科建设和提高研究成果的质量以及影响力等方面。学科建设主要包括课程设置、师资队伍等方面,从目前的状况看,在本科教育中开设民族社会学课程的比较少,该课程更多是在研究生课程中开设,主要是研究生培养的一个方向,作为专业方向的意味更为浓厚;课程设置的状况与师资队伍直接相关,虽然近年来从事民族社会学研究的人员日益增多,但仍然没有形成规模,无法构成学科的坚实基础。另一方面的不足主要体现在研究成果的数量以及影响力方面。一个学科的根基稳固和繁荣发展主要表现为产出大量具有重要影响力的研究成果,在这方面中国民族社会学学科已有明显的成绩,但仍尚显不足。在今后的一段时期内,夯实民族社会学的理论和方法基础、开展广泛而深入的民族社会调查研究、形成具有影响力的学术研究阵地将是中国民族社会学研究的主要任务。民族社会学研究中存在的不足对于从事此项研究的研究者既是挑战又是机遇,它激励着有志于此的研究者更为努力地开拓进取。中国是一个多民族社会,民族社会是否稳定关系着整个社会的稳定与发展。新中国成立之后,在党和国家民族政策的指导下,中国的民族社会保持了较高的稳定性,当前,平等、团结、互助、和谐的社会主义新型民族关系已经确立。不过,任何多民族社会都或多或少存在一些民族社会问题,中国也不例外,一些民族摩擦、民族矛盾事件偶有发生。这需要研究者从民族社会学的角度对民族社会现象及民族社会问题进行深入研究,提出解决之道,这也是民族社会学研究的应有之义。可见,在中国开展民族社会学研究大有可为。

1999年9月,我给本科生开设选修课"民族社会学"时,曾参照贾春增教授的《民族社会学概论》(1996)和马戎教授的《西方民族社会学的理论与方法》(1997)编写了一部"民族社会学讲义"。2001年,我给民族学专业的博士研究生开设了"民族社会学理论与方法"课程。2002年,我受教育部"高校系主任和研究所骨干出国研修项目"计划委派赴俄罗斯国立莫斯科大学进行高级学术访问期间,有幸拜会了俄罗斯科学院民族学与人类学研究所阿鲁秋尼扬(Ю. В. Арутюнян)教授,他送给我一本他与德罗比热娃(Л. М. Дробижева)教授等人合著的 Этносоциология (1999,中文译为《民族社会学》),回国后,我参照阿鲁秋尼扬教授等人的《民族社会学》一书,对我的讲义进行了修改。2004年,马戎教授的《民族社会学——社会学的族群关系研究》一书出版,使我从全新的角度重新审视"民族社会学讲义"的结构。这本《民族社会学概论》是南开大学周恩来政府管理学院民族研究中心师生在我的那部"民族社会学讲义"的基础上集体编著完成的。在十年来的科研和教学实践中,这部讲义已几易其稿,大多数章节都有所变动,这次写作中有些章节内容进行了彻底变动。本书稿由高永久、邓艾、柳建文、陈纪、秦伟江、朱军、高永辉、郭鹏、戴维等作者集体完成。郝亚明、马伟华、钱彩平、刘庸、陈相均参与了写作、修改或校对环节的工作。

至此,《民族学概论》、《民族政治学概论》和《民族社会学概论》三本书已经完成,并陆续出版,它们均是南开大学周恩来政府管理学院民族研究中心师生近几年来从事教育部哲学社会科学研究重大课题攻关项目——"城市化进程中的民族问题及其对策研究(项目批准号:06JZD0024)"的阶段成果。这些成果的面世应归功于学术界前辈和同行的鼓励与支持,归功于南开大学出版社任增霞编辑、杨丰坡编辑的关心和帮助。

受编写者知识水平、学术视野所限,书中存在缺点和不足在所难免,所有问题概由全体编著者负责,课题组衷心地希望对民族社会学感兴趣的朋友与我们联系,向我们提出您宝贵的意见。联系邮箱为:gaoyj1964@126.com。